ある知財法学者の軌跡

知的財産法学にいざなわれて

中山信弘

Nakayama Nobuhiro

聞き手 門下生一同
エッセイ執筆者

弘文堂

はしがき

　この本を手に取られた方のほとんどは、中山信弘先生を『特許法』、『著作権法』、『新・注解特許法』の著者としてすでにご存じのことと思います。本書には、中山先生が、これまで公にはほとんど語ってこられなかった（出版社の広報誌に書かれた名エッセイとして、中山信弘「さぼる勇気」書斎の窓 670 号 25 頁〔2020 年〕があります）ご自身の生い立ち、学者としての様々な活動について書かれた回顧録が収録されております。

　ネタバレになりますので内容はここで申し上げませんが、おそらく、多くの方々は、お読みになって、先生の率直さに感銘を受けるとともに、天に選ばれし人として先生が背負って来られた諸事の重さ、苦悩に、まさに慄然とされると思います。ちなみに、私は、拝読しまして、正直「自分は凡人に生まれて本当によかった」というちょっと不謹慎な感想を持ちました。

　回顧録をお読みになられた後で、改めて先生の御著作にふれられると、先生が、様々な困難を乗り越え、喜寿を迎えられる今日もなお営々と、独力で『特許法』、『著作権法』の改訂に精励されていることの凄さを実感されると思います。

　中山信弘先生をご存じない方でも、この本は一読に値すると思います。昭和 20 年、戦争末期の浜松に生を享けられ、都立高校から東京大学へ、大学紛争の時代を経て、知的財産法という新しい学問分野をほぼ独力で築き上げたいわば創業者の一代記です。「学術上功績顕著な科学者を顕彰するための機関として文部科学省に設置されて」いる日本学士院という組織があります。中山先生は、「知的

財産法を、民法・独占禁止法等と関連する財産的情報の保護制度の一つとして私法体系の中に位置づけることによって、知的財産法が法体系全体の中で整合的に発展する理論的基礎を提供し」た功績により（日本学士院ウェブサイト）、日本学士院の会員に選定されておられます。要するに、日本で指折りの偉い学者ということです。ただ、回顧録には、難しい専門的な話は一部にしか出てきません。多くは、戦後を生きた一人の青年としての物語です。おそらく、分野を超えて、共感される点が多いのではないでしょうか。

　本書の成り立ちについては、世話役を務めた小島立先生（九州大学）のあとがきに譲りたいと思います。中山先生には、門弟のお願いに応えていただき、詳細なライフヒストリーを書き下ろしていただき、質問に答え、対談にも参加していただきました。感謝申し上げます。また、今回は、先生の喜寿のお祝いということで、ゆかりのある方々からエッセイを寄せていただいております。ありがとうございました。

　この本を通じて、我らが恩師の人となりが多くの人々に知られ、世の中にはこんなにすごい人がいるのだ、と元気を与えることを期待いたします。

　末尾になりますが、先生、ますますお元気でご活躍ください。

　2022 年 1 月

中山先生の弟子の一人として

小泉　直樹

目　次

第3部　知的財産法学のこれまでとこれから

第 1 部
歴史を振り返って

1. 出生から助手になるまで（1945 年〜1969 年）

（1）出生

　生まれは今の浜松市ですが、出生当時は静岡県浜名郡飯田村とい
い、天竜川下流の近くの田園地帯です。私の生まれたあたりは新田
と呼ばれ、江戸時代に新たに開墾された土地のようです。天竜川は
暴れ川といわれ、氾濫を繰り返し、石ころだらけだったのを、私の
十数代前の先祖が開墾したようです。

　浜松自体は昔から栄えたところで、鎌倉時代中期に書かれた十六
夜日記の作者阿仏尼が、訴訟のために京都から鎌倉に下った途中に
引馬（ひくま、浜松のこと）に泊まり、「浜松の変らぬ影を尋ね来て
見し人なみに昔をぞ問ふ」と詠んでいます。阿仏尼は遠江で暮らし
たこともあり、その思い出を詠んだものでしょう。鎌倉時代から、
日本では結構訴訟が多かったようです。小林一茶が訴訟に明け暮れ
たことも有名です（高橋敏『一茶の相続争い―北国街道柏原宿訴訟始末』
〔岩波新書、2017 年〕）。最近では、日本人は訴訟嫌いといわれること
も多いようですが、昔の日本人は意外と訴訟好きだったのかもしれ
ません。

　しかし浜松を有名にしたのはなんといっても徳川家康です。浜松
城は家康の居城で、有名な三方ヶ原の戦いで武田信玄に大敗して、
城に逃げ帰ったことで知られています。その時、信玄に追撃されて
いたら、その後の歴史は大きく変わっていたでしょう。その後の家

康は駿府、江戸と次々と出世をしたために、浜松城は出世城とも呼ばれています。

　江戸時代は天領となり、譜代大名が城主となりましたが、城主の入れ替わりが非常に激しく、城主の平均は12年くらいと聞いています。天保の改革で知られる水野忠邦も浜松城主でした。余談ですが、一橋大学名誉教授の租税法の水野忠恒先生は私の友人ですが、水野忠邦の子孫であり、世が世ならば、私のような百姓の身分では、お目通りも叶いませんし、道端で出会っていれば、土下座をしてご尊顔を拝することもできなかったでしょう。

　私は、母の実家である江戸時代末期に建てられた古い民家の座敷で生まれました。その家は今でも残っており、東海道新幹線の窓から見ることもできますが、誰も住んでいないので、まるで廃屋のようになっています。今とは違い、病院ではなく、自宅で出産するのが通常でした。私は母が19歳の時の子供です。今では19歳で子供を産むということは稀ですが、当時は珍しくはなく、私の母も祖母が20歳の時の子供です。母が身ごもったのは父が海軍航空隊築城飛行場（福岡県）に勤務していた

江戸末期に建てられた生家の屋根

頃で、その飛行場は神風特攻隊菊水銀河隊の出撃基地でもありました。母は私を産むために築城から浜松の実家に戻りましたが、第二次世界大戦末期でそもそも汽車の切符をとるだけでも大変で、列車はいつ出発するか、いつ到着するかも全く分からず、途中で空爆に遭い、列車はトンネルに隠れ爆撃を逃れたと聞いています。

同じく浜松にあった父の実家は、私が生まれる1週間ほど前に焼夷弾の空爆で燃えてしまったとのことです。父は出征しており、祖父は早くに亡くなっておりましたので、1人で家を守っていた祖母は、家を焼かれたために、焼夷弾で黒焼けになった死体を跨いで逃げたとのことで、死ぬまでそのことを夢に見ていたようです。

私は1945（昭和20）年5月7日生まれですが、アメリカ軍の爆撃が最も激しかった頃です。東京はすでに3月10日夜の大空襲で灰燼に帰していましたが、浜松は5月や6月頃が、B29の空爆と遠州灘からの艦砲射撃が最も激しかったようです。私の実家は直撃は免れましたが、近くに着弾した艦砲射撃の破片が家を貫通し、私が子供の頃は、家の壁には30センチほどの穴がいくつも空いていました。もし直撃していたら、今の私はいなかったかもしれません。私を取り上げたお産婆さんは、その後間もなく爆撃で亡くなったと聞いています。私が生まれた直後にも空爆や艦砲射撃があったようで、庭にあった防空壕に運ばれましたが、狭い防空壕に人が一杯だったので、酸欠で一時呼吸が止まったそうです。防空壕の蓋を少し開けて新鮮な空気を吸わせたら息を吹き返したとのことです。その時の酸欠がなければ、脳へのダメージが減り、もう少しはましな学者になっていたかもしれませんね。

生家は田んぼと畑だけの田舎で、家の両側は蜜柑畑という田園でしたが、近くに天竜楽器（今はヤマハに吸収合併されている）の工場があり、そこで飛行機のプロペラ等の軍需物資を製造していたので、爆撃を受け、そこの工員が大挙して近隣の防空壕に駆け込んだそうで、わが家の防空壕もすし詰め状態だったようです。それにしてもピアノを作る技術を転用して木造のプロペラを作っていたのでは、いかにも弱そうな戦闘機で、ダグラスやグラマンやロッキードには敵うはずがないですね。

　生まれた翌月には私の生家も危なくなり、母方の祖母（といっても当時40歳でした）が、私と母をリヤカーに乗せて、それを引いて天竜川の上流にある山の中まで徒歩で逃げて行ったようです。そこは祖母の実家で、山深い里ですが、浜松の空襲や艦砲射撃があまりに酷かったので、多くの親戚が疎開しており、ごった返していたようです。食べるものも少なく、したがって母乳の出が悪く、もちろん粉ミルクなどというものはなく、重湯の上澄みを飲ませようとしましたが吐き出してしまい、大変苦労したという話を母から聞いております。そのために昭和20年の新生児は栄養失調で死亡率はとても高かったようです。その上、若い男はほとんど徴兵で出征していましたので、昭和20年生まれの人口は極端に少なく、小学校でのクラス数も、私の学年だけ2クラスと少ない状態でした。やがて出征していた若者も帰還し、翌昭和21年からは大変なベビーブームが始まりました。その世代が今年あたりから後期高齢者となり、福祉政策上、大きな問題となっています。

　父は銀行員でしたが、銀行に籍を置いたまま海軍主計学校を経て

３歳の頃：叔父の東大の学生帽をかぶって

軍務につき、終戦時は主計大尉でした。ちなみに、陸軍とは違い、海軍では「たいい」ではなく「だいい」と呼ぶのが慣例となっていたようです。大尉となったのは、いわゆるポツダム進級によるものだったようです。つまり退官手当や恩給がなるべく多くもらえるようにするために、ポツダム宣言受諾後に軍人の階級を１つ進級させましたが、その恩恵があったか否かは、生前の父からは聞いておりません。

父は高校時代に結核で１年間休学をしたようですが、その間将棋しかしなかったようで、将棋はかなりの腕前で、これが父の命を救ったようです。当時の上官であった司令官は将棋好きで、将棋相手として父を離さなかったようです。そのために多くの主計官は軍艦に乗り艦と運命を共にしましたが、父は海軍なのに地上勤務で軍艦には乗らず、命を長らえました。慶應義塾大学学長の小泉信三の長男の小泉信吉は同期の主計官でしたが、やはり戦死しています（小泉信三『海軍主計大尉小泉信吉』文春文庫、1975年）。

父は終戦後に銀行に戻り、豊橋支店勤務となり、浜松から蒸気機関車で豊橋まで通勤していたようです。実家が爆撃で燃えてしまったので、親戚の庭に小さな小屋を建てて住んでいました。３歳頃で、

記憶はほとんどないのですが、庭に大きな椎の木があり、近所のお兄ちゃんに椎の実を取ってもらい、フライパンで炒めて食べたことをなぜか覚えています。

　私が4歳の時に父親の転勤で東京に出てきて以来、留学時代を除き、東京やその近郊に住んでおり、自分では一応東京っ子と思っています。しかし江戸史の専門家に聞いたところでは、三代続かないと生粋の江戸っ子とはいえないそうで、私のように遠州出身で、神田の水道の水で産湯を使ったわけでもなく、天竜川の水で産湯を使ったような人間はとても生粋の江戸っ子とはいえないそうです。そのためか、私には江戸っ子特有の気風のよさや度胸などはありません。

　東京に移った後でも、祖父母が浜松にいたので、小学校時代は、夏休みには浜松の田舎で暮らしました。さすがに遠州平野のど真ん中ですから兎は追いませんでしたが、小鮒を釣った思い出の地です。もう祖父母はおらず浜松に帰ることも少なくなりましたが、私の故郷は浜松であるという思いは今でも強くあり、浜松出身者に出会うと嬉しくなります。当時は農薬の使用が少なかったせいか、田んぼの脇にある用水路には、小鮒やメダカ、ドジョウ、ザリガニ、蛙、ゲンゴロウやタガメ等の魚や水生昆虫が沢山いて、夢中で採ったものです。親には内緒で、台風の後の増水した天竜川で泳いだこともありました。暴れ天竜といわれる急流ですが、戦後は佐久間ダム等の建設で下流は比較的穏やかな流れとなっていたものの、それでも台風の後は激流で、今から思うとよく生きていたと思います。

（2）小学校時代

　父の転勤で東京に出てきて、1952（昭和27）年に東中野にある中野区立昭和小学校に入学しました。私が入学した時にできた新しい小学校でしたが、当初は教室の数が足らず、生徒は午前の部と午後の部に分けられて、半日だけの二部授業が暫く続きました。しかし戦後10年も経つと中野区の人口も激増し、校舎が満杯となったので、近くに新しい小学校が建設され二部授業も解消されました。それが今では少子化が進み、先年久しぶりに母校を訪ねましたら、2つの区立小学校が合併し、同じ場所にはありましたが、校名が変わっていました。私の頃は教室不足で大変でしたが、昭和30年頃から、東京の人口が激増し、区立小学校の増設が必要でした。今では統廃合をしなければならない時代になりました。

　今の小学校の机は1人で1つですが、当時は男女2人で1つの机に並んで座っていました。当時米や小麦は配給であり、パンを買うのには配給で買った小麦粉を持って行かねば買えない時代で、菓子パンなどは滅多に口にできませんでした。私と同じ机に座っていた女の子は、今でもよく覚えておりますが、オリンピアという名のパン屋さんの娘であり、うちに来れば菓子パンをあげるという甘言に誘われて、入学式の帰りにそのままパン屋さんに直行し、メロンパンやチョコレートパンをもらいましたが、その美味しかったことは今でも忘れられません。親は、私が女の子の家に遊びに行ったとはつゆ知らず、入学式からいつまでも帰ってこないので、大層心配したようで叱られました。その女の子とは卒業後一度も会っており

ませんので、今頃どうしているやら、全くわかりません。後から述べますが、東京大学卒業式の日には石川吉右衞門先生に拉致されて木更津に行きましたので、私の学校生活は、拉致に始まり、拉致に終わっています。

　ちなみに小学校の修学旅行は軽井沢でしたが、列車は鈍行で時間をかけて行きました。当時はお米を持参しないと宿での食事もできないという時代でしたので、生徒全員からお米を集め、普通列車でまず小諸の懐古園に行きました。途中の軽井沢駅で、先生が事前に生徒から集めたお米を列車から下し、中野区の寮の人に渡し、そのお米で夕飯を食べました。とにかく日本中餓えていた時代です。

　後日談ですが、そのうち配給制度も形骸化し、事実上米やパンも自由に買えるようになりました。しかし、配給を受けるために必要であった米穀通帳は、形式的には1981（昭和56）年の食糧管理法の改正で廃止されるまで残っていました。米が自由化されて以来、米の生産にも競争原理が働き、今のような美味しいお米を食べることができるようになりました。昭和20年代は、美味しいお米か否かは二の次であり、とにかく腹を満たす米の増産が必要な時代であって、毎年反当たりの収穫量日本一の農家の表彰という制度がありました。多くの人は配給だけでは食えず、闇市で買ったり、田舎に買出しに出かけたりした時代です。当時、山口良忠という裁判官が闇米を買わず、配給食糧のほとんどは子供に食べさせ、自分は栄養失調で、33歳の若さで餓死したことが新聞で報道され、有名になりました。当時は食糧管理法違反で起訴された人も多く、その被告人を裁く自分が闇米を食べるわけにはゆかない、という高邁な理想からだったようです。当時の配給米だけでは生きてゆけず、なけなし

のお金をはたいて、あるいは衣服を闇米に代えて子供を養っていた人は沢山いましたが、捕まる人も多く、食糧管理法違反事件で起訴されました。学説としては、期待可能性あるいは緊急避難の法理の適用が主張されたものの裁判では認められませんでした。それを捕まえる警察官も、起訴する検事も、それを裁く裁判官も闇米なしには生きてゆけず、それらの司法関係者も闇米で生きていたであろうと思います。しかし国家として闇米を放置すると、配給制度が維持できず、結局国民全体が困るという状況で取り締まらないわけにもゆかず、取り締まれば庶民が苦しむ、という状況だったのでしょう。

今から思うと、この事件は法学上の興味ある問題を提起しています。「悪法もまた法なり」と言って死んだソクラテスのように、あるいは「渇すれども盗泉の水を飲まず」と言った孔子のように生きるのか、それとも生きるためであるならば闇米くらいの違法な行為は仕方ないとするのか、難しい問題です。当時はまだ子供で、親がどのようにして米を手に入れていたのかは知りませんが、闇米に手を出していたかもしれません。

ただ母の実家が農家でしたので、時々米や蜜柑等の農産物を送ってくれました。当時の蜜柑は酸っぱくて目をつぶらなければ食べられないようなもので、砂糖をかけて食べるのが一般的でした。おかげで今でも酸っぱい蜜柑が好きですが、今の蜜柑は皆甘くて酸っぱい蜜柑はなくなってしまい、残念です。東大法学部研究室の裏玄関の脇に蜜柑の木があり、あまりに酸っぱくて誰も手を付けませんでしたが、私には好物で、時々取って食べました。厳密に考えると国有財産の窃盗かもしれないですね。ある本で、女性の力が強くなる

と果物は甘くなる、と読みました。本当か否かはわかりませんが、果物一般が甘くなったことだけは事実でしょう。田舎から送ってきた荷物の中にサトウキビがあり、竹のような形をした堅い茎をしゃぶっておやつにしていました。今から思うと考えられないほど不味いものでしょうが、当時は美味しいおやつでした。今では浜松でサトウキビを作っている人はおりませんが、当時は浜松でもサトウキビを作り、農協に持って行き、砂糖と交換していました。

　貧しい時代のエピソードがもう1つあります。私が5歳の頃、祖母と一緒に新宿の伊勢丹というデパートに買い物に行き、小麦粉とパンとを交換したあと、祖母がトイレに入り、私はパンを抱えてその前で立っていたところ、その隣のコンパートメントから出てきた女性に、いきなりそのパンを奪い取られてしまいました。その女性も子供を養うために必要だったのかもしれませんが、私はショックで、暫くの間は、デパートに行くことができなくなりました。5歳の子供からパンを奪い取るような時代でした。

　昭和20年代の中野には空襲による焼け跡が多く、消失した家屋の焼け跡には草が生え、荒れておりましたが、子供には格好の遊び場でした。ドラえもんの漫画に出て来るような、野原に土管が積み上げてある、という場所がいくつもあり、土管は隠れ場所には最高でした。そこでいつも友達とチャンバラ遊びに興じており、帰宅が遅くなると親に叱られていました。そのような光景も小学校を卒業する頃にはかなり減ってしまい、住宅が立ち並びました。

　昭和20年代は、まだ高度経済成長の前で、実に貧しい時代であ

り、打ち捨てられたバスの中で生活をしていた級友もおりました。私たち一家は東京の社員寮に引っ越してきたのですが、社宅には風呂がなく、わが家では浜松から木の風呂桶を持参し、風呂場を増築してかろうじて小さな風呂がありましたが、当時家に風呂のある人は少なく、皆銭湯を利用しておりました。私が7歳の頃から始まったNHKのラジオドラマ「君の名は」が大流行し、その放送時間には女湯から客が消えたという時代です。最近では「君の名は」というと2016年のアニメ映画のことしか知らない人が多いようですが、ラジオドラマの「君の名は」は、1952年から1954年まで放送され、特に女性に大評判のすれ違いメロドラマで、戯曲は菊田一夫、テーマソングの作曲は古関裕而で、この曲も大ヒットしました。「忘却とは忘れ去ることなり」というナレーションで始まりますが、このフレーズがあまりにも有名になり、小学生まで口ずさんでいました。私は、何だか国語辞典そのままのような気がしていましたが、実際は、「忘れ得ずして忘却を誓う心の悲しさよ」というフレーズが続いていることを後から知り、変に納得しました。

このような時代でしたが、それでも学校給食だけはガリオア・エロアの援助（疾病・飢餓を防いで社会不安を除き、占領行政を円滑ならしめる目的で、アメリカが占領地に対して与えた資金ないし援助）で、不味いコッペパンと味がないような脱脂粉乳と鯨の竜田揚げ等で何とか最低限の栄養は取れていました。しかしその脱脂粉乳は、アメリカでは豚の餌であるという噂もあったほど不味いもので、飲めない女の子もかなりいて残すと先生に叱られましたが、先生にばれないように、その女の子からそっとミルクをもらって何杯も飲んでいました。おかげで背だけは、クラスで、1, 2番の大きさでした。

また遠足の際に持参できるお菓子も、確か20円以内に制限されておりました。それすらも買えない家庭が多く、生徒同士で差がでることを防ぐ措置でした。小学校1年の春の遠足は新宿御苑、秋の遠足は皇居前広場でした。当時の皇居前広場には浮浪者が大勢いて、お弁当を食べていると、分けてくれとやってきたことを、今でも覚えております。今ではホームレスと呼んでいますが、当時はそんな洒落た言葉はなく、浮浪者とか乞食と呼ばれていました。きっと餓えていたのでしょうから、少しでも分けてあげれば良かったと、今でも思い出しますが、小学校1年生の私にはわけもわからず、分けてあげませんでした。今でもホームレスはおりますが、食べ物をねだる人はおりませんね。ホームレスの食事も豊かになったのでしょう。また当時は白い服を着て物乞いをする傷痍軍人も多数おりました。国のために戦って手や足を失い、おそらく国からの援助も十分ではなかったのでしょうが、国の予算も火の車だったのでしょう。今のホームレスは皆大人ですが、当時は浮浪児と呼ばれる戦争孤児も大勢いて、上野公園や上野の地下道あたりは浮浪児であふれていました。こちらも今ではストリート・チルドレンと呼ばれていますが、日本ではほとんど見かけなくなりました。当時「星の流れに」という歌謡曲が大流行し、その中の「こんな女に誰がした」というフレーズは小学生でも知っており、今でもこのフレーズを知っている人は多いと思います。男に対する恨み節と思っている人も多いようですが、実は戦争孤児の話で、戦争に対する恨み節です。歌詞の3番の「飢えて今頃妹はどこに　一目逢いたいお母さん」というフレーズを聴けば分かります。

　また私が小学生の頃は、家にあった電気製品といえば、裸電球と

ラジオ、それにニクロム線がむき出しになっている電気コンロくらいでした。暖房器具は炬燵と火鉢くらいで、炬燵の中は炭団でした。今から思うと、実に貧しく、混乱の時代でした。しかし、皆が貧しかったので、特に貧しいことによる辛さは感じませんでした。後日談になりますが、東大助手時代に鴻常夫教授から「人は貧しさより、等しからざるを憂う」と聞きましたが、実にそのとおりですね。

　小学校時代の私は暴れん坊で、よく喧嘩をし、生傷が絶えませんでした。私の小学校の低学年のころは、先生によって選ばれる優等生という制度があり、私は優等生に選ばれました。しかし親が担任の先生に呼ばれ、優等生というのは、成績優秀、身体強健、品行方正でなければならないが、中山君の場合は喧嘩が多くて品行方正とはいえないが、特別に優等生とするのでこれから注意するように、というお叱りを受け、親は嘆いておりました。小学校時代は、よく喧嘩もしましたが、友人も沢山おりました。しかし小学校卒業と同時に、中野区から練馬区に引っ越してしまったために、自然とお付き合いも少なくなり、特に親しかった友人も早世してしまいました。

（3）中学時代

　小学校卒業と同時に練馬区に引っ越し、中学は練馬区立開進第三中学でした。この開三中は区立ではありましたが結構有名な中学で練馬の学習院とも呼ばれ、寄留（住民票だけを学区域内に移すこと）の生徒が多く、クラスの半分は寄留生で、遠く所沢や入間から通っている者もおりました。特に入間は狭山丘陵の山の中で、入間の友人宅には泊りがけで遊びに行ったこともありました。今ではベッド

タウンになっていますが、当時の狭山はハイキングコースで、よく友人とハイキングに出かけました。小学校の私の学年は2クラスでしたが、練馬の開三中では一学年に8クラスもありびっくりしました。

　当時は高度経済成長の初期段階でしたが、その頃の練馬区はまだ田舎で、引っ越し当初は練馬区内に交通信号が1つしかないという時代でした。東京の環状6号線は、土地買収は進んでいましたが工事は進まず、当時は広い遊び場になっており、野球ができるほどでした。今では行われているかどうか知りませんが、当時の小学校では蛙の解剖の実験があり、自転車に乗ってわざわざ練馬まで蛙を捕りに行ったことがあり、練馬とは蛙がいるところというイメージでした。

　思い出に残っている話が1つあります。練馬は田舎でしたので、家から50メートルくらい離れたところに林があり、その木の上に百舌の巣があるのを見つけ、木によじ登って雛を捕まえて鳥かごに入れてベランダに吊しておきました。そうしたらピーピーと鳴いているのを親鳥が見つけ、せっせと餌を運んできました。これには中学生の私も感動し、親から子供を盗んでしまったことを深く反省し、元の巣に戻してあげました。親鳥が雛に餌を与えるのは単なる本能なのかもしれませんが、人は、動物を擬人化して見るのが常で、親の深い愛情に感動したのを、何故か今でも覚えています。なお後日東村山市に引っ越しをしましたが、庭にカラタチの木があり、その鋭い棘に百舌がやってきて、捕らえた蜥蜴をその棘に刺し、忘れてしまったのでしょうか、蜥蜴がそのままになっていたのを思い出し

ます。

　私が13歳の時にアジア競技大会（1958年）が東京で開催され、マラソンの折り返し地点が練馬の私の家のすぐそばでした。アジア大会のため、そのマラソン道路は整備され、当時としては極めて幅が広く、三十三間道路と呼ばれていました。その時初めてマラソンなるものを目にしました。数十メートルばかり、歩道を全速力で伴走しましたが、とても追いつかず、選手の早さに驚愕し、これで42キロ余りを走るのか、と感心したものです。アジア大会を機に練馬区の道路も整備され、多くの信号も設置されました。

　中学1年生の冬に風邪が原因で急性腎炎を患い、広尾の日赤病院に半年ばかり入院しましたが、幸いにも1年生の時に3カ月、2年の時に3カ月の欠席だったので、出席日数が足りなくて落第ということは免れ、半年後は無事学校に復帰しました。当時は腎炎に効く薬もなく、ベッドで安静にして寝ているだけの退屈な入院生活でした。ただ小学校のクラスの女の子が3名、見舞いに来てくれたのが慰みでした。日赤病院近くに東京タワーができたのもこの入院期間中の頃です。これが私の生涯にわたる闘病生活のはじまりでしたが、退院した時は全快したものと思っておりました。

　私はスポーツが好きでしたので、退院後間もなくスポーツにも復帰しました。小学校時代とは違い、喧嘩はほとんどしませんでしたが、その代わりにスポーツに熱中しました。水泳やバレーボールも好きでしたが、特に陸上のハードルと400メートル走では誰にも負けませんでした。中でもハードルでは、60メートルで12秒フラ

ットという記録をだし、その記録は私の中学では、40年くらい破られなかったようです。その時の同級生が、やがて親となり、その中学のPTA会長となったある時、電話で、「中山、大変だ、君の記録が破られたぞ」と教えてくれて、記録が破られたと初めて知りました。そのくらいのスポーツ好きでした。

　また3年生の時には生徒会会長になりました。会長は全生徒の直接投票でしたので、それまで全く行われていなかった新しい戦略をとり、各教室を演説して回ったり、2階から横断幕を垂らしたりするという新しい選挙活動をして、圧倒的トップで当選をしました。選挙戦略の勝利でした。会長時代には、生徒会規則の全面改訂に奔走しました。生徒会規則の改正などは、今から思うとたわいもないことではありますが、これが法律的な仕事の始まりだったかもしれません。この生徒会の活動を通じて、多くの友人も得ることができました。しかし今から思うと生徒会運営が少し強引すぎたかな、と思っております。それ以降、和ということの重要性を覚えました。

　実は、私は麻布中学の入試に失敗して区立中学に行きました。しかし有名校のように、選ばれた人だけの集団ではなく、区立中学には実に様々な生徒がおり、大いに社会勉強になりました。学校は荒れておらず、おとなしい学校でしたが、極端な例外として、ぐれて東京少年鑑別所、いわゆる練馬鑑別所、俗にネリカンと呼ばれるところに送られてしまった女生徒もおり、本当か否か定かではありませんが、後日、極道の妻になったという噂も聞きました。当時、ネリカンブルースという歌が流行しており、「身からでました錆ゆえに、嫌なポリ公にパクられて……青いバスへと乗せられて、ゆられ

ゆられて行く先は、その名も高き練馬区の、東京少年鑑別所」という台詞です。ちなみにネリカンは私の中学の近くにあり、2階の窓から見ることもできました。皆、あそこだけには行きたくないよね、といっていました。また最も警察のお世話になりそうな生徒が警察官にもなりました。実に多種多様な人生を見ることができました。

　果物屋さんの息子や、御菓子屋さんの息子とも親しくなり、その後何十年にもわたり、親しくお付き合いをしております。区立中学でしたので、高校に進学せずに就職した生徒も多くおりました。その後私は、都立西高という進学校にゆき、東大に進みましたので、ある意味ではエリート集団の中だけで生活しており、この中学の多感な少年時代を、いろいろな生徒と暮らしたことは実に有意義であったと思います。

（4）高校時代

　高校は都立西高に進学しました。西高は1937（昭和12）年に東京府立第十中学校として開校され、1948（昭和23）年に都立第十高等学校（旧制）となり、1950（昭和25）年に都立西高等学校となった、いわゆる東京のナンバースクールでは比較的新しい学校です。

　当時の西高は男子の半分が東大に進学するという超進学校でした。今とは違って、公立や国立の高校が私学よりも優位で、しかも月の授業料が600円という安さで、その上大学進学のために塾に通う必要もありませんでした。その意味では家が貧しくとも良い学校に行ける時代でした。当時の都立高校には学区域制がとられており、

決められた区域の都立高校しか行けず、練馬区に住んでいた私にとっては西高以外に選択肢はありませんでした。

都立西高の修学旅行〔飛鳥の石舞台にて〕

　私はごく平凡な高校生でしたが、高校生活は楽しいものでした。ただ英語については、私の区立中学と西高の落差には驚きました。1年生のはじめから、副読本として、ラフカディオ・ハーン（小泉八雲）の『Kwaidan』（怪談）の中の「The Story of Mimi-Nashi-Hoichi」（「耳無芳一の話」）を読まされ、1頁に分からない単語が40も50も出てきて辟易しました。でも何回も読んだおかげで、その小説の冒頭の文章を今でも暗記しております。

　スポーツのクラスマッチでは、タッチフットというラグビーの簡略版のような球技に熱中して右手首を骨折したこともありました。運動会の余興の仮装行列では、世界アベック列伝というタイトルで行進し、私は学ランと学帽に高下駄という姿で「金色夜叉」の「寛一」役を演じ、校長の前でお宮を高下駄で蹴るものの、蹴り損ねてずっこけるという芝居をしました。校長が大笑いをした顔を今でも覚えています。どうでもよいことですが、寛一が履いていたものは高下駄か靴か、という論争があるそうです。熱海の「寛一・お宮の

像」は高下駄ですが、当時の一高生は靴を履いていたそうです。尾崎紅葉の原作にあたっても、何を履いていたかは書かれておりません。クラスメートやクラブの仲間とは、ハイキングに行ったり、臨海学校にいったり、記念祭（学園祭）を皆で懸命に頑張ったことも良い思い出です。

　高校2年の春に腎炎が再発して慢性腎炎となり、入院こそしませんでしたが、大好きだったスポーツはドクターストップとなり、体育の授業も全て休みました。体育の時間は図書館で勉強をしておりましたので、中山はがり勉だなどといわれたこともありましたが、私はスポーツ好きでしたので体操ができないことは大変な苦痛でした。それ以降現在に至るまで、腎臓病には悩まされています。スポーツはできないので、ESS とか園芸部に出入りをしておりました。ESS では、学園祭で英語の劇を行いました。2年生の秋には、オスカー・ワイルドの『真面目が大切』（The Importance of Being Earnest）を演じました。主人公の女の子の家庭教師役でしたが、幕が開くと私が真っ先に舞台に現れ、その冒頭の台詞、「How are we, this morning」は今でも覚えておりますが、なぜ you ではなく we なのかは、今もってわかりません。アメリカ人に聞いたら、普通はそんなことは言わないとのことでした。ワイルド特有の表現かもしれません。私には芝居のセンスなどは皆無ですが、何とか仲間と楽しい時間を過ごしました。その時の仲間とは、今でも年に2回程度会食をしたり、旅行をしたりしておりますが、残念なことに、すでに3名の友人が鬼籍に入ってしまいました。昭和20年生まれは、幼い頃の栄養不足が祟り短命であるともいわれております。

3年生の秋は大学受験が近いので英語劇を演じることはしませんでしたが、2年生が演じるテニスンの「イノック・アーデン」（Enoch Arden）の裏方としてバック・グラウンド・ミュージックを担当しました。グリーグのペール・ギュントを用い、今でも私の愛曲の1つです。器量よしのアニーと婚約していたアーデンは、航海中難破して10年後にやっと帰国したらアニーはすでに結婚し幸せな家庭を築いており、それを垣間見たアーデンは寂しく去ってゆく、という悲しいお話です。

　私は小学校からずっと理系志望で、高校3年では理系のクラスに入っていましたが、段々と数学や物理等に限界を感じるようになってきました。クラスメートには数学が大好きな友人もいて、受験数学などには目もくれず、1＋1はなぜ2なのか、ということを証明するというような高度の数学をしている者もおりました。私は、その設問の意味すら理解できず、一体何のためにそんなことをやっているのかもわかりませんでした。彼は、大学受験の数学などはお手の物で、質問に行けばいつも即答してくれました。何でこんな問題が解けないのか、不思議なようでした。ちなみにこの難しい議論をしていた彼は、後に東工大の数学の教授になりました。彼の数学はパーフェクトで、同じ土俵に乗ることすらできませんでしたが、社会や国語は低い点数でした。彼と付き合っていると、数学ではとても競争にならないと痛感しましたが、国語や社会なら競争できると考えて文転しました。今はこんな言葉があるか否かは知りませんが、当時、理系に限界を感じて文系に移る者を文転と呼んでいました。敗退なのか、転進なのか、わかりませんが、今となっては、その文転の選択は誤っておらず、敗退ではなく転進であったと思いま

す。私の体力では、理系に進学しても厳しい実験などは無理なので、とても大きな仕事はできなかったでしょう。そこで、高校3年の半ばに、法学部に進み、将来は弁護士になろうと決意しました。

　高校時代は、腎臓病のために大好きなスポーツこそできませんでしたが、楽しい青春時代でした。西高は自由な風潮の高校であり、服装なども自由でした。それでも昭和30年代のことですので、男は学生服が多かったものの、女は自由で、中にはタイトスカートをはいてきた女学生もおり、びっくり仰天したことがありました。今でもお付き合いをしている高校時代の友人は沢山おりますが、亡くなられた友人も何名かおり、寂しい限りです。

　西高は進学校であったので、2年生の秋頃からは猛勉強をしました。当時は塾などは少なく、自己学習でした。夏期に駿台予備校で少しだけ夏期特訓を受けた程度です。特に好きだったのは日本史で、教科書の注にいたるまで暗記しました。教科書の注に、水野忠邦が私の故郷である浜松藩主であると書かれていたことは今でも覚えています。やがて教科書だけでは物足りず、受験には役に立ちませんが、後に文化勲章を叙勲した坂本太郎の『日本史概説』（至文堂）や遠山茂樹の『昭和史』（岩波新書）等を読み漁りました。特に坂本太郎は徳川慶喜を高く評価しており、私も慶喜のファンになりました。それまでは慶喜は将兵を大阪に見捨てて逃げ帰った腰抜け将軍と思っておりましたが、それからは、慶喜は日本を内乱から防ぎ、海外列強から日本を救った将軍ではないかと思うようになり、長男に嘉信という名前を付けました。もっとも「嘉」は、私の母親の名前の一字であり、妻の父親の名前の一字でもあり、「信」は私の名前の一字でもありました。一時は、法学部から文学部の国史（日本史）

に鞍替えしようとすら思いましたが、自分の日本史に対する興味は講談的なものではないか、果たして自分なりの史観というものがもてるのか、という不安が残り、結局法学部に進み、歴史は趣味として勉強するのが最適と思い直しました。もし国史を専攻していたら、今の私はなかったことになります。

（5）大学時代

東大には1年浪人をして、やっと文科一類（法学部への進学コース）に合格しました。最初の受験の理科の科目では物理と化学を選びましたが、その年の物理の問題は非常に難しく、合格点はとれませんでした。その年の生物の試験問題を見たら、生物の受験勉強をしていなかった私にもすらすら解けるような設問でした。西高から文科一類に合格した人は、ほとんど化学と生物を選択しており、物理を選択した者のほとんどは不合格でした。そこで一念発起して、2回目の受験では物理の選択をやめ、化学と生物を選択したら合格しました。当時の高校の生物学は、発生学と分類学が中心で、暗記科目でしたので興味はもてなかったのですが、ひたすら暗記をしました。入試の生物の成績は相当良かったと思います。

しかしその頃はすでに、ワトソンとクリックにより、遺伝子の螺旋構造が明らかとなり、生物学はメンデル以来の大転換期を迎えており、教科書に載っている「ホヤ」の発生や「ショウジョウバエ」のキメラなどをやっている時代ではないと予感させられました。当時の高校の教科書や受験の生物学は、まだ分類学と発生学という旧態依然としたものが中心でしたが、生物学を勉強しているうちに、

受験とは関係はないものの、この新しい分子生物学に大いに興味をもち、これこそが将来の科学を変えるものだと直感しました。もし東大の文科一類を落ちたら、東京医科歯科大でこの分野の研究をするつもりでした。当時の国立大学は、一期校と二期校という制度があり、国立大学はそのいずれかに分けられており、試験日が異なっていました。東大は一期校で東京医科歯科大は二期校なので、両方を受験することが可能でした。しかし幸か不幸か東大に合格してしまいましたので、東京医科歯科大の願書は出したものの、行く気もないのに受験すると他の受験生の迷惑になると思い、試験は受けませんでした。これで分子生物学者の道は完全になくなりましたが、健康状態を考えると、この選択は、結果的には正解でした。実験の多い理系では、とても私の体では務まらなかったでしょう。

　私は、弁護士になるつもりでしたので、法学は一生懸命勉強する覚悟ではおりました。しかし教養学部時代は弁論部に入り、友人と議論をし、いろいろな本を読み、クラスや弁論部を通じ、多くの友人に恵まれましたが、大学の授業には熱心ではありませんでした。後に東大法学部の同僚教授となった大沼保昭さん（国際法教授、2018年没）も入学以来の弁論部の友人です。教養学部時代は、大学の勉強はさぼってばかりでしたが、それでも授業とは関係のないいろいろな本を読んだり、友人と議論をしたことは有意義でした。授業にこそ真面目には出ませんでしたが、これほど好きなことをやっていた時代は、私の人生において、この教養学部時代をおいてありません。豊かな教養を身につける礎になったと思っています。中学時代も高校時代も、基本的に受験という大きな枠をはめられていましたが、教養学部時代には、自由というものを謳歌しておりました。理屈としては、老後も時間があり、自由な生活を送れるはずですが、

いざ老人になってみると、気力・体力それに何といっても目力がなくなるので、青春時代のようにはゆきません。やはり青春時代の自由な時間というものは貴重なものだと思います。

しかし授業をさぼった罰はすぐに現れました。問題は文科一類必修科目の「法学」の授業でした。2学期目の「法学」はドイツ法の泰斗である山田晟先生の講義でした。山田先生は、『ドイツ法律用語辞典』という辞書を単独で書かれてしまうほどの碩学の師であり、ドイツ法のあらゆる分野に通じておられる大先生で、『ドイツ法概論 III〔第3版〕』（有斐閣、1989年）では、「経済法・無体財産権」も書かれております。しかし何故か授業は教科書を読んでいるだけで面白くなく、ほとんど欠席し、試験も散々な出来で「不可」を喰らってしまいました。教養科目の試験などは、その場で考えれば解けると軽く見ていたのかもしれません。当時は学者になる気など少しもなく、まして将来ドイツに留学しようとは夢にも思いませんでしたので、講義をさぼってしまいましたが、山田先生のような碩学の先生の授業は真面目に聞いておけばよかったと、今更のように悔やまれます。私が助手になった時には、山田先生はすでに退官しておられ、ついにその謦咳に接する機会はありませんでした。やはり若い頃の判断には誤りがあるものであると痛感しています。

しかし法学は必修科目であり、これを落とすと法学部に進学できずに留年となってしまうので、かなり焦りました。3学期の「法学」は田中英夫先生の担当でしたが、これで挽回しないことには留年になってしまいます。授業には真面目に全て出席し、一番前の席に陣取り一生懸命に勉強した結果、「優」の成績をもらい、山田先

生の成績と合わせて合格という判定となり、やっとの思いで法学部に進学できました。田中先生は英米法の権威であり、凛とした厳しい方でした。講義で用いられた教科書は、田中先生が書かれた『実定法学入門』（東京大学出版会、1965年）という画期的な教科書でした。他の偉い先生方も法学概論あるいは入門の教科書を書いておられますが、私には、田中先生のこの本が抜群のように思えました。

　田中先生は英米法のご専門だけに、この教科書も概念的なものから始めるのではなく、アメリカ的な色彩が強く、具体的事例をふんだんに使ったダイナミックな授業であり、たちまちその面白さの虜になってしまいました。法律学とは奥が深く、大変興味深いものであるということを初めて知らされ、田中先生のファンになりました。山田先生に不可をもらわなければ、田中先生の授業を、教室の一番前で懸命に聴くこともなかったかもしれませんし、学者の道も歩まなかったかもしれません。人生には、お尻に火をつけ、懸命に走りぬくことが必要な時があるのかもしれませんね。それにしても人生万事塞翁が馬、というか、禍福は糾える縄の如し、というか、人生は棺桶の蓋を閉めるまでは、どのように進んでゆくのか、分かりません。

　後日談ですが、法学部に進学し、4年生の講義である田中先生の「英米法」の授業を3年生の時に受講し、司法試験科目でもないのに、これまた懸命に勉強し、優をもらいました。懸命に勉強したというよりは、法学部にこれほど面白い授業があるのか、という思いで英米法の勉強を楽しみました。法律学とは、まず概念から入るのではなく、具体的事例から入り、概念はその後できる、ということ

を初めて知りました。この講義で教えてもらったことが、今でも私の法学全体の知識、あるいは考え方の根幹を成しています。

　これも後日談になりますが、私が法学部の助教授になった後にも、教官食堂でよく田中先生とランチをご一緒し、その凛として背筋を伸ばした学者としてのスタイルは今でも忘れられません。田中先生の晩年のある時、東大の研究室で田中先生と廊下でお会いしました。その頃、田中先生は進行性筋萎縮症で、弟子の肩にもたれてやっと歩いておられるような状況でしたが、私の顔を見るなり、「中山君、お元気ですか」とおっしゃってくれました。それは『英米法辞典』（東京大学出版会、1991 年）の編集会議へのご出席の際のことだろうと推測しておりますが、それにしてもご自分が 1 人では歩けないような状態で、私の健康を心配して下さったのには感激いたしました。この英米法辞典に私は関与しておりませんが、田中先生が命を懸けて編集された畢生の大作です。残念ながら田中先生は出版された翌年に、65 歳の若さで亡くなられています。田中先生は学外の雑事はほとんど引き受けることなく、学問と教育に一生を捧げられました。それは学外の雑事をこなす能力がないためではなく、学問と教育に全力を尽くすことが学者の本分であると考えておられたのであろうと推測しております。田中先生が実務能力を十分お持ちであることは、名学部長として、あるいは総長特別補佐として行政事務を立派にこなしておられたこと、また学内行政についても手を抜かれることがなかったことからも明らかです。急性リンパ性白血病と進行性筋萎縮症という難病に冒されながらも、なお学者としての矜持を保ち、使命感をもって大作に挑んでおられる姿は、人生の師としても学ぶところが大でした。また田中先生は、私が虎ノ門病院

に入院していた時にも、竹内昭夫先生（商法）とご一緒にお見舞いにきて下さり、本当に感謝しております。

　田中先生は、学問だけではなく、人格的にも素晴らしい人でした。田中先生が怖い先生であることは学者の間では周知の事実でしたが、私が先生の怒ったところを見たのは一度だけです。それはまだ私が学生だった頃、1人の学生が講義中に教室で新聞を読んでいたところ、「出て行け」と怒鳴り、教室から放逐したことがあり、身が凍りつく思いでした。田中先生は講義に全精力を傾けておられたので、新聞を広げているような学生には我慢ならなかったのでしょう。なお田中先生の人物を知ることができる書物として、『田中英夫追想文集』（有斐閣出版サービス、1993年、非売品）があります。

　教養学部の2年生の10月からは本格的に法律学の民法、刑法、憲法等の講義が始まり、心を入れ替えて、土日祝日を含め、それからは司法試験までは勉強漬けの生活となりました。講義はいつも最前列に陣取り、必死にノートを取りました。その授業は教養学部900番教室で、600名くらいの学生が聴講しており、後ろの席だとどうしても聞きにくいために、いわゆる席取合戦が盛んで、朝早く起きて最前列を確保するのに必死でした。今から思うと、席が少しくらい後ろでも大差ないと思うのですが、当時としては何が何でも最前列に陣取ろうと必死でした。先にも述べましたが、教養学部の田中先生の講義「法学」を聴くまでは、法律学などはつまらないと思っていましたが、講義を懸命に聴くうちに面白くなり、その奥深さもわかってきましたので、法律の勉強に打ち込むことができました。何事もそうだと思いますが、懸命に打ち込まなければ、真の姿

司法試験の勉強の合宿〔千葉県岩井にて〕（1968 年）

は見えてこないでしょう。学生の中には法学などは無味乾燥で面白くない、下らない、つまらないという者もおりますが、そういう者に限って法学を懸命に勉強しておりません。これは人生のあらゆる面に妥当すると思います。「石の上にも 3 年」ということでしょうか。

　その頃はまだ弁護士になるつもりでいましたので、志を同じくする 5 人で司法試験の勉強会を始めました。のちの東大国際法教授の大沼保昭さんもその 1 人、他の 2 人は弁護士、もう 1 人は電電公社（後の NTT）に就職しました。毎日授業の後は図書館で夜まで議論をし、夏は長野県の戸隠で 40 日ほどの合宿をし、冬と春休みには千葉県の岩井で合宿を行い、文字通りの法学漬けの学生生活で、4 年生の春から夏にかけての司法試験までは楽しい青春時代という感じは微塵もありませんでしたが、充実した学生生活でした。つらい時代であっても、仲間がいれば苦痛ではないということがよく分かりました。その意味で、今は亡き大沼さんには感謝しており

ます。

　この猛勉強を通じて、法律学という学問は天才的な頭脳がなくて
も、努力をすればそれなりに報われる学問であるということを知り
ました。これは極めて重要なことで、先に述べましたように、私が
理系を諦めたのは、数学や物理学の能力がないためですが、法律学
なら私でも頑張れば何とかなるという感覚を摑むことができました。
当時は、東大紛争が激化する前でしたので勉強に集中することがで
きました。

　当時の司法試験は、まずは短答式の試験があり、これに合格しな
ければ次の筆記試験に進むことはできませんでした。短答式試験は
暗記の勝負で、暗記は得意だったので問題なく合格し、筆記試験に
進みました。しかしながら、選択科目の労働法で大失敗してしまい
ました。今とは異なり、当時の問題はいわゆる1行問題が多く、
「緊急命令」というものでした。緊急命令（労働組合法27条の20）に
ついてはほとんどの労働法の教科書でも扱われておらず、授業で聞
いたこともなく、何のことを言っているのか全く分からず、いい加
減なことを書いた答案で、おそらくその問題は0点だったと思い
ます。他の受験生にとっても想定外の問題であったようで、問題が
配られると、受験生の中から「ウォー」という叫びとも悲鳴ともつ
かないような声が上がりました。多くの受験生にとっては不意打ち
のような問題でした。真偽のほどは分かりませんが、当時は1科目
100点満点で、2問あり、総合点が良くても、1問でも50点以下だ
と不合格といわれていました。私は労働法が50点以下であること
が確実で、てっきり不合格だと思っており、筆記試験が終わると直

ぐに翌年の司法試験に向けて勉強を再開しておりましたが、何故か合格してしまいました。あるいは、労働法の受験者の点数が、他の科目と比べて極めて低いので、下駄を履かせたのかもしれませんが、真偽の程は全くわかりません。試験会場は、今はない御茶ノ水の中央大学の教室でした。夏の暑い時で、冷房もなく、窓は開けられていましたが、汗をふきふき解答を書いたことを覚えています。

　そこで次の口頭試問に進みましたが、刑法の面接試験で、「検証とは？」と聞かれました。たまたま面接試験の待ち時間に平野龍一先生の本の検証の部分を読んでおりましたので、しめたと思い、滔々と答えをし、これで満点だと思いました。ところが試験官からは思わぬ言葉が飛び出しました。それは、「君、平野君の学説だけが学説ではないよ、研修所にいったらしっかり勉強しなさい」というものでした。私からみると平野先生は雲の上の大先生であり、それを平野君と呼ぶのは何者か、と思いました。試験官は私の知らない顔で、どうやら学者ではなく、年寄りの検事か裁判官かな、という感じでした。でも「研修所にいったらしっかり勉強しなさい」ということは合格点なのかな、と思い直し、気を取り直して次の科目の面接試験に臨みました。結果は何とか司法試験に合格しました。今は知りませんが、当時は合格の順位を連絡してくれることになっており、真ん中くらいの成績でした。労働法で大失敗をした割には、まあまあの成績でした。

　当時は民事訴訟法と刑事訴訟法のいずれか１つが司法試験の必須科目で、他の１つは選択科目にすればよかったので刑訴を選びました。民訴よりも刑訴のほうが分量も少なく、簡単であろうという浅

はかな考慮でしたが、今から思えば、将来のことを考えれば民訴を選択するか、あるいは双方を選択すべきであったとつくづく反省をしております。これも若い時代の過ちの1つです。

　良き友人に恵まれたおかげで4年生の夏に司法試験に合格し、司法研修所入所の出願をし、大阪研修と決まりました。しかしその後、山本桂一先生から学者にならないかという勧めもあり、将来を決めかねていました。そして私のゼミの先生であり、山本ゼミの大先輩である刑法の藤木英雄先生から、「弁護士になるには急ぐことはない。助手として学問をやってみて、自分の性に合わないのならその時に転身すれば十分だ。学問を積んでおくことは決して損にはならない」という助言に背中を押されて助手となる決意をしました。私は藤木先生のゼミ生でもあり、このご忠告は大変ありがたいものでした。当時藤木先生の研究室は総合図書館に面した1階で、私が図書館の帰りにそばを通ると、いつも窓から「中山君、中山君」と呼ばれて藤木先生の研究室でいろいろなお話を伺ったり、またたびたび上野の東天紅でランチをご馳走になったりしておりました。そこで藤木先生のご助言に従って、司法研修所に辞退を申し出たところ、担当者から「君は全共闘かね」と言われて、びっくり仰天しました。研修所から見ると、研修所への入所を拒否するような怪しからん学生は全共闘に違いないと思ったのかもしれません。大学に残って研究をしたいのだ、と伝えてやっと認めてもらいました。ちなみに藤木先生は天才的な刑法学者で、刑事法に新風を吹き込む学者であると思っておりましたが、残念ながら、私のドイツ留学中に45歳という若さで亡くなられました。私は刑法の門外漢で良くは分かりませんが、藤木先生が長生きされ、弟子も大勢育てておられ

れば刑法の世界も変わったのではないかと思っています。なお藤木先生については、『藤木英雄　人と学問』（弘文堂、1979 年）があります。あまりに若い天才の死は、学界にとって大きな損失であったと思います。

　学問以外では、教養学部時代（1年生と 2 年生の秋まで）は京都や奈良への旅行が好きになり、1 人で何回も旅行をしました。学友と一緒に行ったこともありましたが、やはり好きなところを自由に回るには一人旅に限ると思い、1 人で出かける方が多かったと思います。たとえば、京都では吉田兼好が「徒然草」を書いたといわれる仁和寺の向かいにある双ケ丘に登ったことがあります。そんなところには訪れる人もなく、戦時中の京都防衛のための高射砲基地跡があるだけで、吉田兼好を偲ばせるようなものは全くなく、さんざん藪蚊に刺されて下山しました。考えれば南北朝時代の草庵など、残っているはずもありませんね。「徒然草」には書かれていませんが、兼好もさぞかし藪蚊に悩まされていたであろうと実感し、すぐに退散してきました。またある時は、鞍馬から貴船へ抜ける山道を踏破しました。今でこそハイキングコースとなっているようですが、当時は、途中にある祠で経帷子を着て熱心に般若心経を唱えている人がいる程度で、出会う人は全くおりませんでした。牛若丸が天狗と剣術の訓練をしたといわれる鬱蒼とした杉並木が続き、その山道は杉の根がゴツゴツと盛り上がり、道なのか否か、わからないような道で、苦労してやっと貴船までたどり着きました。こんな旅に付き合ってくれる人はいるわけもなく、多くは一人旅でした。貴船には、川床料理で有名な料亭旅館が何軒かありますが、学生の身分ではそのような処に立ち寄ることはとてもできませんでした。かなり後に

なり、昔の学生時代を思い出しながら、貴船の川床料理を何回か楽しみました。

好きな時代は段々遡り、最後には飛鳥地方に旅行をしました。飛鳥寺や、藤原鎌足を祭る桜井市多武峰の談山神社、神の鎮座まします三輪三山、あるいは奈良から柳生の里まで通じる柳生街道を歩いたりしました。今でこそ柳生街道は文化庁によって歴史の道百選に選定され、観光客も多いようですが、当時はどこが柳生街道かもよくわからないような山の中で、1日がかりで山道を苦労して踏破し、奈良からやっと柳生の里にたどり着きました。

東海道新幹線は私が入学する半年前、東京オリンピックに合わせて開通しておりましたが、学生で金がないために、夜行列車の普通に乗り、大垣で乗り換えて朝早く京都駅に着き、駅の洗面所で顔を洗うという旅でした。ユースホステルという若者向けの安宿にも泊まりました。京都や奈良は、今のような混雑もなく、心ゆくまで堪能できました。

私は、川端康成の『伊豆の踊子』や伊藤左千夫の『野菊の墓』のような淡い恋物語が好きで、その舞台である「伊豆」や「矢切」を見てみたいと思っていました。そして、中学・高校・大学と同期の親友の中川賢一郎君と、伊豆の踊子と同じ道を、主人公と同じ道を歩いて旅行したこともありました。「伊豆の踊子」では、主人公は天城トンネルの脇の峠の茶屋で、とある旅の踊子と初めて話をしたというところから物語が始まりますので、まずは天城トンネルから旅を始めました。当時すでに新トンネルができておりましたが、あ

えて「伊豆の踊子」ゆかりの旧トンネル（天城山隧道）を通りました。これは明治政府が威信をかけて掘削したトンネルで、入り口は立派な石作りであり、今では国の重要文化財に指定されている建造物ですが、私が旅をした当時は旧トンネルなど通る人もなく、明かりもない暗闇で、足下も悪く、水溜まりが多く、泥まみれになってほうほうの体でトンネルを抜け出しました。そして今では知る人も少ないと思いますが、1957（昭和32）年に旧満州国皇帝愛新覚羅溥儀の姪である愛新覚羅慧生と学習院大学学生とが天城山中で心中し、天国に結ぶ恋として映画化もされ、吉永小百合の主題歌でも有名になった事件がありました。場所は天城山トンネル入り口からの登山道を登った八丁池の近くで、誰も来ないような山奥です。心中場所自体は特定できませんでしたが、そのあたりを歩きました。こんな所まで連れて来られた友人もさぞ迷惑だったと思います。その後、その友人と2人で伊豆の踊子が歩んだ道を徒歩で、湯ヶ野から下田まで歩きました。下田で『伊豆の踊子』の物語は終わるのですが、当時は未開拓であった伊豆の西海岸を、野生の猿などを見ながら北上し、最後は戸田にある東大の寮に泊まり、帰路丹沢の大山詣でで旅を終えました。所々でヒッチハイクもしましたが、ほとんどは歩いて旅をしました。その友人も先年、亡くなってしまいました。

『野菊の墓』に関しては、後に述べる東大でのコンピュータ法研究会でのエクスカーションとして、その舞台である矢切あたりを散策しました。まず葛飾柴又の帝釈天を参拝し、コロナのために経営難に陥って廃業した、創業寛政年間の「川甚」という川魚屋で食事をし、矢切から、矢切の渡しに乗り、対岸の下総の国の松戸まで渡り、畑と野原の中を散歩し、楽しい時間を過ごしました。東大を辞してから、西高のクラブの仲間とも同じコースの散策をいたしました。

それ以外にも、当時親が下関にいた関係で、九州一円を一人旅したことがあります。臭い硫黄のにおいを嗅ぎながら阿蘇山の縁を一周したことが、特に記憶に残っています。その折にぶらりと立ち寄った博多の書店で、吉藤幸朔先生の『特許法概説』（有斐閣）の初版本を買いました。その本は、その後改訂を重ね、吉藤先生亡き後は、明治大学の熊谷健一教授による改訂を重ね、実務家の教科書としては最も信頼されていた本ですが、大学で特許法の講義を受けたわけでもないのに何故特許法の本を買ったのか、今では覚えておりません。今から思うと、これが私と特許法の最初の邂逅でした。

　私が卒業した昭和44年ですが、43年から44年にかけては、東大医学部の学生処分に端を発した東大紛争が全学に飛び火し、最も激しい時期であり、安田講堂は全共闘に占拠され、また東大法学部研究室も占拠されてしまい、授業も全て休止となり、卒業も延期となりました。当時は加藤一郎総長代行の時代でしたが、昭和44年1月18日に遂に機動隊が大学構内に突入し、キャンパスは催涙弾の煙が満ち溢れていました。安田講堂の攻防戦が2日続き、やっと19日に安田講堂が落城し、多くの学生が逮捕されました。その時の様子はテレビで何回も放映され、今でも時々放映されるほど、時代を反映した出来事でした。立て看1つない今の東大キャンパスからは想像もできない光景です。当時は日本だけではなく、世界中で学生の反乱が起き、パリ大学をはじめ名門高等教育機関が集中しているカルチェラタンの激しいデモは日本でも何回も放映されました。学生の反乱は、まさに当時の世界的な風潮でした。

　私のような一般学生は構内には入れず、近くの喫茶店に集まり、

いろいろと議論をしたものです。私は、教室の最前席に座り、熱心に授業を聴いて勉強しており、大学に対してほとんど不満はありませんでした。しかし全学的に反乱を起こしている学生が多かったことを見て、大学に対する不満が大きいことを知りました。当時の東大法学部は、おそらく全学の中でも、教官と学生の関係が最も疎だったのに対して、医学部は最も密だったのではないでしょうか。皮肉と言えば皮肉なことではありますが、毎日同じ研究室で角突き合わせていると争いも生じやすいのでしょうか。東大法学部の講義は大教室で行われ、教官と学生の交流が少ないという批判もあり、法学部砂漠といわれたりしたものの、反乱にまでいたる反感はなかったように思います。またゼミ以外では学生同士の交流も少ないのですが、その紛争当時知り合った30名程度の仲間とは非常に親しくなり、未だに交流があります。私くらいの歳になると、亡くなった友人も多いのですが、この時の仲間は全員元気にしています。

　昭和44年は、いろいろと複雑な事情もあったようですが、加藤一郎総長代行と坂田道太文部大臣との協議により、東大の入試が中止になるという前代未聞の異常な時代でした。坂田文部大臣は後にこれを「最大の痛恨事」と回想しているようですが、なぜ中止になったのかはマスコミで知る程度であり、学生であった私には、詳しいことはわかりませんでした。入試の中止は東大開闢以来のことで、東大の存亡の危機とまでいわれ、東大廃止論まで出て、三島由紀夫は東大を動物園にしろ、とまで言っておりました。紛争を収めた加藤総長代行のご苦労は並大抵なものではなかったろうと思います。法学部研究室占拠の解除後、加藤先生の研究室の整理にお手伝いに行きましたが、先生は総長代行ということもあり、全共闘の恨みも

相当強かったようで、特に破壊が酷く、見るも無残な状況でした。加藤先生は、学者の命である研究室を滅茶苦茶にされ、大事な書籍や資料も燃やされ、さぞかし嘆かれておられるだろうと思ったら、ケロリとしておられ、その肝っ玉の太さには驚嘆いたしました。

　長い間のストライキの影響で授業日数が足りず、卒業も3カ月遅れ、卒業証書には昭和44年6月30日の日付が記載されており、まるで落第をして追試でようやく卒業できたかのような卒業証書でした。私は卒業後直ちに法学部助手になりましたが、大学の存亡がかかったこんな時によく大学に残ろうという気になったね、とあちこちで言われたものです。しかし不思議なことに、この年は例年よりも多くの学生が助手として大学に残り、学者の当たり年となりました。最も気の毒であったのは、私の先輩助手たちであり、論文を書かねばならない大事な時期に、研究室が占拠され、図書館も使えず、学問に集中することができないために、学者となることを諦め、後ろ髪を引かれる思いで実務家に転進した人が何人もおりました。

　卒業の日の忘れられない思い出があります。私は、労働法の石川吉右衞門先生のゼミ生ではなかったのですが、何故か親しくさせていただいておりました。当時は、大学紛争のために正規の卒業式は中止で、単なる卒業証書の伝達式でした。それが終わり、学内をブラブラしていたら、石川先生に「中山君ちょっと来い」と呼び止められて、そのまま先生の本宅のある木更津まで拉致されました。石川先生は都内にもご自宅をもっておられ、いつもはそちらにお住まいでしたが、本宅は木更津にありました。石川先生の愛車はプリン

スのとても古い車で、クラシックカーを通り越して、よくこれで走ることができるな、と思うくらい古い車でした。床をみると穴があいていて、道路が見え、木更津に着くまでの間、クラッシュするのではないかと心配でたまりませんでした。京葉道路をちんたら走っていると、他の車は、心なしか避けているように思えました。プリンスは、今では日産に吸収合併され、その遺伝子はスカイラインという名車として残っていますが、それも間もなくなくなるようです。

石川先生のご実家は、江戸時代から代々続く旅籠であり、そこに一泊して、お酒を飲んだり、東京湾での「すだて」（干潟に網を仕掛け、引き潮時に逃げ遅れた魚を捕まえるという東京湾に伝わる伝統漁法）遊びをしたりして、卒業式の翌日帰宅し、親を心配させました。助手になってからも、時々飲みに連れて行っていただき、東京駅の八重洲口にある北海道池田町のアンテナ酒場で、十勝ワインをご馳走していただいたことをよく覚えています。当時十勝ワインは貴重で、なかなか手に入らない代物でした。石川先生は冗談に、自分は石井照久先生（商法）から知的財産法もやれと言われているので、知的財産法に口を出す権利があるのだ、とおっしゃっておられましたので、知的財産法専攻の私には親近感を持って下さったのかもしれません。

（6）学生時代の山本先生との邂逅

教養学部時代に、私の人生を決めるような恩人である山本桂一先生に出会うことができました。1年生の時に山本先生のゼミに入り、それ以降、先生が亡くなるまでの6年間、親しくさせていただき

ました。山本先生は、フランス法の権威である野田良之先生の弟子
で、元来はフランス法学者で、『フランス第三共和政の研究―その
法律・政治・歴史』（有信堂、1966 年）、『フランス商事会社法』（法務
資料〈第 398 号〉、1967 年）、『法学概論』（有信堂、1968 年）、『フランス企
業法序説』（東大社会科学研究叢書〈29〉、1969 年）等の著述があります。

　山本先生は、東大教養学部教授時代に、有斐閣の法律学全書で
『著作権法』（1969 年）を執筆されてからは、著作権法の研究もなさ
っていました。この本は、元来は東北大学の民法の中川善之助先生
が執筆される予定でしたが、中川先生が山本先生のこの本に寄せて
書かれた小冊子によると、「他の仕事が忙しくなったので早々に断
って山本桂一君に替わってもらった」と書かれています。同じ小冊
子で山本先生は、執筆の動機を「かなり悪化していた呼吸器疾患が
余命 1，2 年に過ぎないという素人的確信もあって、何かこの世に
『形見』でもというロマンチシズムが作用していた」と書いておら
れます。それを読んで、体系書の執筆はいかに大変なことかと感じ
ました。その後、山本先生は病を得て「須磨明石ならぬ東京近在に
ある俗な配所で 3 年の程を過ごす」ことになり、その後回復され
て本書を執筆されることになるのですが、「やはり餅は餅屋で、著
作権法というような特殊領域は、よそ者がみだりに侵入すべきでは
なかったという虚脱感のみを深くしている」とも書かれています。
私はまだ教養学部の 2 年生でしたが、先生に言われて、目次等に
つき少しお手伝いをいたしました。おそらくそれはお手伝いという
ようなものではなく、むしろ実質は先生のお邪魔をしていたような
ものでしたが、おそらく先生は私に勉強をさせようと思っておられ
たのではないかと思います。4 年生の司法試験が終わった頃、私は

先生から大学に残るようにと勧められましたが、あるいはこの教養学部時代に、すでに先生としてはそのお気持ちがあって、私にその本の手伝いをさせたのかもしれないと、今では思っております。

山本桂一先生：村山貯水池でのお花見

この『著作権法』の出版の1年後に著作権法の全面改正がなされますが、早く出版しないと著作権法が全面改正され、書き直すと、ますます出版が遅れることを危惧されていたのではないかと思います。山本先生も著作権審議会委員として参画され、改正内容も熟知しておられましたが、新法での書き直しになると今まで書きためた原稿が無駄になるので、とにかく旧法下での出版をしようと決意されたのではないかと思います。出版後すぐにでも改訂されるご予定でしたが、残念ながらそれを待たずに亡くなられました。もし本書が、山本先生でなく、中川先生により執筆されていたら、私の運命も変わっていたと思います。

山本先生の思い出は語り尽くせないほどあり、思い出すと涙がでます。山本先生は生涯独身で、しかも肺や心臓をはじめ、体が大層悪く、私は先生のかばん持ちのように、あるいはポチのように、始終先生のおそばにおりました。まだ1年生のころ、仏法（フランス

法）のことを「ぶっぽう」と読んでしまったら、「『ぶっぽう』でも間違いではないが、『ふつほう』の方が良いであろう」と笑われたこともありました。また先生の教養学部の研究室には自由に出入りを許されておりまして、あるときは研究室で、先生から、〇〇という本を取ってくれと言われましたが、何処にあるのかわからずにまごまごしていると、何のために研究室への出入りを許しているのか、と叱られたこともありました。先生から直接法律学を教えてもらった記憶はありませんが、学問とは教えてもらうものではなく、先生の背中を見ながら盗むものであるということを、その時に初めて教えられました。これがその後の私の東大での教育の基本となり、生涯、弟子の教育では手取り足取り教えることはせずに、基本的には放牧であって、弟子のやりたいことを自由にやらせるというスタイルになりました。細かいところまで手取り足取りで教えると、プチ中山ができるだけで、学界のためには何らの裨益もないと思ったからです。能力ある人であれば、雑用を言いつけたりせずに、良い研究環境を整えてあげることにより、自ら学問を切り開いてゆくものである、ということを、身をもって山本先生に教えられました。

　山本先生は、日本の古典芸能にも通じておられ、月に1回は歌舞伎座に連れていっていただき、当時の歌右衛門や松緑が好きになりました。また先生は能にも通じておられ、当時、新宿区の大曲にあった観世会館の能にも時々連れていっていただき、「隅田川」などは今でもよく覚えていますが、私の教養では歌舞伎ほど好きにはなれませんでした。山本先生は、能舞台で役者が一言セリフを間違えると、「あ、間違えた」、と小声でおっしゃるほど精通しておられました。昔から能は教養のある一部の上流階級のものであるのに対し、

歌舞伎は庶民の道楽でしたので、私にとっても歌舞伎くらいが分相応だったのでしょう。

　また山本先生にはあちこちに旅行に連れて行っていただき、熱海や軽井沢にもよくお供をしました。つまらない話ですが、今はもうない熱海ホテルに泊まった折に、私はグレープフルーツなる果物を初めて知りました。てっきり葡萄の一種だと思ってグレープフルーツジュースを注文したら柑橘類のジュースが出てきて、ボーイが間違えたと思いましたが、そのまま飲んだら美味なのでびっくりしたことはよく覚えています。山本先生は、グレープフルーツが大好きで、自分の墓前にはそれを供えてくれ、と言っておられました。熱海の帰路、伊豆韮山にある東大国際私法の江川英文先生の墓に詣でたことがありました。江川英文先生は幕末の幕臣として有名な江川太郎左衛門の孫で、今では江川太郎左衛門が作った反射炉は世界遺産となり、訪れる人も多いと思いますが、当時は反射炉も江川邸も訪れる人はほとんどありませんでした。山本先生は、江川英文先生には義理があるので一度お参りをしたかった、とおっしゃっておられました。東大で同期の今は亡き刑法の西田典之教授も山本ゼミでしたので、その折にはご一緒しました。思い出に残る旅でした。

　私が助手になった翌年の 1970（昭和 45）年に、山本先生は、野田先生の跡を襲い、法学部のフランス法の教授になられ、同じ研究室で仕事をすることとなったので、一層親しくさせていただくことになりました。相変わらず、歌舞伎や能のお供をし、食事のお供をいたしました。山本先生にはご家族がおられないので、子供のように可愛がっていただきました。しかしその頃の山本先生は以前よりか

なり弱っておられ、夏は軽井沢や戸隠で静養され、私もそのお供をいたしました。戸隠では宿坊に、軽井沢では万平ホテルや、有信堂の寮に泊まりましたが、有信堂の寮には多くの学者も泊まっておられ、学生の身分でありながら、平野龍一先生、寺沢一先生、京都大学の刑法の平場安治先生等とお話をするという得がたい機会を得ることができました。

先生のご体調についてのエピソードがあります。あるとき山本先生から電話があり、教え子の結婚披露宴でもらった引き出物が重くて持てないのですぐに来てくれないか、ということでしたので、ホテルまで飛んでゆくと、引き出物は分厚い南部鉄器のすき焼き鍋でした。先生は、家ではすき焼きはやらないので持って帰ってくれないかとのことで、そのまま頂いて帰り、そのすき焼き鍋は今でもわが家で重宝しております。当時は、大きくて重たい引き出物が多かったようです。確かに重たい鉄鍋ではありましたが、鍋も持てないようなご体調でした。

山本先生は、トランプ（ブリッジ）の名人で、教え子の多くは先生にブリッジを習ったようです。立教大学の国際私法の故沢木敬郎先生はその筋では一番弟子で、国際大会にまで参加される腕前でしたが、残念なことに61歳で亡くなられました。しかしながらどういうわけか、私には「ブリッジは学問の妨げじゃ」、といって教えてもらえませんでした。おそらく私にブリッジの才のないことを見抜いておられたか、あるいは私の能力では学問とブリッジの両立は困難と看破しておられたのでしょう。ブリッジは麻雀とは違い、緻密な頭脳を必要とするプレーです。山本先生が亡くなられたあと、

私の留学の前頃に、東大法学部研究室でブリッジが盛んになった時がありました。六本佳平先生（法社会学）からドイツに留学するのであれば、ブリッジくらいは知っておく必要があると誘われて、私もその気になり、雄川一郎先生、田中英夫先生ご夫妻、六本先生等が集まってブリッジに興じたこともありましたが、私は下手で、いつもパートナーに叱られておりました。山本先生が看破されておられたように、私にはブリッジの才はなく、以後一度もブリッジに手を出したことはありません。ドイツでもブリッジをする機会は全くありませんでした。

　山本先生の体調は次第に悪くなり、大森のお宅から本郷の東京大学までの通勤も苦しくなりましたので、中古車を買い、私が車で送り迎えをしておりました。その車はマツダのロータリーエンジンのカペラで、燃費は悪いものの、俊足の車で、私の愛車となりました。しかし私が助手の2年目（1971年）、暑い夏でしたので、山本先生は駿河台の山の上ホテルに滞在され、その後に軽井沢へ静養に立たれる直前に体調が急変し、東大病院で亡くなられました。病弱ではありましたが、このように突然に亡くなられるとは思ってもおりませんでした。山本先生は多くの学生を可愛がっておられ、亡くなられた時も何人かの学生がお世話をしておりました。ちょうどその時、私は東京におりませんでしたので、ご臨終に立ち会うことはできませんでした。私は最も頼りにしていた先生が突然いなくなり、お先真っ暗になったことをよく覚えています。長い間、お世話になりっぱなしで、何の恩返しもできないうちに亡くなられたのは、慚愧にたえません。まだ半人前ではありますが、私が何とか学者の道を全うできたことは、せめてもの恩返しだと思っています。

その後、多くの教え子たちは、先生の命日に近い7月の最後の土曜日に菩提寺である浅草坂東報恩寺に参拝し、その後近くの山本先生御用達の浅草「駒形どぜう」に集まり、先生を偲びました。ドジョウは先生の好物で、私も何回もお供したことがあります。しかし一時中断していた隅田川の花火大会が7月最後の土曜日に再開され、その日は激しい人出で、とても近づけない状況になり、参拝と「駒形どぜう」の会も中止になってしまいました。今は、何故か山本先生のお墓は鳥も通わぬ八丈島に移転されてしまい、参拝もかなわなくなってしまいました。私だけではなく、昔から山本先生を慕うゼミ生は多く、先生は常にそのような教え子に囲まれておりました。東大法学部だけでも藤木先生をはじめ、何人もおられました。山本先生を追想するものとしては、『山本桂一：In memoriam portrait d'un juriste liberal』（非売品、澤木敬郎・谷川久編集代表、1977年）があります。

▶▶ 門下生とのQ&A ◀◀

井上由里子：先生は、山本桂一先生の教養学部のゼミナールに入って以来、ご家族のおられなかった山本先生と親子のように親しくお付き合いをされました。私が、助手として東大の研究室におりました頃、先生から山本先生の思い出をよくお聞かせいただいたことを懐かしく思い出します。

　山本先生の著作権法の教科書の出版にあたり目次作りなどのお手伝いをされたことは、先生が研究者の道に進み知的財産法を専門とするきっかけのひとつになったのではないかと思います。今から振

り返ってみて、その後のご研究で山本先生から学んだことで影響を受けたことはあるでしょうか。個性も専門分野も異なる多くの先生方の薫陶を受けてこられた先生にとって、最初に出会った指導教授とでもいうべき山本先生から学問上引き継いでいるものがあるのか伺ってみたく存じます。

中山：山本先生とは大学1年生の時から親しくしていただき、先生の研究室に自由な出入りを許されておりました。全てのゼミ生に許されていたわけではなく、私だけ特別に研究室の鍵を預かっていました。その当時は体の弱かった先生の小間使いのようなこともしてお手伝いをしておりましたので、便宜上鍵を預かっているのだと思っていました。先生は私に学者になれとは一言もおっしゃいませんでしたが、今から思うと、先生は最初から私を学者にしたかったのではないかとも思えます。私は弁護士になるものと決めており、助手採用の締め切りになる4年生の夏になっても、学者になりたいということを口にしませんでしたので、業を煮やして先生から声を掛けてくださったのかもしれません。あるいは助手になるには学部成績の制限があるため、その成績が出るまで待っておられたのかもしれません。先生はトランプ（ブリッジ）の名手で、多くの弟子はその手ほどきを受けておりましたが、私だけには「学問の妨げじゃ」として教えていただけませんでした。それも「余計なことをせずに学問だけ励んで学者の道を歩め」という示唆かもしれませんが、当時の私にはそのようなことには全く気がつきませんでした。いずれにせよこのような体たらくでしたので、私のあるべき学者像などは全て助手以降の産物です。あれほど山本先生に世話になっておきながら、情けないことですが、これが実情です。

そのようなことでしたので、学問の手ほどきを受けたことは一度もありませんでした。要するに学問そのものではなく、学者としての後姿を見せていただきました。学んだことといえば、学問は教えてもらうものではなく、師の背中を見て盗み取るものであるという点と、弟子には細かいことを指導せずにやりたいことを自由にやらせる、という教えです。山本先生の本来のメジャーはフランス法であり、私は教養学部での第二外国語はドイツ語であったために、フランス法についても教えていただく機会は全くありませんでした。その後、私の助手の１年目に、先生は教養学部から法学部のフランス法の教授に移られましたが、移られて直ぐに亡くなられてしまいましたので、法学部研究室でのお付き合いは極めて短いものでした。もう少し長く生きておられれば、知的財産法学についても学ぶことがあったかと思いますが、残念でたまりません。今の私を見て、先生に「これで良かった」と言っていただけるか、分かりません。

　ただ書生のようにして長らく山本先生のお近くにいた、ということは、知的財産法を専攻する上では大きな影響を受けたことは間違いありません。

武生昌士：先生はご自身の教養学部時代について、これほど好きなことをやっていた時代は他にない、とされていますが、教養学部時代にお読みになられた本などで、特に印象に残っておられるものなどがあればお教えいただけますか。たとえば生物学の本などもお読みになられていたのでしょうか。この時期に身につけられた教養が、あるいは特許法を研究される際、様々な技術分野を理解する上で役に立ったといったこともあったのかと思い、お尋ねする次第です。

中山：特にこれという本はないのですが、法学部に進学すれば法律学にどっぷり浸った生活になることは明らかで、当時は法律学とは直接の関連のない政治学や歴史の本、それに小説などを読み漁りました。国際法の故大沼教授とともに弁論部に所属しておりましたので、政治等について大いに議論したものです。法律以外の本を実に多く読みましたが、それが法学に直接役立つことはありません。しかし法学とは社会を扱う学問なので、社会一般を知ることは、リーガルマインドを養う上で、間接的に大いに役に立っていると思います。そもそも高校を卒業して2年で法律学を学ぶことには無理があるのかもしれません。法学とは、アメリカのように、学部を卒業するくらいの社会常識をもった者が学ぶべき学問かもしれません。その意味で、教養学部時代に、法律とは関係のない本を大いに読み、議論したことは、後々の法律学を研究する上で大きな意味があったように思います。

　理系のものとしては、ノーベル賞を2回受賞し（1回は平和賞）、量子力学を化学に応用した先駆者であるポーリングが一般学生向けに書いた『一般化学』（General Chemistry）という本をよく読んでいました。これにより、少しは化学アレルギーが減ったかもしれません。余談ですが、ポーリングは、ビタミンCの大量摂取により癌を防ぐことができるという学説を出し、毎日10グラムのビタミンCを摂っていたとのことです。世界中でビタミンCブームが起き、私の祖母までがビタミンCを買ってきてくれ、と言い出す始末でしたが、そのうちにポーリングは癌で死亡し、ブームは収まりました。

小島立：中山先生が研究者の道に進まれたのは、山本桂一先生と藤木英雄先生のご助言が大きいように拝察しています。もっとも、研究者という職業に魅力や憧れを感じておられなければ、助手として研究室に残る選択をされなかったのではないかとも想像しています。

　私自身を振り返ると、法学部に入学した際に視界に入っていたのは法曹三者や官僚などの進路であり、研究者の道を志すなどとは夢にも思っていませんでした。その当時は、研究者と聞くと、「学者バカ」や「象牙の塔」といったネガティブなイメージ（近時は「サイロ」などと揶揄されることもありますね…）を抱いていたように思います。

　学部時代の先輩で研究者の道に進まれた方が複数おられ、そのような進路もあるのかと考え始めた学部３年の時に中山先生にお会いしました。中山先生とお話しする中で、中山先生のお人柄に加え、学識の深さと視野の広さに感銘を受け、中山先生に対する憧れとともに、研究者になりたいという気持ちがよりいっそう強まっていったことを覚えています。

　ある時、中山先生に研究者の意義についてお尋ねしたところ、「世の中の事象に俯瞰的・統一的な見通しを与えることではないか」とおっしゃるとともに、「古代ローマの頃から法学の研究者はずっと存在していて、それが現在まで途絶えていないということは、何か社会的に意義があるんじゃないかな」と語られたことも強く記憶に残っています。

　中山先生が研究者の道に進まれるにあたり、学生の頃に研究者に感じておられた魅力や憧れがどのようなものであったかということについて教えていただければ幸いです。

中山：私は、大学4年生の夏までは弁護士になるつもりでおり、他の選択肢は考えておりませんでした。山本先生から声をかけていただかなかったら学者になることはなかったと思います。学生時代から学者を目指して学問に励んで学者になるような立派な人もおりますが、学生時代の私には学者の本当の姿は想像もできませんでした。山本先生は生涯独身であり、また結核により肺の片方を切除しており、また心臓の持病も抱えておられ、師としては尊敬しておりましたが、将来自分の学者像として重ね合わせることはできませんでした。ただ加藤一郎先生からは、勤め人は家に帰ればただの人になれるが、学者は24時間学問のことを考えていなければならない、その覚悟はあるか、と言われたことがあり、学者とはそんなに厳しいものか、と思ったことがありました。学者が弟子を取るときには厳しいことをおっしゃることも多く、某教授は、新井白石の「折たく柴の記」を読んだかと問われ、読んでないと失格と聞いたこともあります。私が東中野に住んでいた頃、近くのお寺に新井白石の墓があり、偉い学者とは聞いていましたが、読んだことなどありません。

　そのような次第で、知っている先生も加藤一郎先生から来栖三郎先生まで、実に多くのタイプの学者がおりましたが、当時の私には確固たる学者像もありませんでした。私のような者が、果たして学者になってもよいのであろうか、ということについては悩みましたが、とにかくできるだけやってみようと思い、現在に至っている次第です。実は私の父は、私が弁護士になることを期待しており、学者になることには反対でした。おそらく、大学入試では1年浪人しているし、息子には学者になる能力などはないと思っていたのかもしれません。しかし山本先生はわざわざ父に会って下さり、父を説

得してくれました。このように確たる信念をもって学者の道に踏み込んだわけでもなく、諸先生に助けられてようやく学者になったのであり、明確な学者像があって学者になったわけでもありません。それでも何とかなるものですね。多くの場合、職業の選択とはそのようなものかも知れませんね。

　研究者の意義について「世の中の事象に俯瞰的・統一的な見通しを与えることではないか」と述べたのは、学者一般というよりは、法学者のことを念頭においた発言です。理系には、日露戦争を知らなかったという東大の物理学教授もいたようですが（物理学者「長岡半太郎」説と植物学者「池野成一郎」説と地球物理学者「田中舘愛橘」説があるようですが、いずれにせよあまりに研究に打ち込んでいた姿を見て、そう噂されていたのでしょう）、法学者は物理学等とは異なり、真理を探求するものではなく、社会自体を扱う学問であるので、世の中の事象を俯瞰的・統一的に見なければいけない、ということを、自戒の念を込めて述べたのだと思います。

2. 助手時代 (1969年〜1973年)

（1） なぜ研究者に、なぜ知的財産法を

　先に述べたとおり、学者になる契機としては、山本先生と藤木先生との出会いが、直接的な要因ですし、間接的には田中先生の講義の影響もありました。藤木先生は山本ゼミ出身ですので、結局山本先生との出会いが決定的でした。民法や商法のように明治時代以来、確固たる地位を占めている学問を専攻するということもありえたし、それが王道だとは思いますが、知的財産法を専攻にしたのは、山本先生が著作権法の研究をされていたということの他に、人がやっていない分野の研究をし、開拓をしたいという気持ちもありました。

　また助手の在職中に、英米法に移籍しないかという話もありましたが、比較法センターにある膨大な資料の大半は英米の判例であり、このような膨大な資料と格闘する自信もなく、またそもそも日本の外国法研究者は何をなすべきなのか、という確信ももてなかったので、申し訳なかったのですがお断りをしました。後から述べるように、35歳で透析生活となり、外国に行くことができなくなったので、外国法を専攻としなかったことは、結果的には良かったし、また他の英米法学者にご迷惑をかけずに済んだと思っています。

　知的財産法を専攻した最大の理由は、21世紀にかけて、特許法や著作権法は、その重要性を増すと考えたからです。当時の私の頭の中では必ずしもクリアではありませんでしたが、今後は情報化時

代となり、知的財産が重要になるというぼんやりとした予感はありました。専攻した知的財産法が、その後、21世紀になって花開き、その意味では幸運だったともいえます。特に新しい学問については、将来重要になるものもあれば、廃れてしまうものもあり、私の場合は僥倖に恵まれたと思います。

　私が大学に残った頃は東大には知的財産法（その頃の講座名は無体財産権法でした）の教授も助教授もいませんでした。そのために、最初は民法の加藤一郎先生の助手に決まりましたが、1969（昭和44）年に加藤先生は東大紛争を収め、総長代行から正式に総長となり、法学部教授ではなくなったために、同じく民法の来栖三郎先生にお預けになり、来栖先生の定年後は商法の矢沢惇先生にお預けとなり、その後矢沢先生がご病気となって入院されたために、最後は英米法の伊藤正己先生の助手になりました。山本先生は正式な指導教授ではありませんでしたが、山本先生を加えると5君にまみえるという数奇な運命を辿ることになりました。学問的な意味での知的財産法の指導教授がおらず、ある意味でみなし子といいますか、家なき子のような状態で苦難の道を歩むことではありましたが、全く性格の異なる5先生に仕えたということは、僥倖でもあったと思います。

　私を助手に採用することを決めて下さった加藤一郎先生は、東大総長代行・総長として東大紛争を収めた先生であり、実務能力も極めてすぐれた方で、何処の世界にいってもトップになられたであろうと思われます。私は当初加藤先生の助手に決まっていましたが、助手になる直前に総長に就任され、法学部教授を辞されたので、同

じ時期に加藤先生の助手に決まっていた加藤雅信さん（後の名古屋大学教授）が成城にある加藤先生のご自宅に呼ばれ、加藤雅信さんは星野英一先生に、私は来栖三郎先生にお預けということになりました。加藤先生は若くして総長になられ、総長を終えられた時はまだ定年前でしたので、法学部教授に戻られました。加藤先生が法学部教授に戻られる際、法学部では他の新任教授の採用と同じ手続を踏み、法学部教授として適任であるかという審査をし、教授会で全会一致で適任であるという結論になり、法学部に戻られました。手続としてはそれが正当なのかも知れませんが、法学部のホープとして総長となり、その加藤先生をまた法学部でお迎えするのに、面接試問を含め、審査をするということは、助教授になったばかりの私には少々違和感がありました。しかし元総長をお迎えするのも、外部の先生をお迎えするのも、法的には差別すべきでなく、皆平等に扱うべきであり、これが東大法学部というものなのかと思い知らされました。

　加藤先生は音楽が大好きで、奥様とは合唱で知り合ったそうです。先生は晩年まで世田谷区の第九を歌う会で合唱されていたと聞いています。奥様は、元大蔵官僚で大蔵大臣や大東亜大臣を務め、貴族院議員だった青木一男氏のお嬢様で、加藤先生は当時A級戦犯容疑者として巣鴨プリズンにいた御父君に結婚の許しをもらいに行ったそうで、決して政略結婚ではありません、と言っておられました。ちなみに青木一男氏は、戦後はA級戦犯容疑者として収監されましたが1948（昭和23）年に釈放され、その後は政治家として活躍されました。

加藤先生はオペラも大好きで、私のミュンヘン留学中にお見えになり、急にミュンヘンのオペラを見たいとおっしゃりましたが、世界的に有名なバイエルン国立歌劇場（Bayerische Staatsoper）のオペラのチケットを取ることができず、次のランクの Volksoper に案内して蝶々夫人を見ていただきました。蝶々夫人が、和服の裾を振り乱して舞台の上を走り回るというドタバタもあり、目が肥えておられる加藤先生にご満足いただけたかはわかりません。

　加藤先生から私を引き継いで下さった来栖三郎先生は、加藤先生とは真逆で、学問一筋の先生でした。学問以外では用務員室で他人が指している将棋を眺めているだけで、学問の虫のような先生でした。ただ将棋はいつも眺めておられるだけで、ご自身で指されているところは見たことがありませんので、果たしてお強いのか否かはわかりませんでした。先生には用務員室がもっともリラックスできる場であったように見えました。今は清掃等は外注になってしまい、用務員という職種もなくなりましたが、当時は昼間から将棋を指すようなのどかな時代でした。先生は政府の審議会等とは一線を画し、最後のほうは学会にもお見えになりませんでした。

　私は学生の頃、来栖先生の民法3部（債権法）を受講しました。31番の大教室で、まず壇上で鼻をかみ、おもむろに風呂敷を広げ、講義の第一声は、必ず「私は良く分からないのでございますが」という台詞で始められました。自信満々の講義をされる先生が多い中で、これほどの民法の大家が何という謙虚な講義なのであろうと感心いたしました。人生謙虚が大事ということを教えられました。晩年には『法とフィクション』（東京大学出版会、1999年）という本を出

版されました。

　来栖先生は甘いものがお好きで、あるとき餡蜜を一緒に食べておりましたら、最近は餡蜜に付き合ってくれる人もいなくなりました、と嘆いておられました。来栖先生は生涯独身で、流山にお姉様とご一緒に住んでおられましたが、お姉様が施設に入られてからは、東大の近くの湯島のマンションに引っ越し、学問三昧の生活でした。来栖先生については、『来栖三郎先生を偲ぶ』（信山社、2000 年）を見て下さい。

　来栖先生のご退官後に指導教授を引き継いで下さった矢沢先生は、第一高等学校の時、1940（昭和 15）年の幻の東京オリンピックのボートの選手に選ばれたという体育会系でありながら、一高を主席で卒業し、東大法学部も主席で卒業されたという文武両道の天才でした。当時のボート部の学生は、いわゆるドッペル（英語でダブルのこと）といって留年するのが普通だったと聞いておりますが、矢沢先生はその中でも異彩を放っていたのであろうと推察されます。東大卒業後は商法専攻として大学に残り、商法の田中耕太郎先生の愛弟子で、田中先生の期待も大きかったと聞いております。お側におりましても、矢沢先生の多彩ぶりと多忙ぶりはよくわかりました。私の留学中には、ミュンヘンにもいらしていただき、ミュンヘンの街を案内いたしました。しかし残念なことに 1980（昭和 55）年に、若くして亡くなられました。

　矢沢先生のご入院後に指導教授を引き継いで下さった伊藤正己先生も大変な秀才で、専攻の英米法はもとより、憲法学においても当

代一流の学者でした。有名な『プライバシーの権利』(岩波書店、1963 年) をはじめ、極めて多数の著書を出されております。東大紛争の頃、学部長だった伊藤先生は教室で学生に囲まれ危険になったことがありましたが、教室の窓から逃げていただき、一緒に法学部研究室まで走り帰ったこともあり、伊藤先生はよくその思い出話をしておられました。伊藤先生ご夫妻は、私の留学時代にミュンヘンを訪れて下さいました。伊藤先生は私の結婚式の仲人でもありましたので、妻と一緒におもてなしをし、バイエルン・アルペンにある有名なノイシュバンシュタイン城にご案内したり、レストランにいったり、買い物を楽しんだり、美術館を訪れたりしました。アルテ・ピナコテークという有名な美術館で、立派な法服を着た神父の中世の絵を見て、奥様が「この服の下には何を着ているのでしょうね」と質問されたら、伊藤先生は「ステテコだろ」とお答えになりました。いつもお堅い感じの伊藤先生に、こんなお茶目な側面もあるのかと、楽しくなりました。伊藤先生は、定年直前に最高裁判事に任命され、その後、10 年間は裁判官生活を送られました。最高裁判事官舎が文京区の小日向にあり、小石川の拙宅の隣町でしたので、時々ご挨拶に伺いました。なお伊藤先生は最高裁退官後に、『裁判官と学者の間』(有斐閣、1993 年) という興味ある本を出版されています。

　山本先生も含め、このような特色のある 5 先生からは、直接知的財産法の指導を受けたことはありませんでしたが、このような特色のある先生方に指導教授になっていただいたということは、おそらく日本の法学者の中では私だけであろうと思います。今から思うとこの上ない贅沢なことであり、幸せなことでもありますが、5 先生とも今では鬼籍に入られてしまわれました。

助手の頃、同期の商法の江頭憲治郎さん（後の東大法学部教授）とよく飲んでおりましたが、その折に私が「君のところは大店で、安心して大船に乗っていればよく、羨ましいよ」、と言ったところ、江頭さんは「そんなことはないよ、君のように一匹狼でやりたいことが自由にできるのは羨ましいよ」と言われたことがあり、何時の世でも隣の芝生は青く見えるものだと感じました。私の指導教授は全員知的財産法の専門家ではないの

助手時代（1969 年）

で、学問的指導を受けることもなく、全く自由にさせてもらい、江頭さんの言う通り、それはそれでありがたいことでした。しかしながら歴史ある東大法学部には有職故実も多く、訳の分からないこともあり、また助手になったばかりの私には知的財産法の土地勘が全くなく、助手時代から助教授の後半あたりまでは、何をしたらよいのか、まるでさ迷える子羊のような研究生活を送っていました。川島武宜先生が若い頃に書かれた『所有権法の理論』（岩波書店、1949年）を読んで、一生かけても足元にも及ばないように思ったこともありました。ときには学問に自信がなくなり、助手の頃、当時学部長であった指導教授の伊藤正己先生に、辞めたいと申し出たところ、「草葉の陰で山本先生が嘆くよ」と言われて、気を取り直してまた勉学に励んだこともありました。当時、伊藤先生に、「そうですか、

それならお辞めなさい」、と言われていたら、今の私はないことになります。その意味では、伊藤先生は、学恩以上の恩人といえます。

　助手時代に、東大以外で特に親しくさせていただいたのは、学習院大学の豊崎光衛先生です。豊崎先生は、田中耕太郎先生の弟子であり、商法の専門家として九州大学を経て学習院大学の教授を務めておられました。東大では非常勤講師として、講義はもたれませんでしたが、特許法というタイトルの学部のゼミをもっておられました。私は4年生の後半（1968（昭和43）年10月から）、つまり助手として残ることが決まってから豊崎ゼミに参加し、それ以来のお付き合いです。私にとって、知的財産法の授業を受けるのはこれが初めてでした。ゼミですから、体系的、俯瞰的なことを教えてもらうということではなく、特許法の個々の論点につき、学生が報告するという通常のゼミのスタイルでした。もう何を報告したのか忘れてしまいましたが、少ない資料の中から該当する箇所を読み、纏めて報告をした記憶があります。何分にも学部で知的財産法の講義を受けたこともなく、体系的な知識もなく、いきなり特許法のあるテーマをあてがわれても、一生懸命に書いたものの、良い報告ができなかったことは覚えております。また助手になってからもお手伝いのような形で豊崎ゼミに参加いたしました。知的財産法での学者の交わりとしては豊崎先生だけでしたので、その後も親しくさせていただきました。

　豊崎先生は、有斐閣の法律学全集で『工業所有権法』を執筆されてからは、この世界の先導的な方でした。豊崎先生は敬虔なクリスチャンで、優しい方でした。私がお付き合いをさせていただくより

もかなり前のころですが、大病をされたと伺っております。東大には知的財産法の専門家はおりませんでしたので、助手時代から私はよく学習院大学の豊崎先生の研究室を訪れておりましたし、軽井沢の近くの追分にある先生の別荘にお邪魔したこともありました。豊崎先生との思い出で最大のものは、工業所有権法学会の設立です。豊崎先生（商法）を中心にして、日大の染野義信先生（民事訴訟法）、中央大学の桑田三郎先生（国際私法）、京大の北川善太郎先生（民法）、同志社大学の仙元隆一郎先生（知的財産法）、それに大阪の弁護士の小野昌延先生が賛同して工業所有権法学会という新しい学会を作りました。しかし、何分にも諸先生は私の大先輩であるので、総会・経理・庶務・名簿管理等の雑務は全て、助手であった私が1人で行いました。学会の事務などは、今まで経験をしたこともない仕事ですので、わからないことだらけでした。第1回の設立総会は、成蹊大学で経済法学会の終了後開催しましたが、成蹊大学の事務の方の助けを借りながら、総会の運営から懇親会の手配までを私が行い、苦労しました。当時はまだ会員数も少なかったので、今ほど大変な仕事ではありませんでしたが、それでも助教授の時代は学会事務にかなりの時間を使いました。工業所有権法学会は、今では数百人を擁する大きな学会に成長して、嬉しい限りです。一緒に学会の設立に努力された上述の先生は、全て亡くなられてしまい、もう学会設立当時のことを知っているのは、私だけになってしまいました。当時は日大を中心に作られた著作権法学会がありましたが、学界全体からの参加者を集めた知的財産法関係の学会はありませんでしたので、この学会の設立にはそれなりの意味があったように思えます。また学者だけで学会を作るには専門の学者は少なく、工業所有権法学会は、学者と実務家の双方で作り上げました。他方、著作権法学

会は、その後、大きな学会に成長し、今では工業所有権法学会と並んで、知的財産法に関する双璧となっています。なお、豊崎先生は、1980（昭和55）年に、古稀記念論文集の編集中に亡くなられ、急遽、追悼論文集に変更したことは痛恨事です。

　助手時代の話になりますが、豪快な先生といえば、経済法の金沢良雄先生のことを思い出します。私は、金沢先生のゼミではないのですが、金沢先生の弟子であり同期の助手であって、後の立教大学教授の舟田正之さんと親しくしていたせいか、なぜか金沢先生からも目を掛けていただきました。金沢先生は、若い頃は焼酎2升飲んだと豪語されておられ、とにかく酒豪でした。飲み始めると夜の2時過ぎまで飲み、もう終電車がないので、タクシーで私を自宅まで送って下さり、その後、さあこれからまた飲むぞ、とタクシーでどこかの酒場に消えてゆかれました。いつのことかは正確に覚えてはいませんが、飲んだ後、金沢先生と深夜にタクシーに乗っていましたら、金沢先生は急にタクシーを止め、タクシーの裏で立小便を始め、「中山君、君もやりたまえ」と言われました。しかし軽犯罪法1条26号に触れるので、嫌だなとは思いながら、仕方なくやりました。まるで、小田原城攻めにおける際の秀吉と家康の「関東連れション」のような感じでしたが、もちろん歴史的意味は全くありません。時代の流れでしょうか、今では石川先生や金沢先生のような豪快な先生はいなくなり、寂しい思いもいたします。

（2）語学の学習方法

　先に述べました通り、教養学部時代は、あまり大学の勉強をしま

せんでしたし、まさか自分が学者になろうとは思ってもおりません
でしたので、教養学部時代はドイツ語も熱心には勉強しませんでし
た。今の語学教育とは全く異なり、当時の教養学部のドイツ語の講
義はひどいもので、1学期くらい文法の勉強をし、その後はすぐに
担当教授の好みの論文を読ませるというもので、マックス・ウェー
バーの論文を読まされた記憶があります。その論文は日本語訳でも
難解なものであり、原文は解らない単語だらけで、ドイツ語にはあ
まり興味が湧きませんでした。それに対して、同僚の大沼さんなど
は、1年生の夏にはアメリカに渡り英語に磨きをかけていたので、
後にイギリスの Cambridge University Press から立派な本を出
版しています（International Law in a Transcivilizational World
(2017)）。

　後にドイツに留学することになったのですが、後悔先に立たずで、
教養学部でもっとしっかりドイツ語を勉強しておくべきであったと
反省しております。そのようなわけで助手になってからドイツ語に
は苦労しましたが、留学に備えて、助教授時代は、四谷にあるエン
デルレ（ゲーテ学院方式を採用している語学学校）という夜学に通っ
て、特に会話について勉強しました。当時は今とは異なりひどい住
宅難で、埼玉県の北本という田舎の駅からさらにバスに乗った団地
に住んでおりましたので、夜学を終えて帰宅するには長岡行きの普
通列車しかなく、冬などはスキーを持った若者で混雑しておりまし
た。それからドイツに渡ってから、バイエルン・アルペンの麓にあ
るゲーテ学院で3カ月ほど勉強した程度です。ドイツ留学から戻
って間もなく病をえて、それ以降ドイツに行くことができなくなり、
ドイツ語会話もすっかり忘れてしまいました。

（3）写真の趣味

　助手時代の思い出の１つに写真があります。助手の１年目に、山本ゼミの後輩の東大写真文化会の野見山恵弘さんという学生と出会い、助手でありながら学生の部活に加わり、仏閣や野仏、それにSL（蒸気機関車）を中心に写真を撮っていました。特にSLは、出発の時と坂道でなければ勢いよく煙を吐きません。その当時は電化やディーゼル化が進み、かなりの僻地に行かないとSLは走っておらず、学生と一緒に重たい機材を担いで、能登半島等、あちこちに出かけて撮影をしたものです。体力が必要なので、次第にSLは撮らなくなりました。女性のポートレートは、モデルもいなかったし、ライティングの技術もなかったので、苦手でした。しかしある時、写真文化会でモデルを雇い、今日こそ良い女性ポートレートを撮ろうと勇んでいたところ、モデルがいつまでたっても来ないので、モデル会社に連絡したところ、モデルがお腹を悪くしたとのことで、学生と一緒にふてくされてピザを食べて解散したこともありました。

　友人の結婚披露宴では、いつも写真係を務めていました。しかし次第にほとんどの結婚披露宴ではプロの写真家に依頼するようになり、私の出番はなくなりました。また時代はカラー写真に移り、大学の暗室を使って、自分で現像や引き伸ばしをすることができなくなってしまいました。やがて写真はデジタルに移行し、私の写真もスマホで撮影するまでに堕落しております。ただ今でも昔撮った石仏や海の写真の何枚かを自分のオフィスに飾ってあります。

助教授になって、写真の実技からはほとんど引退し、東大写真文化会の顧問となり、退職までその職を続けました。この写真の経験が、その後、写真の著作権の勉強に役に立ちました。今でこそ、写真の著作権は絵画等の著作権とほぼ同じ内容となっていますが、当時は、写真の著作権は、1ランク低級な著作権であるという認識が強く、当時からそれは少しおかしいと思っていました。おそらく、写真とは、カメラという機材を用いて、真を写し取っているにすぎず、機材が果たす役割が大半なので、創作性が低い著作物と考えられていたのでしょう。しかし、あるカメラマンから、自分はカメラで絵を書いている、という言葉を聴いたことを忘れられません。写真といってもピンからキリまであるでしょうし、創作性のない写真もあるでしょう。しかしそれは絵画でも同様であり、写真だけを区別する理由にはならず、基本的には絵画等と同じに扱い、あとは権利の範囲の問題で処理すべきであると考えていましたが、その通りの法改正がなされました。

（4）判例評釈（判民・商判等）

　助手になっての初めての判例評釈は、ブロック玩具事件（大阪地判昭和43年5月17日下民集19巻5・6号303頁）と呼ばれている有名な事件でした。侵害者は、レゴ社のブロックの一部の隔壁を欠いただけの製品を販売しておりましたが、クレームにはその一部の隔壁も記載されておりましたので、被告製品はクレームの要件の全てを満たしてはいないので、被告は非侵害であると主張しました。いわゆる不完全利用の事件ですが、侵害とした判決を相当とした評釈です。

生まれて初めて、自分の書いたものが活字になり雑誌に掲載されるので、相当力を入れたつもりです。デパートの玩具売り場に行き、実物を手に取って調べたりしました。今から思うと、実態調査をして、裁判官のまねごとのようなことをして、判決文以外のものを参照することは、判例評釈の方法論として妥当であるのか、という問題もあるかもしれませんが、当時は必死でした。できあがった原稿を山本先生に見てもらいましたら、「これでよろしい、安心した」というお言葉を頂戴し、嬉しくなったことを今でも記憶しております。山本先生は私に学者になるように勧めてくれましたが、私の書いたものを見たことがなく、若干の不安も持っておられたのかも知れません。その評釈は、ジュリスト463号142頁（1970年）に掲載されました。

　その後、東大での民事法判例研究会（判民）や商法研究会の商事判例研究（商判）等では、知的財産法の事件は少なかったので、いろいろなジャンルの判例評釈をしました。特に思い出深いのは、借地法の事件の報告です。戦後の極端な住宅不足もあり、賃借人の立場が強く、ひとたび土地を貸したら戻してもらうことは困難であるという状況にあり、そのため当初の権利金が極端に高くなり、土地の流動性は低い状況にありました。しかし私が報告をした1971（昭和46）年頃は、東京オリンピックや大阪万博もあり、戦後は終わったともいわれ、状況はかなり変化していたと感じておりました。そこで賃借人の権利をあまりに強く認めることは土地の流動性を低め、かえって経済社会の発展を阻害している、という趣旨の報告をしたところ、ある著名教授から、多くの研究者の前で「中山君のところは地主なのかね」といわれ、がっくりした記憶があります。私

のプレゼンテーションが悪かったせいであろうと反省しております
が、その後の世の中は、私の指摘の通りに動いていると思います。

　当時は、知的財産法だけではなく、民法や経済法等の判例評釈を
書き、多い年では年間10件程度の評釈を書きました。助教授にな
ると専攻以外の勉強はあまりしなくなるので、この助手の頃の経験
は貴重であったと思います。学部を卒業したばかりの若い研究者に
とっては、知的財産法に特化することなく、いろいろな評釈ができ
たということは、広い意味での勉強になったように思います。最近
の若い学者は、初めから自分の専攻する分野に特化して研究をし、
知的財産法以外の評釈をすることは少ない傾向にあると思いますが、
長い目でみると、あまり好ましいとはいえないように思えます。

（5）助手論文

　助手の任期は3年で、その間に相当長い助手論文を仕上げなけ
ればなりませんでした。しかし特殊な言語を用いる専攻や、学部で
開講していないような特殊な専攻については、助手の任期を特別に
4年とする制度がありました。たとえばラテン語を用いる必要があ
るローマ法などがそれに該当し、私の後輩の木庭顕さん（後の東大
のローマ法の教授）も4年の任期の助手でした。当時は知的財産法
も特殊な法分野ということで、私も4年任期でした。私が助手論
文を執筆した頃は、何をどのような方法論で切って行くべきか、皆
目見当がつきませんでした。知的財産法の論文や教科書を見ても、
知的財産法の根源的なことを述べたものはほとんどなく、助手論文
のテーマに何を選んだらよいのか迷いに迷い、相談する先生もなく、

迷える子羊状態でした。当時は職務発明に関する事件は少なく、同族会社の争いで、たまたま特許法35条の条文があるので、それを武器にして争った、という感じの事件が多く、あまり興味をそそるようなものではありませんでした。学部学生の頃、矢沢惇先生の商法の講義で、冗談でしょうが、会社法は家族法である、と述べておられましたが、特許法も同じかな、と思いました。

そこに東京高等裁判所で職務発明に関する判決が出され（東京高判昭和44年5月6日判タ237号305頁、琺瑯浴槽事件）、一筋の光を見たような気がしました。それほどの大事件ではないのですが、この判決を手がかりに研究を進めれば、何とか論文になるのではないかという気がしてきました。そこで英米とドイツの判例や学説を調べて、一応論文の体裁を整えたものが私の助手論文です。主として職務発明の制度論の研究ですが、本来なら発明者の権利とはいかなるものか、という根源的な問題にまで深掘りをしなければいけなかったと思いますが、そこまでは手が回りませんでした。その論文のタイトルは『発明者権の研究』というものであり、その題号にはそのような思いが込められていますが、その内容からは『職務発明の研究』とすべきであったと反省しています。

今からみると稚拙な論文で、方法論や視座も定まらず、特に企業内での発明の実態も知らずに書いたもので、かなり観念的な論文となっており、できれば取り消したいくらいですが、事実は取り消すことができないので、今でも昔の恥を晒しております。

論文のスタイルは通常の助手論文や博士論文と同じもので、英米

とドイツの研究をして、その中でも比較的類似したドイツと似たような結論をとったものです。ただ、ドイツとわが国では歴史的経緯が全く異なっており、ドイツの歴史を通してなぜわが国では職務発明の問題が顕在化しないのか、という点を明らかにしたい、というのが執筆の動機でした。日独の制度自体は似ていますが、ドイツでは職務発明の規定がよく使われているのに対し、わが国の特許法35条の職務発明規定はあまり使われていなかったため、結論としては、わが国でも職務発明の規定をもっと利用すべきである、という趣旨の論文でした。この助手論文に手を加えて公表したのが、『発明者権の研究』（東京大学出版会、1987年）です。その後、職務発明につき考えが変わった部分もありますが、それは『特許法〔第4版〕』（弘文堂、2019年）に詳しく書いてあります。

　しかしそれから数十年して、かの有名な青色発光ダイオード事件（東京地判平成16年1月30日判時1852号36頁）で200億円（一部請求ですので、実際は約600億円）の補償金を支払えという判決をきっかけに、わが国の職務発明制度が一躍脚光を浴び、それに続き多くの判例が出され、またおびただしい論文も発表され、その後2回も特許法35条が改正されました。

（6）結婚 ⇒ 助手論の清書

　私は、助手論文執筆中に結婚しました。典型的なお見合い結婚でした。私が家庭教師をしていた高校生の父親と第一高等学校の同級生だった銀行員がいて、その方のマンションの1階上にいいお嬢さんがいるのでどうか、という話になった次第です。4回会っただけ

結婚式：於学士会館（1972年）

で婚約し、その半年後に結婚しました。助手論文執筆中に結婚するなどということは、今から考えるとかなり無謀で不謹慎なことだったかも知れないですね。でも同期だった刑法の故西田典之先生も助手時代に結婚しました。今とは違い、当時は男でも20代で結婚する人が多かったようで、私は27歳で結婚しましたが、決して早い方ではありませんでした。

　もう半世紀も昔のことで詳しいことは覚えていませんが、助手論文執筆に忙殺されていたので、結婚式の当日も昼間は研究室に行き仕事をしていました。たまたま研究室の書庫で指導教授の来栖三郎先生にお会いして少しお話をしたところ、先生は、披露宴に何の連絡もなく欠席されました。後日、来栖先生から伺ったところでは、まさか挙式の当日に新郎が研究室に来るなどということはありえないので、今日が披露宴だとは思わず欠席してしまって申し訳ない、ということでした。私も、書庫でお話をした折に、今晩の結婚式は宜しくお願いします、とお伝えすべきであったと反省しています。

　今のようにパソコンもなく、助手論文は手書きで清書して提出するものと決まっておりました。論文の締め切り近くになると、清書には大変な時間を要し、時間がなくなってしまったので妻に清書し

てもらい、まるで秘書代わりに結婚したようでした。200字詰原稿用紙で1000枚を優に越える論文でしたので、清書だけでも指にタコができるくらい大変な仕事でした。

▶ 門下生とのQ&A ◀

潮海久雄：なぜ中山先生が知的財産法を専攻されたのかについて関心があります。その当時の時代背景と研究室の雰囲気をもう少しお聞かせいただきたいと思いました。

　といいますのは、たしかに、当時は、1964年のオリンピック、1969年のアポロ11号、1970年の万博、カラーテレビの普及など高度成長期で、一般社会でも、科学技術への憧れがあったように思います。しかし他方で、交通事故や公害訴訟などが頻発していて、むしろ、科学技術の負の面に、民法学等は力を注いでいたように思います。

　また、1982年の富士通・日立対IBM事件のはるか前で、わが国はもちろん欧米でも大きな裁判例もなかったように思いますし、職務発明でも大きな事例はなかったと思います。

　それでも、あえて新しい分野に踏み込もうとされたのは、先生に科学技術に対する憧れがおありだったのでしょうか。50年近く前の法学部研究室でも、そのような先生の新しい挑戦を積極的に奨励する雰囲気があったのでしょうか。どの法分野も研究者が少なく、研究の蓄積も少ないので、各自が新しい法分野を開拓しようという雰囲気だったのでしょうか。

　私が（約30年から20年前です）、最初の研究をなんとか乗り越え

られたのは、先生方からご指導いただいたことのほかに、ともに勉強していた多くの大学院生・助手の方々に励まされ、助けていただいたことも大きかったので、お伺いする次第です。

中山：私は、高校時代は理系のクラスにおり、小学校から高校2年までは、将来は理系の仕事するつもりでおりましたので、意識下には理系への憧れのようなものがあったのかもしれません。しかし、特に意識して理系に関係する法分野に進みたいとまでは考えていませんでした。知的財産法を専攻するにあたり、直接的には、山本桂一先生の影響が強かったと思います。私が山本ゼミに入ったのは、山本ゼミにいた弁論部の先輩の勧めによるもので、全くの偶然であり、山本先生がどのような先生かは全く知らずに入りました。山本ゼミに入ったのは大学1年の時ですが、その頃、山本先生は『著作権法』の執筆をされている時で、横で見ていて、知的財産法の世界に足を踏み込むきっかけとしては、その影響が大きかったと思います。歌舞伎役者のように、その家に生まれたからにはその家の芸を引き継ぐということもありますが、人の人生の分岐点には偶然的な要素の大きい場合も多かろうと思います。

　それに東大には知的財産法専門の教授がいなかったため、便宜置籍船のようなもので、私は便宜的に民法講座の助手となりましたが、そのまま民法学者になるという選択肢もありえました。しかし当時は若気の至りか、ローマ以来、無数の学者が耕した畑に一粒の種を蒔くより、無人の荒野を切り開くほうが面白いように思っておりました。当時は、現在のように、知的財産に関する大事件もありませんでしたし、特許庁も今のような政策官庁ではなく、現場を担当するトンカチ官庁とみられていました。多くの企業の特許担当者は、

総務部の片隅に机をもらっているような有様でした。著作権法もかなりマイナーな法であり、重要な判例もほとんどありませんでした。

　しかし、これは直感に過ぎませんが、私には何となく特許法や著作権法が、今後は重要になるであろうという感じは持っておりました。ただこれは賭けのようなもので、荒野の開墾をしたけれども石ころだらけで畑にはならない、あるいは石油の掘削をしても油脈に当たらない人も多いように、失敗する例も多いと思います。また時代の要請が変わるということもままあり、たとえばソヴィエト法を専攻しても、ソ連自体が崩壊してしまうということもあります。

　当時の東大法学部研究室には新しい学問領域を推奨するというような雰囲気はありませんでしたし、逆にそれを軽視するという雰囲気もありませんでした。友人からは、私が何故に伝統ある民法ではなく、知的財産法などという珍奇な分野を選ぶのか、と言われたこともありましたが、私が行っている研究に異議を唱える者は全くなく、とにかく研究室は自由な雰囲気でした。その意味では自由な一匹狼のようでしたが、それでも生きて行ける自由な雰囲気でした。財をなすのも自由、飢えて野垂れ死にするのも自由、という感じでした。私の場合は、掘ったらうまい具合に、油脈とまでは行きませんが、水脈に当たったということだと思います。基本的には自分の意志でこの分野に飛び込みましたが、山本先生を始め、多くの先生にいろいろな面で支えていただいたことは忘れることはできません。

武生昌士：先生の研究室には、ご自身でお撮りになられたという、陰影の大変印象的なお写真が飾られていたかと存じます。まだオートフォーカスのカメラなども登場していない頃にご自身で本格的な

撮影をされていたというご経験が、あるいは、写真の著作物における創作性の判断対象をどこに見出すかのご議論にも影響を与えているのかな、などと考えておりました。

　ところで、写真のご趣味について、山本ゼミ後輩の野見山恵弘さんとの出会いがきっかけで、それまではゼロのところから写真に興味を持たれるようになったのでしょうか。それとも、もともと写真・カメラなどにご興味がおありのところに、野見山さんとの出会いがきっかけとなって拍車がかかった、といった具合だったのでしょうか。

中山：山本ゼミの3年後輩で、後に建設省の役人になった野見山恵弘さんに会うまではカメラも持っておらず、写真の趣味は全くありませんでした。ある時、山本先生がゼミの学生を連れ、村山貯水池にお花見に出かけました。野見山さんは東大の写真部（正確には写真文化会）に所属しており、その折に山本先生の写真を撮りましたが、それが見事なできばえで、その写真は山本先生のご葬儀にも使われ、また今でも私の執務室に飾っており、いつも先生に見守られている気分です。またその写真は本書にも掲載しております（41頁）。

　当時、私は助手でしたが、野見山さんにお願いして東大写真部に加入させてもらいました。周りは全員学生でしたが、皆快く受け入れてくれました。私も学生気分で合宿に参加して、SLを撮るために能登半島を旅したり、撮影会に参加したりしておりました。助手の給料は安いので、あまり高級でないペンタックスというカメラを2台、それに望遠レンズや広角レンズ、接写レンズ等を揃えました。それでもうまくピントをあわせれば、全紙（A4の4倍）くらいに引き伸ばすことには全く問題ありませんでした。顧問としてプロの

カメラマンが来て下さり、基本的なテクニックを学びました。撮影も現像も自分で行うと、実に面白いものです。たとえばフィルムに規定されている光量とは異なった光量で撮影を行い、現像テクニックで荒涼とした感じをだす、というようなことをして喜んでいました。SL や神社仏閣や野仏等を趣味にしておりましたが、特に逆光で撮るのが好きでした。ただポートレート（女性を撮影することが多かったのでクラブでは婦人科と言われておりました）はあまり得意ではありませんでした。ポートレートでは光の技術が重要ですが、私にはライティングの技術はありませんでした。

　しかし次第に写真がカラーになり、その後はデジタルに変わり、現像技術の腕を振るう場もなくなり、写真の第一線を退き、その後は東大を退職するまで写真部の顧問をしておりました。現在ではスマホで撮影するという堕落ぶりです。

金子敏哉：今回の回顧録で、中山先生による最初の判例評釈について、雑誌に掲載される最初の原稿ということで相当に力を入れられたこと、山本桂一先生の「これでよろしい、安心した」とのお言葉の記述を拝見し、私が最初に自分の判例評釈が雑誌に掲載されたことを報告した際、中山先生から「最初に雑誌に掲載された原稿というのはうれしいものだよ」とおっしゃっていただいた記憶を改めて思い起こしました。

　ブロック玩具事件のご評釈（ジュリスト 463 号）を拝見すると、概念や体系を重視するような思考様式も見られる一方で、その後の中山先生の均等論についての基本的な立場や、政策的な観点も含めて事実に即して具体的に利害得失を検討する、という後の方法論に

つながる検討手法（特にジュリスト 463 号 144 頁の本判決の具体的妥
当性に関する検討部分）が、最初の判例評釈の時点でも表れている
ように感じられました。

　そこで、最初の判例評釈について、中山先生がなぜこの事件を対
象として選ばれたのか、また現在の中山先生からご覧になると、こ
のご評釈についてどのような感想・印象をもたれるか、について、
お伺いしたいと思います。

中山：この事件を、私の最初の評釈として選んだのは偶然です。つ
まり私が助手になった頃は、他に知的財産法を専攻する助手は渋谷
達紀さんしかいなかったために、知的財産の判決があれば、私に回
ってきました。本件もその１つです。

　ただ、後から思うと、この事件の評釈は非常に大きな意味があっ
たように思います。当時世界を席巻していたロゴ社の製品にただ乗
りをする製品が多数現れ、本件もその１つでした。本件は、特許の
クレームの重要ではないごく一部を欠いた製品が特許権（実用新案
権）侵害になるかという点が争われたもので、いわゆる不完全利用
の事件です。本件は、直感的には非侵害という結論は不当であるよ
うな気がしましたが、問題はその理論化です。当時は均等論などは
認められていない時代でしたが、何とか均等論のような形で結論を
導けないかと考えた次第です。当時は助手の１年目で、大学を卒業
したばかりで、特許法の右も左も分からない状態で書いたものです
が、何となく、私のビジネス・ローに対する基本的姿勢が表れてい
るような判例評釈ではないかと思っています。

3. 学者初期
（おおむね助教授〔1973年〜1984年3月〕時代）

（1）学者として何をすべきかと迷い、方法論がわからずに 苦悩したこと

　助手論文を書いた後も、方法論が定まらず、学者として何をすべきか、という問題で苦悩しました。今から思うと、学部を出たての助手が、まず方法論を立て、それに基づいて論文を書くなどということは土台無理な話で、いろいろな論文を積み上げていくうちに、自ずから方法論も確立するものであると思いますが、当時は若気の至りで、まず方法論が必要であると思っていました。後に川島武宜先生から、方法論というものは後からついてくるものだと伺って、なるほどなと納得しました。新しい分野だけに新しい方法論が必要だと思っていましたが、新しい分野であるがゆえに、方法論は容易なものではありませんでした。

　知的財産法といっても、特許権や著作権のような創作法と、商標法のような標識法との違いによっても方法論は異なりうることに気がつき、今後は取りあえず、特許権と著作権に集中的に取り組み、標識法は後回しにしようと考えましたが、人生は有限で、結局標識法の研究は時間切れになってしまいました。

　また不正競争防止法も一応知的財産法の一分野と考えられますが、その位置づけにも苦労しました。ある審議会で某裁判官から、不正

競争防止法も知的財産権法の一部である以上、物権的効果を認めないのはおかしいという発言に触発されて、不正競争防止法の位置づけを考え始めました。そこで一応の便宜上の分類にすぎないものですが、知的財産法を権利付与法と行為規整法とに分類し、不正競争防止法は不法行為法の延長線上に位置づけ、それを行為規整法である、と呼ぶことにしました。今から見ると当たり前のことで、多くの方がそう考えていると思いますが、当時の私としては苦労したところでした。ただこの分類もある視座からの分類にすぎず、本質的な分類とはいえないであろうと思います。不正競争防止法だけを考えれば不法行為法の延長と考えれば済むと思いますが、権利付与法と考えられる特許権や著作権も、便宜的に物権法の概念を借用しているだけで、民法の物権法に囚われる必然性はないと考えるに至りました。当時の民事法学では、特許権や著作権は物権であるというだけで、それ以上に深く追究されることはありませんでしたし、特許法や著作権法学者においても、特段それに異議を唱えることもありませんでした。しかし、その両法とも産業や文化の発展のための手段であり、しかもその保護対象は情報である、という点に思いをいたせば、特許権や著作権の物権的効果はローマ法以来の伝統的な物権法の借用概念にすぎず、特にデジタル時代においては時代に即した考えが必要である、と考えるに至りました。たとえば差止請求権がなくとも、著作権の利用を把握でき、かつマイクロペイメントが可能となれば、何らの不都合もなく、しかも過剰な権利行使を防止することもできるかもしれません。つまり差止請求権は、それが認められないと権利の実効性が担保されないがための便宜的なものであり、将来的には、差止請求権がない知的財産権が出現しても決して背理ではないと考えるようになりました。物権法の軛から脱却

できるということは、知的財産法の性格を考える上で、極めて重要なことであると考えます。

　私が東大に入学する前のことなので、よくは知りませんが、私の入学少し前の東大法学部拡充に際して無体財産権法（今の知的財産法）の講座が新設されました。当初は民法第5部（東大では民法第1部から第4部まであります）として新設する予定であったのが、当時の文部省の方針で、ナンバー講座の増設は認めないとのことで、無体財産権法とされたようです。しかし今から考えれば、それによって民法の物権法から放たれた自由な発想が生まれることとなり、幸運だったと思います。

（2）情報

　助教授の後半のあたりで、なぜか突然、知的財産とは財産的情報であり、知的財産法は情報法学の一角をなすのではないかという考えに至りました。なぜ思いついたのか、今では記憶にありませんが、よく考えれば当然のことであり、現在ではそのように考える学者が多いのではないかと思います。後のことになりますが、私の弟子の小泉直樹教授（現慶應義塾大学教授、当時は神戸大学助教授）が、スタンフォード大学に留学した際、Goldstein 教授が講義の中で、知的財産とは情報である、と述べていたと聞いて、我が意を得たりという感じでした。

　そのように思いついてからは、知的財産法のことをよく理解できるようになってきたように思え、それまでは論文も少なかったので

すが、それ以降、何とか書けるようになってきました。私の講義においても、知的財産とは情報の一種であり、この点を理解しなければ、知的財産法は理解できない、と述べてきました。

　ちなみに、当時は知的財産法という言葉もなく、東大での講義名も無体財産権法でした。しかし無体という言葉は、広辞苑を引くと「無理、無法」と書かれており、印象が悪く、テレビドラマの「水戸黄門」の中で、由美かおるの「殿、そんなご無体な！」という台詞が有名です。そこで、私は知的財産法という言葉を広めようと大変な努力をしました。ただどちらも意味は同じであり、無体財産権はドイツ語の Immaterialgüterrecht の訳語で、知的財産権は英語の Intellectual Property Right の訳語にすぎません。しかし世界的には、Intellectual Property、略して IP という語がスタンダードになっており、近年ではわが国でも知的財産という語が一般的になって IP の語もポピュラーになってきました。2002（平成 14）年には「知的財産基本法」という名称の法律もでき、公用語としても知的財産という語が用いられるようになりました。各企業においても、特許部が知的財産部と衣替えをし、ほとんど全ての大学の授業名も知的財産法であり、近年では知的財産法という言葉が一般的となっております。

　最近ではビッグデータのように、人の頭脳の創作、つまり知的活動の成果でないものも知的財産の範疇に入るようになり、私もこの知的財産法への改名に努力した 1 人ですが、あるいは無体のほうが実態にあっているかもしれません。

（3） 無体財産権法の授業

　昭和40年代には、東大法学部では、助教授に昇任してから3年間は講義をもたないという慣習がありましたが、それは3年間講義をしなくてもよいという権利なのか、若くて未熟な者は講義をしてはいけないという不作為義務なのか、わかりませんでした。しかし私の場合は、知的財産法の専担者が東大にいなかったので、有無を言わさず助教授になってすぐに講義をもたされました。

　私が東大法学部に在籍中は、無体財産権法という講座自体は存在していたものの専担者もおらず、講義も行われていなかったので、私は知的財産法の講義なるものを一度も聴いたことがありませんでした。民法や商法でしたら学部でしっかり講義を聴いておりますので、それをもとに自分なりのものを加味して講義を組み立てることもできますが、学部の講義を聴いていない私にとっては、何を話したら良いのやら、大変苦労をいたしました。

　助手時代は、主として特許法35条の職務発明のことを研究しておりましたが、助手論文と講義とは全く別のものであり、突然講義をやれといわれても、戸惑うばかりでした。親しくしていただいていた商法の鴻常夫先生からは、最初の講義なのだから助手論文でも読み上げておけばよい、と言われましたが、聴講生のことを考えると、主として外国のことが書いてある助手論文を読み上げるような講義をすることもできず、また今のように適当な教科書もなく、苦労しました。当時は、無体財産権法という名前すら浸透しておらず、無体財産権法とは何ですか、という質問をよく受けました。そのよ

うな中で、最初の講義には20名くらいの学生が集まってくれました
が、学生はよくそんな私の講義を聴いてくれたものと感謝してお
ります。しかしながら、今から考えると恥ずかしいような講義内容
で、当時の学生には大変申し訳ないことをしたと思っています。講
義やゼミをどのように行うべきか、ということは大変難しく、東大
をやめる頃にようやく摑めたような気がします。

　東大での最初の受講生は20名弱で、1号館にある26番教室とい
う小さな教室での講義でした。東大教授の中でも、26番教室は何
処にあるのかすらわからないような小さな教室でした。当時の講座
名は「無体財産権法」であり、それがどのようなものであるか、知
っている学生も少ないという状況でした。学生が随意科目である私
の講義をどのような意図で受講しているのか、わかりませんが、そ
のような科目でも受講してくれた学生がいたということはありがた
い限りです。ゼミではないので、教壇から一方的に話をするだけで
学生との対話はありませんでした。少人数でしたので、ゼミのよう
な形式で授業をしていればもっと面白かったであろうと、後から思
いましたが、当時はそのようなことを考える余裕もありませんでし
た。しかしそのうちに学生数も増え、200人くらい入る、同じ1号
館の21番教室に移りました。

　その後、昭和の終わり頃に、富士通・日立対IBM事件という、
国家をも揺るがしかねない大事件が勃発しました。それはプログラ
ムを巡る著作権事件であり、急に知的財産法の重要性が高まり、マ
スコミで知的財産のことが載らない日はないほどで、知名度も一挙
に向上しました。学生は現金なもので、IBM事件を機に受講生は
一挙に増加し、200名以上集まるようになり、21番教室では立ち

見の学生が出てしまい、学生からの苦情もあって、急遽、東大では一番大きい 31 番教室に移してもらいました。入試の時に、試験会場としていつもテレビで放映される教室と同じ大きさです。教壇は１メートルくらいの高さがあり、演劇もできる広いステージでした。当時は少し遅れて授業を始める教授も多かったようですが、私は 110 分の授業時間をフルに使うように努め、いつも講義の始まる数分前には教壇に上り、チャイムがなると同時に講義を始めました。今では授業時間は 90 分と聞いております。

　授業はいつも緊張していました。教壇に上る数段の階段を登り、教授用の椅子に数分間座り、緊張をほぐそうとしましたが、なかなか緊張はほぐれませんでした。しかし不思議に授業で一言発すると急に緊張がほぐれました。学内外で多くの講演をいたしましたが、その時も同様に緊張をしておりました。しかし、講演が始まると急に緊張がほぐれました。ある時、NHK のベテランアナウンサーから、放送の直前まで非常に緊張していると聞いたことがありますし、また大晦日の紅白歌合戦に何十回も出演している大歌手も、歌い始めるまでは足がガクガクするほど緊張する、という話をテレビで聞いたこともあります。懸命に話をするということは、そのようなものかもしれませんね。最近では講演もめっきり少なくなりましたが、緊張するということは今でも変わりません。

　富士通・日立対 IBM 事件は受講生が増えたという他に、私にとっては学問的にも大きな転機となりました。後から述べますが、従来の著作権法は、小説・絵画・音楽といった、主として牧歌的な作品を相手にしていればほとんど足りていましたが、今後はプログラ

ムのような得体のしれないものを相手にせざるを得なくなり、著作権法の世界が一変したと考えていますし、私の講義内容も変わりました。デジタルが世界を変えたように、デジタルは知的財産法の世界にも大きな変化をもたらしました。

　当時は、知的財産法は司法試験科目ではありませんでしたので、司法試験にとらわれることなく、好きなように授業を組み立てることができました。特に知的財産とは情報である、と思い立ってからは、知的財産法の基礎を教えるようにしました。東大の法学部生で将来知的財産の専門家になる人は多くありません。しかし将来知的財産の問題にぶつかったとしても、制度の根本的なことを理解し、どの引き出しに何が入っているのかという勘所さえ押さえ、そして法学の素養さえあれば、あとは自分で勉強すれば十分理解可能だろうと思います。司法試験科目に入っていると、どうしても知的財産法全体、特に試験対象となっている特許法と著作権法を満遍なく教え、そして司法試験の傾向にとらわれた授業になってしまう、つまり知的財産法の基礎理論が後回しになり、条文や判例中心の授業になってしまうのではないかと思います。知的財産法が司法試験に入っている現在、特にロースクールでの授業は、司法試験の枠にとらわれて、自分の好きなように組み立てることができず、楽といえば楽かもしれませんが、思うような講義の理想の組み立てができず、歯がゆい思いをしている先生方も多いかと思います。

（4）留学（1976 年 6 月〜1978 年 6 月）

　留学前の助教授時代は、どこに留学したら良いのか、かなり迷い

ましたが、結局、当時の知的財産法の世界の中心は、ミュンヘンに
あるマックス・プランク研究所であったために、バイヤー（Friedrich-
Karl Beier）所長に受け入れ教授をお願いして、そこに留学するこ
ととなりました。当時のアメリカは、知的財産法の研究は今ほど盛
んではありませんでしたが、留学先としてアメリカも魅力的ではあ
りました。しかし次の留学はアメリカに行こうと思って、最初は世
界の知的財産法のメッカといわれていたマックス・プランク研究所
に決めました。しかしながら結果的には病気のために、その後アメ
リカに留学することができないで終わりました。ハワイ以外で、ア
メリカの地を踏むことすらできませんでした。人生、思うようには
ゆかないものです。

　当時は教授会メンバーも少なく、したがって留学する人も少なか
ったせいか、学部長だった三ケ月章先生が、わざわざ羽田空港まで
見送りに来て下さり、感激いたしました。国際化が進み、外国に行
く人も増えた現在では、学部長が空港まで見送りに来るなどという
ことは考えられないことだと思います。ちなみに、私は外国に行く
のは初めてで、飛行機に乗るのは2回目でした。1回目は、新婚旅
行の羽田―鹿児島便でした。

　また当時は外貨の持ち出し制限があり、たしか上限が20万円く
らいだったと思います。ドイツに着いたらドイツ語学校に入り、家
を借りて生活用品を揃え、車も買わなければならないため、とても
これでは少なすぎるので、ある伝手を頼って日銀に行き、70万円
の持ち出しを認めてもらいました。わざわざ日銀まで行ってお願い
をしたのに、たったの70万円ですか、と日銀の担当者に呆れられ

ました。ドイツに行ってからわかったのですが、円をマルクに替えることは極めて容易で、わざわざ日銀まで行って外貨を買わなくてもよく、形式的には円の持ち出しは違法かも知れませんが、円を持って行けば足りたので、たったの70万円でわざわざ日銀を煩わす人は珍しかったようです。その時の私の外国に対する知識はその程度のものでした。

当時は、成田空港建設は反対運動のさなかで、成田空港はまだ完成していませんでしたので、国際線は全て羽田空港発着でした。行きの航空運賃は学術振興会から支給を受けましたが、その時の最も安い運賃の飛行機に乗るという条件がついており、最安値であるソ連のアエロフロートに乗りました。JALやアメリカの飛行機と較べると格段に小さい機体で、こんなちっぽけな飛行機でヨーロッパまで飛ぶことが出来るのかしら、とすら思えました。先輩諸教授からは、どこまで本気かはわかりませんが、アエロフロートの機体は空気が漏れるので窓側には座らないほうが良いとか、機内が寒いので毛布が必要となるが枚数が少ないので乗ったらすぐに確保しておけとか、パイロットは軍人で操縦が荒いので気をつけろとか、散々脅かされましたが、全く杞憂でした。ただ、コーヒーに入れる砂糖がまるで岩のようで、なかなか溶けずに苦労したことを、なぜか良く覚えております。

当時の日本や欧米の飛行機はシベリア上空を飛ぶことが出来ず、アラスカのアンカレッジ経由でしたので、シベリア上空を飛べるソ連のアエロフロートがヨーロッパへの最短距離の便でした。シベリアの同じような景色を延々と見ながら、モスクワ空港でルフトハン

ザに乗り換え、やっとフランクフルトに到着しました。トランジットでのモスクワ空港で、マルクで買い物をしたら、何だかわからない硬貨でおつりをもらいましたが、よく見ると各国の小銭でした。ロシア語もわからないので、そのまま受け取りました。ロシアとはこんなに大雑把な国かと感心しました。後にイタリア旅行をした時は、おつりの小銭の代わりにあめ玉をもらいました。もっとも当時のリラは円の10分の1程度の価値しかありませんでした。

フランクフルトにはドイツ人の友人が住んでおりましたので、そこに数日宿泊し、周辺の見物をしました。野外映画シアターは、昼間は中古車の売買市場になっており、そこでオペル・レコルトという安い中古の車を買い、そのまま車でミュンヘンまで運転して行きました。私はそれまで渡航をしたことがないので、海外での運転つまり右側通行は初めてであり、おっかなびっくりの運転でした。フランクフルトからミュンヘンまでのアウトーバーンを140キロくらいで走っていると、ポルシェやベンツやBMWに猛スピードで追い抜かれてしまい、度肝を抜かれたものです。アウトーバーンには速度制限がなく、おそらく200キロくらいのスピードで追い越していったものと思われます。アウトーバーンでは、「140 Km genug」(140キロで十分)という看板をよく見かけましたが、そんなことにはお構いなく、ドイツ人は車の性能いっぱいに使わないと損だと考えているとすら思える運転でした。私のポンコツ中古車では170キロくらいが限度でした。今から思うと、よくもあんなポンコツ車で2年間も生活したものだと冷や汗がでます。

ミュンヘンに着くと、まずマックス・プランク研究所を訪れ、バ

イヤー所長に挨拶をし、何を研究したいのかということをお話しいたしました。バイヤー所長は大変親切に対応して下さいました。その後すぐにバイエルン・アルペンにあるゲーテ学院に3カ月通い、ドイツ語会話を勉強しました。そこで記憶に残ることがありました。若い美人女性のドイツ人教師が、「ドイツ人は失業しても道路工事などはやらない、あれはトルコ人の仕事である」、と教室で述べました。当時、ガストアルバイターと呼ばれるトルコ人出稼ぎ労働者は大勢おり、ゲーテ学院のクラスにもトルコ人受講生は数多くおりました。ドイツ人の人種差別感情を目の当たりにした気がして、嫌な気持ちになったことを今でも鮮明に覚えております。日本人も同じ目で見られていたかもしれません。またその後のある時、家の近くで警官にあとをつけられ、マンションの同じエレベータにも乗りこんできて、私が自分の家の鍵を開けたのを見てやっと帰ってゆきました。アジア人だから目をつけられたのか、私の挙動が不審だったのかは分かりませんが、いい気持ちはしませんでした。当時から、ドイツは外国人労働者がいなければ経済が成り立ちませんでしたが（今でも同様ですが）、人種差別というものはいつまでもなくならないのだ、ということを実感しました。遺憾なことですが、今でもドイツでは人種差別的な極右勢力が台頭しているようです。上に述べたこと以外で、ドイツで不愉快な思いをしたことはありませんでしたし、特にマックス・プランク研究所では全く嫌な思いをしたことはなく、皆親切で、快適な留学生活を過ごしました。しかし、ドイツに赴任していた日本人の商社マンから、先生はお客様だから分からないでしょうが、商売をしていると嫌なことはいくらでもありますよ、と言われたことがあります。

ちなみに帰国は成田空港でした。当時は成田闘争が激しく、その様子はドイツのマスコミでもかなり大きく報道されました。日本中が大紛争に巻き込まれ、極めて危ない状況と思っていたドイツ人も多かったようです。研究所のドイツの友人から、日本は危ないようだから帰国を延ばしたらどうか、と忠告されたことがありました。困っていると、横にいた別のドイツ人の友人が、「Japan braucht ihn（日本が彼を必要としている）」と助け船を出してくれました。

　マスコミが外国のことを報道する際には、象徴的な出来事だけを報道し、安穏に通常の生活を送っている人が大半であるという報道はしないために、日本は大暴動の渦中にあると思ったようです。確かに成田闘争は大きな事件ではありましたが、局地的な暴動で、日本全体としては穏やかで高度経済成長の中にあり、当然ですが帰国に何の問題もありませんでした。ちなみに三ケ月章学部長からは、帰国期限をビタ1日遅れてはならん、泳いででも帰って来いといわれておりましたので、6月末に、留学期限の2年ギリギリで帰国しました。爽やかなドイツの6月の気候から、成田空港で日本の梅雨のムッとする気候に放り込まれました。ドイツ生まれの息子は体中にあせもができました。

　ミュンヘンの自宅は、私より1年前にマックス・プランクに留学していた京都大学の森本滋先生が住んでいた家具付きマンションをそのまま譲り受けましたので、外国での住宅探しという苦労はしませんでした。ミュンヘン大学の近くで便利なところでしたが、向かいの居酒屋は、サッカーファンのたまり場で、サッカー大会の日は、夜通し騒いでおりました。その後、家族も増えることになり、少し

狭かったので、1年後にはパージングという郊外に引っ越ししました。ここも森本先生が住んでおられたところを引き継ぎましたので、やはり苦労はありませんでした。

2番目のそのマンションはミュンヘン・オリンピックに合わせて建築された巨大なもので、高級マンションではなく庶民向けのものでしたが、最上階にはプールとサウナがあり、屋上は日光浴場でした。ミュンヘンは晴れの日が少なく、多くの人は健康のために日光を求めているのですが、びっくりしたことに、屋上は半分に仕切られており、半分は水着着用で、半分は全裸で日光浴をすることになっていました。またサウナは、週に3日は男性用、3日は女性用で、1日は混浴でした。私がドイツについた1976年は稀に見る猛暑で、公園には半裸の男女が日光浴をしておりました。幕末頃に日本に来た欧米人は、日本の混浴に驚き、非文明国と批判したと読んでおりましたが、風習の変化に驚かされます。

森本先生は京大の商法の教授ですが、私と同期で、助手時代に東大に1年間ほど内地留学をされておられたので、親しくさせていただいておりました。彼は私より1年先にミュンヘンに留学されており、私は1年遅れでミュンヘンに行き、森本先生と奥様には多方面にわたりいろいろと教えていただきました。

彼の次女はミュンヘンで生まれましたが、奥様が産気づいた時、急遽私が車で病院まで運びました。翌年には同じ病院で私の次男が生まれました。外国での出産は分からないことだらけでしたが、森本先生と奥様には本当に助けていただきました。出産については、

日本語でも分からない言葉が多いのですが、ドイツでの出産ですので、医師との会話では、辞書を引き引き、大変苦労しましたが、ここでも森本ご夫妻の助けで何とか凌ぎました。

　病院では、いろいろとカルチャーの違いに驚きました。入院して間もなく、私が東大の助教授とわかると、急遽有無を言わさず、より高い部屋に移され、いきなり私は Herr Professor と呼ばれ、妻は Frau Professor と呼ばれました。日本ではペーペーの助教授でしたが、ドイツには助教授というものがないので、私のような者でも Professor と呼ばれて、こそばゆい思いでした。今のドイツではそんなことはないと思いますが、半世紀ほど前のドイツではそんな状況でした。病室は 2 人部屋で、お隣さんも同じ頃に出産しました。生まれたその日に夫婦でシャンパンを飲んで仲良く陽気にはしゃいでいました。私は妻とぼそぼそ話をしておりましたので、さぞかし仲の悪い夫婦と思われたでしょう。出産の日に夫婦そろってシャンパンを飲んでいたことには驚きましたが、その翌日には、その夫婦は大げんかを始め、枕を投げ、大声で怒鳴り合っていました。その人がドイツ人の典型例かは分かりませんが、ドイツ人気質をみた感じがしました。またドイツでは子供が生まれると、友人知人が病室に花束を贈るのが慣習のようで、お隣夫婦のところにも花が届いておりましたが、私のところには花がありませんでした。しかしやがて研究所に出産が知れると、多くの友人知人から花束を頂き、たちまちお隣さんを凌駕する花束で病室が埋まりました。

　当時は今とは違い、生まれる前は性別が分かりませんでした。退院してからゆっくり名前を考えようと思っていたところ、生まれて

すぐに看護婦さんからお名前は、と聞かれ、まだ決めていないと述べたら、あきれていたようです。また退院の際、小さなバスケットに新生児を入れて帰るのが常ですので、バスケットを用意したのですが、看護婦さんから靴はどこにあるのですか、と聞かれびっくりしました。冬でしたので新生児に靴下を履かせるのは当然としても、まだ歩くわけでもないのに、ドイツでは靴を履いてバスケットに入れて帰るのが通常のようです。退院に際し会計をする際に、病院への支払いと、医師への支払いと、助産婦への支払いが別々なのにも驚きました。

森本ご夫妻のほかにも、ドイツ人の知り合いから使わなくなったベビー用品を譲ってもらいましたが、びっくりしたことに、使わなくなったら東ドイツの知人に送るので返して欲しいとのことでした。ドイツ人は物を大切にしますが、2回使ったお古を、さらに東ドイツに送って使う、という徹底した精神には驚きました。

私の留学の1年前、森本先生と同じ頃、東京都立大学の商法の松岡誠之助先生がマックス・プランクに留学されており、また私の留学2年目には、森本先生と入れ替わるように、京都大学の行政法の芝池義一先生や、九州大学のローマ法の西村重雄先生や、名城大学の民法の宇佐見大司先生、千葉大学の満田重昭先生もミュンヘンに留学され、また通産省からの留学生もおり、皆さんと親しくさせていただきました。当時はミュンヘンにビジネスで滞在されている方はほとんどなく、多くは留学生で、法律以外でも多くの留学生がミュンヘンにおり、これまた親しくさせていただきました。留学も2年目になると、ミュンヘンでは古株となり、いろいろな方のお世

話もしました。拙宅に、ご飯と味噌汁を食べさせてくれといっていらした方もおりました。異国の地でないと、なかなかこのような交流はできないので、貴重な2年でした。

マックス・プランク研究所の日本部門の主任にラーン（Guntram Rahn）さんという方がおられ、大変お世話になりました。ラーン氏は東大にも留学をされた経験をお持ちで、日本語はほぼパーフェクトでした。ご夫人のメアリーさんは、日本人とオーストラリア人のハーフで、黒髪の美人でした。メアリーさんは日本で育ち、東京芸大の出身で、絵本の出版をしたりしておりました。私も、公私にわたりラーンご夫妻には大変お世話になりましたし、マックス・プランク研究所に留学した日本人でラーンご夫妻に世話にならなかった人はおりません。今はもうマックス・プランク研究所を去り、弁護士をしておられます。ラーンさんの業績を記念した出版物として「PATENT PRACTICE IN JAPAN AND EUROPE」（Wolters Kluwer, 2011）という本があります。

ミュンヘンの街は美しく、少しドライブすればバイエルン・アルペンがあるし、美しいお城も多く、綺麗な湖も沢山あり、有名な美術館もあり、学問以外でも、2年間はとても楽しい思い出ばかりで、ミュンヘンは、私の第二の故郷のような感じです。ただ当時はまだ冷戦時代で、ベルリンには壁があり、かなり緊張感がありました。国境（東西ドイツの境界）の検問所で撃たれて死亡する人もいましたし、境界近くで散歩していた人が東ドイツから狙撃されて死亡するという事件もあり、知人のドイツ人からは国境近くに行くと危ないので近づくな、と忠告されたこともありました。研究所の研究員

の中には、東ドイツから某大使館の公用車のトランクに乗って命からがら西ドイツに亡命した、という人もおりました。当時でも西ドイツとベルリンの間は高速道路でつながっており、行けないことはなかったのですが、遂にベルリンを見ないで帰国してしまいました。

　ミュンヘンは美しい街ですが、ミュンヘン一揆で知られているように、ナチスの根拠地の１つで、戦争によって徹底的に破壊されました。今ある古そうに見える市庁舎や教会等は再建されたものです。戦前のミュンヘンの街をそのまま再現してあり、ドイツ人の執着心には感心いたしました。新聞には、市庁舎の屋根のこの部分が再建されたというニュースが時々載っておりました。私が留学したのは、戦後 31 年目ですが、ドイツ人はまだ昔の姿を忠実に求め続けておりました。日本人に人気がある、ロマンティック街道（実はそんな名前の街道はないのですが）にあるローテンブルクは、一見すると古い中世の美しい街そのものですが、戦後の再建になるものです。日本人の観光客は皆、再建だとは気がつかずに、古くて美しい町であると感心して帰ります。日本では、古い街全体を再建するという発想はなく、戦争で破壊された街は、新しくより機能的なビルを建てることが多いと思います。国民の発想の違いか、石造りの文化と木造の文化の違いか、よく分かりませんが、ドイツの職人気質にはびっくりしました。

　ミュンヘンの街は美しく人気があるので、日本から大勢の知り合いが訪れました。東大法学部教授だけでも、先に述べた加藤先生や伊藤先生の他にも 10 名以上にもなりました。ドイツ法の村上淳一先生もお見えになり、一緒にお食事をしたおりに、「もうサッカーは見ましたか」と質問され、「いやまだ見ておりません」と答えま

したら、「何をしにドイツまできたのか、サッカーを見なければドイツは分からない」と諭されました。しかし私は日本にいた頃からサッカーのファンではありませんでしたので、村上先生の教えに背き、遂に1回もサッカーの観戦には行きませんでしたし、日本においてすら今にいたるまで1回も観戦したことはありません。確かにドイツ人気質が最もあらわになるのはサッカーの時かも知れませんので、一度は見に行けばよかったと後悔しております。先にも

ノイシュバンシュタイン城にて（1978年）
〔熊谷善二特許庁長官―左から2人目、
著者―右）

述べましたように、私のマンションの前の酒場はバイエルン・ミュンヘンのファンのたまり場で、試合のある日は夜通し飲み明かしておりましたが、うるさいという印象しかありませんでした。

またミュンヘンにはドイツ特許庁や欧州特許庁があり、ドイツだけではなく、ヨーロッパの特許の中心地でもありましたので、熊谷善二特許庁長官をはじめとする多くの知財関係の方々が見えました。日本では運転手付きの高級な公用車に乗っている特許庁長官を、私のポンコツ車であちこちに案内しましたが、今から思うと、よくあんな危ない車に乗ってくれたものだと思います。客が来るたびにノイシュバンシュタイン城をはじめとする名所を案内しました。

私の留学中に、AIPPI（国際知的財産保護協会）の総会がミュンヘンで開催され、それは知的財産に関する非常に大きな国際会議ですので、日本からも知財関係の弁護士や弁理士が大挙して訪れ、日本では交流できなかったような人と交わることができました。私はすでに1年以上ミュンヘンに住んでおりましたので、ノイシュバンシュタイン等の美しいお城や、オペラ、ビアガーデン等を案内し、ツアーガイドのような役目も果たしていました。

　当時のマックス・プランク研究所は、今とは違う場所にあり、ドナウ川の支流であるイザール川という美しい川のほとりで、緑に包まれた一軒屋でした。かつては金持ちの邸宅だったようで、各部屋の作りもおのおの異なっており、私は半地下に、ドイツ人の研究生と一緒の研究室を貰いました。庭の一角には、ドイツには珍しい染井吉野の大木があり、春になると美しい花を咲かせ、日本を偲ばせました。研究所の規模も小さく、アットホームな雰囲気で、お昼は、バイヤー所長以下、数名で近くのレストランでランチをとり、といっても立ち食いの粗末なランチでしたが、いつもビールを500cc飲んで、近くの森の中を散歩して研究所に戻るという生活でした。私は午後までほろ酔い気分でしたが、アセトアルデヒド分解酵素の多いドイツ人は、500ccのビールなどは水代わりのようで、少しも酔った様子はありませんでした。散歩の後は、半地下のホールで、若い研究員同士でおしゃべりをしておりました。今のマックス・プランク研究所はミュンヘンの街の中心部に移転したそうですが、残念ながら、病気のために留学後はドイツを訪れることができず、新しい研究所も訪れたことはありません。規模も大きくなり、雰囲気もかなり変わったと側聞しております。

ミュンヘン名物としてはオクトーバー・フェスト（ビール祭り）という大規模な祭りがあります。会場のテレージエン広場には観覧車等が設置され、大規模な遊園地となります。またミュンヘンのブルワリー（ビール醸造会社）が大テントを張りビアホールになります。研究所の仲間と訪れ、ミュンヘンビールを１リッターのジョッキーで飲み交わしました。太ったおばちゃんが８杯ものジョッキーを運んで来ますが、その逞しいのにも感心しました。厚いガラスでできたジョッキーで、それを思い切りぶつけ合って乾杯をします。当時の私はまだ元気でしたので５リッターほどのビールを飲み干しました。翌日は完全に二日酔いでしたが、ドイツ人の友人はアセトアルデヒド分解酵素が多いせいか、ケロリとしており、民族の違いを痛感しました。フンボルト財団から奨学金を頂いての留学ですが、何の義務もなく、ドイツに留学した人がドイツが好きになり、ドイツ文化を広めてくれればそれで良い、という極めておおらかな奨学金制度でした。待遇はよく、日本での給料よりも多いくらいの額が支給される奨学金制度でした。ボンで行われるフンボルトの大規模な総会にも招かれました。公式な式典の他にエクスカーションもあり、ライン川を船で下り、ローレライを見ながら、船中ではワイン三昧という楽しい思い出でした。当時の西ドイツの首都はボンという小さな街で、将来統一の暁にはベルリンを首都とするが、それまでの代替という位置づけでした。まだ東西冷戦のさなかでしたので、首相官邸の周りにはライフルを構えた兵士が沢山警護をしておりました。

　それ以外にも３週間ものバスで巡るドイツの旅にも招待されましたが、次男が生まれたばかりでしたので、残念ながらこのバスツ

アーには参加できませんでした。3週間もかけてドイツ中をバスで巡れば、ドイツのことをより詳細に理解できたと思いますが、やむを得ませんでした。とにかく至れり尽くせりの奨学制度で、フンボルトには感謝の限りです。わが国の公費留学制度と比較すると、ドイツの余裕のようなものを感じました。

　ドイツも日本も共に第二次世界大戦の敗戦国ですが、日本では、沖縄以外での陸上戦はなされませんでした。それに対してドイツではほとんどが陸上戦であり、悲惨を極め、戦死者の数も多く、国土は焦土と化しました。大きな市街戦の結果、最後はベルリン攻防戦に敗れ、ヒトラーが地下壕で自決するまで続きました。ちなみにどうでもよいことですが、ドイツ降伏の前の日に私が誕生しています。ドイツ国土は、日本以上に灰燼に帰したにもかかわらず、日本と違い、戦後30年経た私の留学した当時ですら多くの留学生を受け入れ、ドイツ文化を広げようとしている意気込みがありました。フンボルト財団は、終戦後まもなく1953年に再建され、活動を続けております。この留学を通して、日本ももっと多くの留学生、特にアジアからの留学生を受け入れるべきと痛感し、帰国後、留学生教育にも力をいれるきっかけになりました。今や日本のGDPはドイツを凌いでおり、日本も海外の留学生を多く受け入れ、優遇すべきであろうと思います。

　研究所での友人もできましたが、また学問とは関係なく隣人の知り合いもでき、一緒にアルプスの旅行をしたり、クリスマスのホームパーティに呼ばれたり、また教会での赤ちゃんの洗礼式に呼ばれたりという得がたい経験もできました。その旅行での恥ずかしいエ

ピソードがあります。泊まったペンションの主人の兄が宣教師で日本におり、有名な将軍の掛け軸を送ってくれたが、全く読めないので、何と書いてあるか教えてくれ、と言われました。それは乃木希典の金州城という七言絶句の漢詩で、日露戦争での旅順の戦いを詠んだものでした。日本人が詠んだ漢詩ですから何とか読めたのですが、それをドイツ語に訳すことは至難の業で、最初の「山川草木転荒涼　十里風腥新戦場」からどのように訳してよいのか分からず、これは日本語ではなく、中国語であるとごまかしました。それとは全く別件ですが、あるドイツ人が、京都大学の教授に手紙を出したいのだが、もらった名刺には日本語の住所しか書いてないので、ローマ字で書いてくれと依頼されたことがありました。歴史ある京都の地名には難読なものが多く、その住所も読めませんでした。日本のプロフェッサーは日本語もろくに読めないと思われたかもしれません。

　ミュンヘン大学ではバイヤー教授や、シュリッカー教授の講義を受けました。講義の方法は日本と同じで、教諭が教壇から一方的に話をするスタイルでした。講義をドイツ語では Vorlesung と言いますが、文字通り、前で読む、という講義でした。同時に受講していたアメリカ人の留学生は死ぬほど退屈だ、と言っておりましたが、私は日本の講義に慣れているので、苦痛はありませんでしたし、ドイツ法の概略を知るには、むしろ私には適合していました。ただ、その講義は、基本的には教科書を読めばわかることであり、アメリカ的な議論を中心とした授業に慣れている人には物足りなかったであろうと思います。そのほか、自室で本を読んだり、談話室で、いろいろな国の留学生と議論をして過ごしました。

ただ残念なのは、この留学においても私が求めていたもの、つまり知的財産の本質とは何か、あるいは今後自分はどのような研究をすべきか、研究の中核は何かという展望、あるいは知的財産法学の方法論を見つけだすことはできず、それはもう少し先のことになりました。

　当時は今とは違い、ネットでのメールもなく、日本の情報は図書館で読む1週間遅れの新聞だけが頼りでした。国際電話は非常に高価で一度もかけたことがなく、次男が無事に生まれたということを両親に知らせるのも手紙でした。恩師である藤木英雄先生のご逝去も、東大法学部事務長からの手紙で、1週間後に知ったような状況でした。現在のように、ネットで海外の情報を得ることもなく、ネットで外国のシンポジウムや研究会に参加することなどは想像もできないことでした。要するに当時は外国に行かねば得られない情報が多数ありました。現在のような情報化社会になると、日本に居ながらにして世界中の情報を入手できますが、やはりその国に行き、肌で感じなければ分からない文化の香りのようなものがあり、現在でも留学は大きな意味があろうかと思います。その文化の違いが分からなければ、その国の文化の一部である法も分からないと思います。外国の法は、日本の法解釈あるいは法の方法論にも示唆を与えると思いますが、それも外国の表層だけを見たのでは誤解を与えるだけで、その国の文化と一体になった法を見る必要があるでしょう。たとえばアメリカのeBay判決は、アメリカ法の根本にあるエクイティとコモンローの関係を知らねば理解できませんが、それだけではなく、英米法の根本にまで遡らねば理解できないであろうと思います。その意味で、居ながらにして世界中の情報を入手できる現在

であっても、留学をして異文化に触れるということは重要であろうと思います。

　私の思考方式は、どちらかというとプラグマティックであり、帰納的な方法論であるために、今から思うと、アメリカのほうが肌にあっていたかもしれません。しかしドイツに留学した以上は論文の１つでも残しておこうと思い立ち、職務発明に関する短い論文をGRUR（学術雑誌）に書きましたが、自慢できるような作品ではありません。

　かなり後のことになりますが、私の帰納的な論文としては、「応用美術と著作権」（論究ジュリスト2016年夏号98頁）があり、一定の理論を措定し（たとえば「美の一体性」）、そこから結論を導くような方法をとらず、仮に応用美術を著作物と認めた場合の利害得失を詳細に考察し、そこから結論を導くような方法をとっています。このような方法論においては、演繹法とは異なり、利害得失の検討に際し、何を素材として取り上げるか、という点が難しく、それによって論文の出来に雲泥の差が生じるので、応用美術の世界のことを知悉している必要があります。たとえば、応用美術を著作物と認める場合、これから新たに創作行為をする人の妨げにならないのか、という観点のほかに、当該真正商品の利用の妨げにならないのか、という観点からの種々の検討も必要となります。著作権は、原則として創作者の死後70年もの長い間存続しますので、将来を見通した利害得失の検討が必要となります。ただ帰納法と演繹法のどちらが優れているかという問題ではなく、その学者の好みのほかに、研究対象の性質にもよるであろうと思います。知的財産法のようなビジネス・ローであり、時代の産物のような法律の場合には、比較的帰

納法的な研究に向いているように思えます。このような方法については、一貫した理論に欠け、学者としてあるまじき態度という批判もありますが、知的財産法学は実学であり、必ずしも一貫した理論だけで解決できるものではないように思えます。

　なお帰国直前にびっくり仰天したことがありました。帰国に際し、研究所の半地下の集会所で、お世話になった友人知人を招き、フェアウェルパーティを催しました。日本人の研究者の奥様にも協力していただき、日本酒をはじめ、日本的な料理でもてなすことにしました。その折に、ドイツ人の友人の研究員シャーデ（スペルは忘れました）氏から、実は結婚することになったので、自分の結婚パーティをフェアウェルパーティと合同にしてもらえないかという相談を受けました。さよならパーティと結婚パーティを合同で行うという発想が全くなかったので驚きましたが、もちろん承諾して、合同パーティを行いました。このようなことがドイツでどのように受け止められるのかは分かりませんが、とにかく驚きました。しかしパーティは無事に楽しく終了しました。私が最後のスピーチで、「皆さんと別れて帰国しなければならないのは、大変シャーデです」と述べたら、大変受けました。ちなみにドイツ語で、schade とは、残念であるという意味です。

　帰国後、村上淳一教授が招待したドイツの教授の講演会で通訳をしたことがありました。大体うまくいったのですが、ある日本人の質問をうまくドイツ語に訳せず、村上教授に助けを求めたところ、村上教授は、「そんな質問をする方が悪い」と一喝して終わった、ということがありました。質問者を一喝するということには問題が

あるかもしれませんが、村上教授と私との格の違いというか、迫力の違いを感じさせられた一幕でした。ドイツにはいろいろと思い出はありますが、帰国後に病を得て、その後再びドイツの地を踏むことができなくなり、ドイツでできた友人とは次第に疎遠となり、ドイツ語会話もすっかり錆び付き、クリスマス・カードのやり取り程度になってしまったのは、非常に残念です。

（5）病気の件

　自分の人生で最も悔やまれるのは病気です。先にも述べました通り、留学から帰国して間もなく、若い頃から患っていた慢性腎炎が悪化し、33歳頃から腎不全となってしまい、激しい頭痛や吐き気や倦怠感があり、食事も満足にできなくなりました。特に頭痛は激しく、立っていられなくなり、頭痛が来ると、いつも嘔吐していました。

　透析技術の進歩により、今では腎不全の場合は早期に透析を導入する例が多いようですが、今から40年以上前は、透析の機器も未発達で、どんなに苦しくても食事療法等で1日でも透析の導入を遅らせるというのが通常でした。しかし腎不全の影響は全身に及び、頭痛・嘔吐・倦怠感等のほかにも、たとえば網膜の血管の閉塞により浮腫がでて、眼科医からは、命が助かっても失明するかもしれないと脅かされました。もし失明したら、学者を続けることはできず、路頭に迷うところでした。そのころは入退院を繰り返しており、35歳の春に、九段坂病院の眼科に入院しましたが、その病院の3階の窓から皇居の千鳥ヶ淵の美しい桜を見て、これが桜の見納めか、と思ったこともありました。千鳥ヶ淵の桜は地上からみても見事な

ものですが、病院のビルから俯瞰する桜は、吉野の千本桜を凌ぐほどの、それは見事なもので、今でも目に焼き付いています。

　そしてその年の6月には、いよいよ全身症状が悪化し、国立王子病院でシャント（バスキュラーアクセス）の手術を受けました。シャントとは、静脈を動脈に結合させ、動脈血を直接静脈に流すことにより静脈を発展させる手術をいいます。普通の静脈からは透析に必要な血液量は取れないために、透析の導入の前にそのような手術が必要となります。その後、事情があって国立王子病院から川崎市の梶が谷にある虎ノ門病院分院に転院し、そこで透析を始めました。透析とは、腕の血管に太い針を2本刺し、私の場合は、一方の針から1分当たり300ccの血を抜き、5時間かけてそれをダイアライザーという濾過器を通して余分な水分や有害物質を除去し、血中のリン・カリウム等のイオンバランスを保ち、もう1本の針で綺麗になった血液を体内に返すという治療です。

　当時は左手首の動脈を静脈に繋ぎ、動脈血が流れ込んで発達した静脈に針を刺して血を採っておりました。その血管も長年の使用で使えなくなり、何回かの手術を受け、現在では右上腕に人工血管を埋め込んでシャントとしています。この透析の開始と同時に、1級の身体障害者に認定されました。これにより、いろいろな公的支援を受けることができますが、私にとってとても便利なのが、東京都公安委員会の発行する「駐車禁止等除外指定車」という証書で、駐車禁止の道路にも駐車できます。東京では駐車できる場所を探すのが一苦労ですが、これにより、都内での運転は楽になり、週3回の通院も、これを用いて路上駐車をしております。

透析を始めると次第に尿が出なくなり、その分水分制限も厳しくなりました。血中から体の中の余分な水分と有害物質を取り除き、イオンバランスを保つのが透析ですが、当時は透析機器の性能が悪いために十分取り去ることはできず、その分、食事が厳しく制限されました。水分制限の他、塩分（ナトリウム）、リン、カリウムの摂取が厳しく制限されました。塩分は最高の調味料であり、塩分が制限された食事はまずく、たとえば無塩バターを無塩パンに塗ったものなどは、健康人には食べられた代物ではありません。また肉・魚介や生鮮野菜・果物にはカリウムやリンが多く含まれています。低蛋白高カロリーで、かつ生野菜や果物を控えめにした食事を摂らねばならず、要するに旨いものは禁止ということを意味します。ご飯を中心にカロリーを摂りなさい、ということになりますが、そのまずい食事では食欲が湧きません。低蛋白の食事を摂っていると、どうしてもカロリー不足に陥るので、砂糖を油でかためたようなマクトンゼリーというものでカロリーを補っていました。これは食べると吐き気を催すようにまずいもので、苦労をしましたが、これを食べないと、栄養士さんに叱られました。今でもよく覚えていますが、国立王子病院の安西先生という厳格な栄養士さんがおり、吐いてしまった場合はカロリー不足になるので、吐いたものの重さを量り、同じカロリー量のものを無理に食べさせられたりしました。そんなことをしていたので、次第に痩せて体力も衰えてきました。ちなみに糖尿病の人は、逆に高蛋白低カロリーの食事を摂らねばなりませんので、糖尿病の人との会食では共通に食べられるものがなくなってしまいます。学部の宴会や結婚披露宴等々のような豪華なコース料理は最悪で、栄養士さんからはお弁当を持参してゆきなさいといわれましたが、そのような席にお弁当はないだろうと思い、美味し

い料理にはあまり手を付けずに残しました。ある学部の宴会では、お隣におられた石井紫郎先生に、美味しい刺身等を食べてもらったこともありました。

　虎ノ門病院に転院したら主治医の方針が異なり、少しくらい検査データが悪くなってもよいから、とにかく今は体力の回復が第一であり、好きなものを食べなさいといわれ、家から寿司を持ってきてもらって食べたりしました。おかげで体力も大分回復し、透析も順調にできるようになりました。この時の主治医は三村信英先生といい、後に虎ノ門病院長になられた名医で、大平総理の主治医でもありました。余談ですが、大平総理は、私の入院中、総選挙の最中に倒れ、虎ノ門病院に入院し、そのまま命を落としました。三村先生には、退院に際して、少しくらい辛くても決して仕事を辞めてはいけません、家でのんびりしていると死んでしまいますよといわれ、77歳になった今でもそのお言葉を守って、現役時代のような仕事はできませんが、教科書の改訂等の仕事をしています。ちなみに、三村先生を偲ぶ会では、患者代表として弔辞を捧げ、その時の思い出を語りました。

　透析とは余分な水分と有害物質等を除去するものです。しかし余剰の水分や有害物質は血液の中にだけあるものではなく、細胞にも含まれていますが、それらを細胞から除去することは技術的に不可能なので、取りあえず血液の中から除去し、水分や有害物質が次第に細胞から血中にしみ出し、最終的には平衡が保たれます。健康人の場合は、常時腎臓が動いており、余剰の水分や有害物質は徐々に血管にしみ出し、尿となって排泄されます。私の場合は、週に3

回、1回5時間かけて除去します。つまり正常人が48時間かけて除去するところを、5時間で代替しているために、当然体に無理な負荷がかかることになります。したがって透析を終えたばかりの時には、血液と細胞とのアンバランス症候群という症状がでて、吐き気や頭痛、そして手や足が時には腹筋や背筋までもが痙攣する等により気分が悪くなりましたが、今では透析にも慣れ、また透析技術の発展により、そのような症状は少なくなりました。

　また透析を受けていても腎性貧血はなくならず、酷いときには赤血球が通常人の3分の1程度しかありませんでした。事故等の出血で一挙にそのくらいまで貧血が進むと命が危ないくらいの数値でしたが、徐々に貧血が進行したので、何とか命は保てました。東大法学部の研究室は、関東大震災直後の古い建物で、障害者には優しくなく、エレベータもありませんでしたので、2階にあった自分の研究室に戻ると疲れてしまい、しばらく休まないと仕事もできないような状態でした。

　そのくらいの貧血だと通常は輸血が必要になりますが、当時の輸血は肝炎になる恐れがあり、腎臓に加えて肝臓も悪くなってはたまらないので、我慢して輸血だけは避けていました。そのために生活の質はかなり低下しました。一番怖いのが、貧血のためにどこかで倒れ、頭を打つことでした。頭がボーとなって倒れそうになると、しゃがみ込んで、もし倒れても被害を最小限に食い止めるようにしておりました。ある時、透析が終わったあと看護婦さんと話をしておりましたらいきなり意識を失い、気がついたらベッドに寝かせられ、ほっぺたを叩かれて「中山さん、中山さん」と呼ばれていたこ

とがありました。意識がなかったので覚えておりませんが、うまい具合に看護婦さんのほうに倒れ込んだので、全く怪我もしないで済みました。その当時はとにかく疲労感が酷く、立って講義をすることもできず、座って行いました。

　透析を始めた頃は、埼玉県の朝霞市に住んでおりました。池袋から20分足らずのところでしたが、電車での通勤も難しくなり、大学の近くの小石川に引っ越し、そこから大学までは車で15分くらいかけて通っておりました。教授会では疲れて机の上にうつ伏したりしたことも多く、とにかく倦怠感が抜けませんでした。教授会で居眠りをしてけしからんと思われていたかもしれません。また網膜浮腫のために眼球に注射をしておりましたので、白目が、フランケン・シュタインか兎のように真っ赤になってしまい、サングラスをかけていたこともありましたが、不埒なやつと思われていたかもしれません。当時サングラスをかけているような人は悪い奴と決まっておりましたが、ある時、星野英一先生がサングラスをかけている写真を見つけ安心しました。

　しかしそれから40年も経った現在では、透析の機械、特にホローファイバーと呼ばれる透析膜の性能が画期的に良くなり、水も老廃物もよく除去できるようになりました。腎臓が悪くなると腎臓で作られるレニンという血圧を調整するホルモンが出なくなり腎性貧血になりますが、透析を行ってもホルモンは出ませんので、貧血は続きます。やがてエポジン（エリスロポエチン）という貧血用の新薬が開発され、透析患者にとっては福音のような薬で、その後は倒れるようなひどい貧血はなくなりました。この薬なくしては、到底

今のような仕事はできなかったでしょう。なおこの薬は赤血球の増加効果をもつことから、ドーピングにも用いられているようですが、エリスロポエチンはもともと体内にある物質なので、検出も難しいようです。このように、透析技術と薬の発達により、水分制限や食事制限もかなり緩和され、今は40年前と比べると透析も相当程度楽になり、宴会や結婚披露宴の食事も楽しむことができるようになり、QOLが向上しました。ただ透析から透析までの間に一定量以上の食事を摂ると検査データが悪くなりますので、豪華な食事を食べる前後は極めて質素な食事、たとえばおにぎりだけというような食事を摂っております。

　透析治療を受けるということは、食事だけではなく、週に3回、1回の正味で5時間、それに前後処置と通院時間を入れると、6時間くらいを費やすことになり、時間的にも仕事にはかなりのダメージになります。週に約20時間くらいのハンディがあるため、その穴埋めをするために、現役の頃は、ウィークデイは朝6時頃には大学に行き、時には警備員を起こして研究室の鍵を開けてもらい、土日にも大学に行き、少しでも時間を取り戻そうとしました。しかし私の人生全体で見れば、勉強不足は否めず、また外国に行くこともできず、いきおい研究はドメスティックなものとならざるを得ませんでした。もう慣れてしまいましたが、若い頃は残念でたまりませんでした。

　この透析を17年続けたところで、腎臓移植の機会に恵まれました。当時は脳死移植が認められる前ですので、心臓死の後、腎臓を取り出し、移植しました。誰の腎臓かは知らされませんでしたが、

山梨県で交通事故で亡くなった60歳の方からの献腎と聞いています。胃癌の既往症のある方で、移植により癌の発生することが皆無とはいえないが、癌が発症するとしてもかなり先のことなので、多分心配はいらないとのことで、移植を行いました。ご遺族の方には、こちらが誰であるかということを伏せて、病院を通してThanks Letterを書きました。しかし脳死移植を認めないということは、脳死から心臓死までの間に劣化した腎臓を移植するということになり、結局7年で移植腎は機能停止となり、また透析に戻ることになりました。この7年間も、状態の悪い移植腎を何とか維持するために、何回も入退院を繰り返し、苦労しました。移植期間中は透析を受ける必要はなくなり、時間的にはかなり生活の質は向上し、食事制限もなくなったものの、ステロイド等の免疫抑制剤を大量に服用し、今度はその副作用に悩まされました。他人の腎臓は私にとっては異物であり、それを排除しようとする免疫の力を弱める必要があり、そのために移植には免疫抑制剤が必須です。ステロイドは戦後に開発されたもので、効き目も鋭いが、副作用も強い薬です。副作用として白内障になり、両目の手術を受けました。また皮膚がまるで薄皮饅頭のように薄くなり、新聞の角が当たったくらいの少しの刺激でも皮下出血を起こすようになりました。そのために腕や足をどこかにぶつけないようにいつも注意をしていなければなりませんし、ステロイドの投与を止めた現在でも皮膚が薄くなる後遺症は続いており、皮膚をぶつけないように注意しています。ステロイドは免疫を下げる薬ですので感染症に弱くなり、なるべく人混みを避け、現在でも基本的には移動は車で行っております。移植手術の入院当時は無菌室に入り、見舞客も手を洗い、うがいをし、ガウンとキャップを着用しなければなりませんでした。お見舞いに頂いた

多くの花も、雑菌が付着している可能性があるので、室内には置けず、廊下に並べておきました。その頃は花がお見舞いの定番でしたが、今では花の持ち込みが禁止されている病院も多いと聞いています。

移植腎から透析に戻る頃には透析技術もかなり進歩し、薬も良くなりましたので、以前に比べると食事制限も緩和され、生活の質も向上し、透析導入から何とか42年以上も生き延びることができました。しかし42年前に透析に入った人はもうほとんど亡くなっており、私が生きているのは奇跡としか言いようがありません。このように透析技術が進歩しようとは思いもしませんでした。ただ爪楊枝のように太い針を刺す方法だけは変わりがなく、穿刺の苦しみは続いております。

今後も生涯透析を続ける必要があり、長期透析の弊害には悩まされています。まずは、透析による骨の劣化です。透析を続けると、血中カルシウムのイオンバランスの関係で、必ず骨に障害がでます。また透析で抜けきれないアミロイドβという物質が骨に沈着し、全身の関節が痛みます。ベッドであれば立ち上がることはできるのですが、関節の痛みから、旅館等で布団に寝ると自力では立ち上がることすら難しくなりますので、最近では必ずベッドのある宿を取ることにしています。肩の関節が痛く手は頭より上には挙がらないので、本棚の上のほうの本を取ることができず、秘書に取ってもらっています。また指の関節の異常でお箸が持ちにくくなったり、キーボードが打ちにくくなったりしております。また最近は、このアミロイドβが脊椎にも沈着し、破壊性脊椎症となり、背骨の椎間板も

潰れて、今では最盛期よりも 10 センチも身長が縮まってしまいました。歩行もかなり苦しくなったため、東大病院整形外科の脊椎科で看てもらっていますが、大手術以外に治る方法はないようで、鎮痛剤を用いてだましだまし生きています。また股関節の状態もひどく、こちらも東大病院整形外科の股関節科で看てもらっていますが、いつ骨折するか分からず、折れてから救急車で運ばれるのを待つか、事前に人工股関節に交換手術をするのか、という究極の選択に迫られています。股関節を骨折すると激痛が走るようです。またある時は左肩の関節に激痛が走り、転がり回るほどの痛みで、主治医は心筋梗塞を疑い、救急車で慈恵医大病院に運ばれましたが、結局左肩の関節にアミロイド β が沈着したための出血による痛みと分かりました。とにかく体中の関節が今でも痛みます。

　またシャント用の血管は閉塞しやすく、3 カ月に 1 度、左鎖骨下の静脈の拡張手術を日大病院で受けています。シャントは透析患者にとっては命綱で、シャントが潰れてしまうと透析ができなくなりますが、時々シャントが血栓で閉塞してしまうことがあり、そのような場合には血管を開いて血栓を取り除く手術を受けます。貧血の良い薬ができたとはいえ、相変わらず腎性貧血であることには変わりなく、健常者に比べれば大変疲れやすい状態にあります。その他、副甲状腺にも異常が現れ、こちらの数値も月に 2 回は血液で検査を受けています。特に動脈硬化は深刻で、異所性石灰化といい血管の内側等にカルシウムがこびりついております。ある時劣化した人工血管を交換する手術で動脈を鉗子で挟んだら、カルシウムが沈着して硬化している動脈が破裂してしまったことがあり、手術を受けたクリニックから救急車で日大病院に緊急搬送されたこともありま

した。高血圧、動脈硬化等で、心臓も弱っており、心房細動で、救急車で慈恵医大病院に搬送されたこともありました。しかしながら透析を40年以上続けて生きているということには、皆さんに感謝しなければなりません。そして特に、医者選びも寿命のうち、と痛感しております。

　今の透析病院は飯田橋にある村井クリニックで、優れた透析を受けており、おかげで今まで延命しております。実は、東大の同僚であった英米法の樋口範雄先生も、私の紹介で同じクリニックで透析を受けており、ベッドもお隣で、週に3回もお話をしております。樋口先生はお元気に活躍しておられ、英米法の他にも医事法、信託法の分野でも活躍されて、特に高齢者法の先駆者としても有名です。

　また透析とは関係ないのですが、この間、2011（平成23）年に前立腺癌の治療も受けました。東日本大震災の少し前に癌が見つかり、虎ノ門病院で看てもらっていましたが、透析患者には抗癌剤しか方法はないといわれました。しかし前立腺癌の治療にはいろいろと新しい治療方法があると聞いていましたので、重粒子線治療を受けようと千葉の稲城にある放射線医学総合研究所の付属病院を訪ねました。元特許庁長官の若杉和夫さんが、この病院で肝臓癌の重粒子線治療を受け好成績を挙げたと聞いておりましたし、また重粒子線治療に最も適している癌は前立腺癌とも聞いておりました。その病院に行ったのは東日本大震災による福島の原発事故のあった直後の3月のことでした。その病院は日本の放射線治療の中核であるので、福島原発援助隊と書かれた多くのトラックやバスが待機しておりました。そしてベッドの半数以上は福島から運ばれてくるかもしれない被曝患者のために空けてあり、一般の患者の入院は難しい状況に

ありました。東京に住んでいる限りでは、原発事故についてはそれほどの緊迫感もなく、通常の生活を送っておりましたが、放医研に行くと、大量の被曝患者がでることも想定されていたようで、その緊張感が伝わってきました。幸いにも結果的には被曝患者が運び込まれてくることはなかったのですが、当時はそのように逼迫した状況でした。実は東京も危なかったようで、東京を脱出した外国人も多かったようです。後にマスコミ関係者から聞いた話ですが、実態を知っているマスコミ関係者の中には家族を東京から逃がした人も多かったそうです。また放医研の病院は癌専門の病院で、重粒子線の副作用を考えると透析患者の受け入れは難しいようにいわれました。つまり重粒子線の副作用で内臓に出血があると透析を続けることができなくなるとのことでした。

　その後いろいろと迷っておりましたが、結局、ある友人の紹介で、東京女子医科大学病院で強度変調放射線治療を受けることになりました。それは最先端の放射線治療で、7方向から放射線を照射し、超音波で患部を追尾しながら正確に患部だけを照射するというものであり、癌組織以外への被爆を最小限にし、副作用を減らすことができます。通常の放射線治療ですと、前立腺に隣接する臓器、具体的には直腸と膀胱も痛めてしまい、出血をすると透析ができなくなるので、透析患者には非適応とされているようです。しかしこの強度変調放射線治療は大変うまく行き、結局検査も含めて1日も入院することなく、朝一番に放射線治療を受ければ、10時にはもう赤坂の事務所で仕事を始めることができました。癌治療で入院ゼロというのには驚きましたし、おかげで放射線特有の副作用もなく、その後10年以上も再発や転移も出血もなく暮らしております。最近

の癌治療の進歩には目を見張るものがあります。私の場合はステージ2でしたが、癌の種類にもよるかもしれませんが、早期に発見し、転移がなく、適切な治療さえ受ければ、癌はそれほど恐ろしいものではないと痛感いたしました。また2020年には心臓の手術を受け、2021年には右腎臓に癌が見つかり、摘出手術を行いました。私の腎臓は全く機能しておりませんが、癌にはなるようです。しかもその発症率は通常人の数十倍も高いようで、私にとって腎臓はやっかいな存在でしかありません。

　また透析とは関係ありませんが、元気だった同期の友人や後輩が鬼籍に入ってしまい、病弱である私がここまで生き残ったということは、実に幸運であると思うと同時に、少し申し訳ないような気もいたします。東大同期の教授としては、アメリカ政治外交史の五十嵐武士教授、刑法の西田典之教授、国際法の大沼保昭教授、後輩としては、国際法の小寺彰教授、一橋大学の相澤英孝教授、法政大学の経済法の岸井大太郎教授等が次々と亡くなり寂しい限りです。本当に人生とはわからないものです。なお、私の病気のことにつきましては、中山信弘「さぼる勇気」(『書斎の窓』670号、2020年7月、有斐閣)というエッセイに記しております。

（6）助教授時代の論文

　一般的に、助教授時代は、あまり業績がでない時代だといわれています。偉大な先生であっても、意外と助教授時代の論文は少ない方も多くおられます。それはおそらく、未だ学問の視座が定まらないせいかもしれません。

特に先達の少ない知的財産法の分野では、暗中模索状態で、一定の方針もなく、手当たり次第に論文や判例評釈を書いたりしました。先に述べた山本先生は、『著作権法』の小冊子で、「無から有は中々生じないもので、何やら少しも解らず、闇の夜を懐中電燈なしで歩く心地であった。推理の歩みを運ぶ足もとに大穴があいていたり、既成理論の厚い壁に鼻柱をぶつけたり、難問の庭園に踏込んで立木や石燈籠に鉢合せしたりして、息も絶え絶えになりながら」書き上げた、と述べておられます。私も同様の苦衷の中におりまして、まさに山本先生の言葉は言い得て妙であると思います。山本先生や豊崎先生は、他に専門を持ちながら著作権法や工業所有権法の教科書を書かれたのですが、私は知的財産法の専門家として書かねばならず、もし失敗したら両先生とは異なり逃げ場はなく、学者としての存在価値がなくなりますので、そのぶん必死でした。

　私は、助教授時代、健康的には最低の時期で、ろくな業績もありません。助手論文以外では、「商号をめぐる商法と不正競争防止法の交錯」鈴木竹雄先生古稀記念『現代商法学の課題(中)』(竹内昭夫編、有斐閣、1975 年) が最初のものです。これは商号につき、商法と不正競争防止法の関係を述べ、その齟齬を指摘した上で、妥当な解釈を導こうとしたものです。滅多に人のことを褒めない商法の鴻常夫先生に褒められて、少し気を良くしました。その後、商法の商号に関する部分は改正され、今では歴史的意味しかない論文となっています。

　その後、「通常実施権と登録請求権」(日本工業所有権法学会年報2号、1979 年) という論文を書きましたが、それは特許の通常実施権とは

どのような性質を有しているのか、という問いに対する1つの回答でした。通常実施権の形態には種々のものがあるが、それらの共通項としては、特許権者に対する不作為請求権であり、それ以上のものは契約の問題であるという結論を導いたものです。無体の財には消費の排他性がなく、複数の人が同時に利用することが可能であるために、特許権のライセンスは、家や土地の賃貸借とは異なり、物を引き渡すという積極的な債務はなく、単に相手方の利用行為に目をつぶるというものにすぎません。もちろん実際には登録義務やノウハウの提供等、諸々の規定が盛り込まれることも多いのですが、それは当事者の契約にすぎず、ライセンスの本質は特許権者に対する不作為請求権であることを書いたものです。当時は、不作為請求権以上のものを特許の通常実施権に含める見解も多くありましたが、今では不作為請求権であるという点には異論がないと思います。その後特許法の改正が行われ、通常実施権の登録制度自体がなくなってしまい、登録請求権を議論する意味がなくなり、この論文も今となっては歴史的意味しかありません。

「特許侵害訴訟と公知技術」（法学協会雑誌98巻9号、1981年）という論文は、私の体調が最も悪い時期に執筆したもので、その途中で入退院を繰り返していました。この論文を仕上げなければ教授への昇任はないかもしれないと思い、何とか透析導入前に仕上げるべく努力をしたのですが、遂にそれは叶わず、透析導入後の作品となってしまいました。当時法学協会雑誌主任の竹内昭夫先生に、入稿の延期の御願いに行くたびに、「無理はするな、無理はするな」と再三言われました。明治時代以来、特許の無効は特許庁だけが判断できる専権事項であって、民事・刑事事件において裁判所は判断が許

されないとされていました。しかしそれではあまりに不都合が生じるので、何とか行政処分と民事裁判の関係という難問には触れずに、公知技術の抗弁なるものを認め、結果の妥当性を図ろうとした論文です。この論文も、当時はかなり苦労した作品ではありますが、現在では特許法改正がなされ、裁判においても特許の無効の抗弁が認められるようになりましたので、この論文もその意味を失い、歴史的価値しかありません。

その後仕上げた「特許無効審判における請求人適格」豊崎光衛先生追悼論文集『無体財産法と商事法の諸問題』（宮脇幸彦編集代表、有斐閣、1981年）という論文は、審判の請求人適格に関する条文には改正もあり、また判例も二転しており、学説も定まらない論点につき書いたものです。そこでは、特許庁の無効審判も全てが同じ性格を有するものではなく、公益に反する特許無効理由と、私益に関する特許無効理由の2種類があり、その両者を同一に扱うことに異論を唱えたものです。したがって請求人適格についても異なった規整をなすべきである、という内容の論文でした。これは単に無効理由について述べたものではなく、審判には異なった種類のものが混在しているという点に主眼を置いたものです。しかしその後の法改正により、私の考えに近い線で法改正がなされたために、この論文も歴史的意味しかなくなってしまいました。どういうものか、私の手がける論文は、その多くが改正により、問題点が消滅してしまったものが多いようです。その他にも論文はいくつかありますが、特に紹介に値するようなものはありません。とにかく、助教授時代は学問的にも肉体的にも苦難の時代でした。

▶ 門下生とのQ&A ◀

平嶋竜太：中山先生が学者初期の段階に、特許権や著作権における差止請求権では物権法における概念の借用で便宜的なものとしてとらえ、差止請求権がない知的財産権の可能性を思い描くに至ったというのは、近時、技術標準必須特許の文脈における差止請求権の問題等が世界的にも表面化している状況に直面して、あらためて大変に驚くべき先見と思います。実は私も大学院時代に先生が講義かゼミでおっしゃられていた、「差止請求権のない知的財産権もありうる」という趣旨の言に非常に強い影響を受けて、その後、property rule v. liability rule の議論や研究に取り組む契機となりました。

　Law & Economics を様々な法分野に適用した研究をはじめとして、多様な視点から知的財産権の性質に係る議論が活発に展開されている今の時代に比べると、先生が学者初期の時代は、特許権および著作権の法的性質の理解について、物権法の影響が非常に強い状況にあったのではないかと拝察されます。この点について、当時の民商法の研究分野においては、どのような雰囲気にあったのでしょうか。そして、上記のような自由な着想を思いつかれるに際して、どのようなヒントや知的財産法に対する根底となる考え方があったのでしょうか。法律学の他の分野や他の学問領域といったものの影響等はあるのでしょうか。

中山：当時の民事法学では、特許権や著作権は物権であるということは当然のことと考えられていて、それ以上に深く追究されることはありませんでした。当時の著名な民法の教科書の準占有の箇所を読んでみても、とても著作権法のことを理解して書いたとは思えま

せんでした。

　特許法や著作権法学者においても、特段それに異議を唱えることもなく、なぜ差止請求権が認められるのか、などということを書いたものはありませんでした。しかし、特許法も著作権法も産業や文化の発展のための手段であり、しかもその保護対象は情報である、という点に思いをいたせば（最新の知的財産法である種苗法は若干異なった思考が必要ですが）、知的財産法における物権的効力はローマ法以来の伝統的な物権法の便宜上の借用概念としか思えず、特にデジタル時代においては時代の要請に即した考えが必要である、と考えるに至りました。たとえば、技術的に著作物の利用を把握でき、かつ技術的にマイクロペイメントが可能となれば、差止請求権がなくとも不都合はなく、しかも過剰な権利行使を防止することもできるかもしれません。つまり現在は差止請求権が認められないと権利の実効性に欠けるために設けられている便宜的なものであり、将来的には、差止請求権がない知的財産権が出現しても決して背理ではないと考えるようになりました。物権法の軛から脱却できるということは、知的財産法の性格を考える上で、極めて重要なことであると考えています。

　このように考えるに至った最大の理由は、何と言っても富士通・日立対 IBM 事件です。この事件により、あるべき知的財産権像というものを考えさせられました。世界のコンピュータを支配していた IBM のような大企業が、プログラムの著作権を武器に世界支配を強めることが、本当に著作権の制度趣旨に合致するのか、という疑問から出発しました。

愛知靖之：中山先生は、ドイツ留学で、ご研究面だけではなくドイツ文化や幅広い人脈など多くのものを得られたと思います。

　最近は、外国の文献などをネット上で入手することも容易になっていますし、新型コロナの影響もあって、外国でのシンポジウムや研究会にオンラインで参加できるという機会も増えてきました。このように、中山先生が留学された時代とは、状況が大きく変わっていると思いますが、先生が留学をされた当時と現代それぞれにおいて、留学・在外研究が持つ意義はどのようなものとお考えになるでしょうか。

　また、知的財産法学における比較法研究の意義についての先生のお考えをお聞かせいただければと思います。

中山：私が留学した当時は今とは違い、Eメールもなく、ドイツにいた私にとって、日本の情報は図書館で読む1週間遅れの日本の新聞だけが頼りでした。国際電話は非常に高価で一度もかけたことがなく、次男が無事に生まれたということを両親に知らせるのも手紙でした。当時はエアメールでも1週間くらいかかり、藤木英雄先生のご逝去も、東大法学部事務長からの手紙で、1週間後に知ったような状況でした。現在のように、ネットで海外の情報を得ることもできず、ネットで外国のシンポジウムや研究会に参加することなどは想像もできないことでした。要するに私が留学した頃は、外国に行かねば得られない情報も多数ありました。現在のような情報化社会になると、日本に居ながらにして世界中の情報を入手できますが、やはりその国に行き、肌で触れなければ分からない文化の香りのようなものがあり、現在でも留学は大きな意味があろうかと思います。その文化の違いが分からなければ、その国の文化の一部である法も

分からないと思います。外国の法は、日本の法解釈あるいは法の方法論にも示唆を与えると思いますが、それも外国の表層だけを見たのでは誤解するだけで、その国の文化と一体になった法を見る必要があるでしょう。たとえばアメリカのeBay事件は、アメリカ法のエクイティとコモンローの関係を知らねば理解できませんが、それだけではなく、英米法の根本にまで遡らねば理解できないであろうと思います。その意味で、居ながらにして世界中の情報を入手できる現在であっても、留学をして多文化に触れるということは非常に重要であろうと思います。

今では日本にいて世界中の情報が入手できるので言い訳にすぎませんが、私は病気のために外国に行くこともできず、ドメスティックな研究者で終わってしまいました。しかし世界がグローバル化する中で企業も国際的なビジネスが増え、外国のことを知る必要性は以前よりも強まっているように思います。現在私は渉外事件に強い法律事務所に在籍しておりますので、なおさら、その点を強く感じております。

そして、単にビジネス上の必要性だけではなく、学問的にも比較法の必要は強まっていると思います。かつての、特に戦前の法学は、外国の法あるいは制度を知り、それを立法や解釈に取り入れるということに懸命でしたが、外国の法はその国の文化の一種であり、その点を十分に理解した上で、わが国の立法や解釈の一助とする、ということが必要になってくるであろうと思います。その意味で、留学を始めとする海外との交流はますます必要となってくるでしょう。ただ、学者だけの話ではないのですが、最近の日本では、留学を希望しない若者が増えているということは気になります。中国や韓国の留学生は増えているのに、日本だけは減っているということは、

グローバル化が進む中、日本人がますます内向きになってゆくのではないかと心配です。

4. 学者中期

（おおむね教授就任後〔1984 年 4 月〜1990 年代半ばまで〕）

　学者中期以降は、プログラムの著作権問題と、特許法のコンメンタールと特許法の教科書と、著作権法の教科書の執筆、それにその改訂に多くの時間をとられました。特に知的財産法の分野では、法改正も多く、また重要な判例や学説も次々と出現し、一度書いた本の改訂が欠かせません。しかもどの本も大部なので、改訂は大変な作業となります。

（1）注解特許法（1983 年）

　先にも述べましたように、三ケ月先生のお勧めもあり、特許法の教科書を書こうと思い立ちましたが、特許法の実態についての知識があまりにも不足していることに突き当たりました。そこでまずは、私が編者となり、優秀な実務家を集めてコンメンタールを書こうと思い立ちました。コンメンタールは、特許法の全条文を網羅して、判例や学説を渉猟しておりますので、特許法の世界の全体像を摑む上で、この編集は大いに役に立ちました。私以外の執筆者は全員実務家、具体的には特許庁の役人、弁護士、弁理士にお願いしました。実務家を起用しようと思い立ったのは、当時は、特許法の学者はほとんどいなかったということ以外に、特許の実務の世界を知りたかった、というのが大きな動機でした。当時の、というか、今でもそうなのですが、私の最大のコンプレックスは、実務を知らないということでしたので、進んでエンジニアや特許庁の技官とお付き合い

をするようにしましたが、このコンメンタールの執筆もその一環でした。

　そのような事情の下、青林書院から『注解特許法(上)(下)』(1983年)の出版をすることになりました。これは日本で初めての本格的な特許法のコンメンタールであり、有斐閣の『注釈民法』や『注釈会社法』といった先達を参考にしながら編集をしました。コンメンタールである以上、特許法について１つのプリンシプルで貫くというものではなく、また自説を強調するというものでもなく、学説、特に判例を広く渉猟し、それらを客観的に分析・叙述することに努めました。今のようなデータベースもない時代でしたので、判例や学説の収集に苦労し、国会図書館に通い、雑誌論文の目録を使い、論文を探しました。

　コンメンタールの編集過程で実務家と議論をしたり、他の執筆者の原稿を読んだりして、特許法の知識の獲得に大変役に立ちました。これにより、自分の好きな箇所だけではなく、特許法の全ての条文につき知識を得ることができました。回り道はしましたが、その後の『工業所有権法(上)』(後に『特許法』と改名しました)の執筆に大いに役に立ちました。ただ編者の私が、執筆者の最年少で、年上の執筆者をうまくまとめてゆくのには苦労いたしましたが、和気藹々と仕事をすることができ、社会勉強にもなりました。

　このコンメンタールにおいては最新の情報を提供することが責務であると考えておりますので、その後３回の改訂を行いました。第４回の改訂からは、慶應義塾大学の小泉直樹教授（私の一番弟子）

に引き継いでもらい『新・注解特許法』として、執筆陣も若返って蘇りました。今はその第2版として、益々充実し、日本で一番詳しい特許法のコンメンタールとしての命脈を保っており、特に実務家には裨益しているのではないかと思っています。この『新・注解特許法』では、私も編者として名前が記載されてはおりますが、実質的には小泉教授の業績です。著作権法には厚いコンメンタールがいくつかあるものの、特許法には本書しかなく、貴重な存在であろうと思います。

（2）岩波講座

　幸いなことに、50歳の頃、「岩波講座　現代の法」（全15巻・1997〜98年）の編集に携わる機会を得ることができました。岩波講座としては3回にわたり法学関連の出版があります。第1回は、『岩波講座　現代法』（全15巻・1965〜66年）で、私が学生の頃に出版されたもので、私は一読者として最新の法学に触れることができました。当時は、将来、岩波講座に関わるとは思いもしませんでした。

　第2回は、『岩波講座　基本法学』（全8巻、1983〜85年）で、編集委員は、芦部信喜・星野英一・竹内昭夫・新堂幸司・松尾浩也・塩野宏の諸教授で、きら星のごとき先生方でした。私に割り当てられたのは、『3 財産』の中の「無体財産権」という項目でした。執筆したのは教授になってすぐの頃で、当時はまだ知的財産権ではなく、無体財産権という言葉のほうが一般的でした。まずは、短い字数制限の中で何を書いたらよいのか、大変迷いました。民法等の伝統の

ある学問分野とは違い、当時は知的財産に関する関心や一般の知識はかなり低く、まずは無体財産権（知的財産権）とは何か、そしてその社会的必要性について書くことにいたしました。そこで知的財産法学の中の1つの問題に的を絞るのではなく、知的財産法の全般にわたり、歴史的に解説し、その現状と将来について述べました。この頃はまだ知的財産を情報として捉えるという思想で貫かれたものではなく、啓蒙的な知的財産権全般につき漫然と述べたものであって、今から見れば可もなく不可もないような論文です。今書けばもう少し尖った論文になると思います。

第3回は、『岩波講座　現代の法』（全15巻・1997〜98年）で、編集委員はぐっと若返り、私を含め同じ頃の年齢の学者達でした。私はその中の第10巻『情報と法』の担当をしました。この巻では、法律家だけではなく、メディア論や情報通信等の専門家にも執筆を依頼し、21世紀における情報をキーワードとして、その法的分析という切り口で情報と社会との関係を明らかにしようと試みたものです。

私は、その巻の「財産的情報における保護制度の現状と将来」の項目を執筆いたしました。この頃になると、知的財産とは財産的な情報であり、知的財産法は情報法学の一角をなすという強い意識を持ち始め、そのような観点からの論文となっています。まず情報の法的保護の意義について考え、物との比較において情報の最大の特色は消費の排他性がない、ある人がそれを消費しても他の人も消費できる、という点にあると考えました。つまり情報は複数の者が同時に異なった場所でも消費できるという特質から、情報は法的保護

を与えないと公共財的な性格を帯びてしまうという特質を有しており、そういう観点から知的財産法が構成されている、と述べています。今では多くの学者はそう考えているでしょうが、そこにたどり着くまでには大変な道程でした。そして最後に、情報保護法制の将来像について書きました。20世紀の末頃に書いたものですので、今から見れば不十分な面もありますが、当時としては精一杯書いたつもりです。

（3） プログラム関連一般

　プログラムの研究は、私の著作権法学に決定的な影響を与えました。その契機となったのはIBM事件ですので、その問題につき少しお話をいたしましょう。

　昭和末期の57年～60年頃に、富士通・日立対IBM事件という、日本の産業界に激震が走る大事件が勃発しました。当時のコンピュータの業界はIBMが世界を席巻していました。パソコンはほとんどなく、多くの企業や大学は大型のコンピュータ（メインフレームといわれていた）を持ち、利用者はそれにアクセスして処理をしてもらい、結果を受け取るというものでした。たとえば東大にも日立の大型コンピュータがあり、全国の学者がそれを共同利用していました。多くのユーザはIBMのコンピュータを利用しているために、企業ではすでにIBM用の多くのアプリの開発に多額の投資をしていましたが、基本的にはそのアプリはIBMのコンピュータでしか動きません。したがって他のコンピュータ・メーカーがいかに優秀なメインフレームを製造しても、それを購入した企業としては、そ

れまで使用してきたIBMコンピュータ用に投資したアプリを交換しなければならず、IBM以外のコンピュータがいかに優秀でも売れないことになります。そこで日本のコンピュータ・メーカーは、互換機（コンパティブル・マシン、俗にコンパチといわれていた）と呼ばれるコンピュータを製造・販売していました。互換機の最大の特徴は、IBMのコンピュータ用に開発されたアプリを使えるというものです。つまり、新たに日本のメーカーのコンピュータを導入するにあたり、従来蓄積してきたIBM用の膨大なアプリを無駄にせずに使えるというのが最大の特徴です。特にプラグインコンパチと呼ばれる互換機は、電源を入れるだけでIBM用のアプリがそのまま利用できるというもので、大いに売れ、日本のコンピュータ・メーカーは大きな利益を得ました。東大でも、当時大型計算機センターという機関があり、そこに日立の大型コンピュータを設置し、全国大学の共用施設として運営しておりましたので、IBMからクレームがありました。ただコンパチマシーンを作るためには、IBMマシーンとインターフェースを合わせる必要があります。IBMが新しい拡張アーキテクチャに基づくコンピュータを販売すると、すぐにそれに追いつくために、互換機メーカーとしてはIBMコンピュータのインターフェースの情報を速やかに入手する必要があります。そのために互換機メーカーは常にIBMの新しい情報（特にOS）の入手に必死でした。そのような状況を背景に、FBIのおとり捜査の罠にかかり、日立と三菱電機の社員がアメリカの空港で逮捕され、手錠をかけられ連行される日本人社員の姿が日本のテレビで報道され、日本の産業界を震撼せしめる大きな事件となりました。富士通の社員は早々と帰国していて逮捕を免れました。在米日本人社員だけではなく、日立についてはメインフレーム開発拠点である当

時の戸塚工場長にまで逮捕状が出されました。ただ工場長はアメリカに行かない限り逮捕されることはないので、大きな問題にはなりませんでした。私は、何回か、この戸塚工場を視察に行きましたが、今はこの工場は解体され、跡地は中外製薬に売却されたと聞いています。この刑事事件は産業スパイ事件ですが、その後 1983（昭和 58）年に司法取引によって終了しました。この事件は単にコンピュータ・メーカーだけの問題ではなく、日立や富士通のユーザにも影響を与える大事件でした。民事的には仲裁により終了しましたが、その裁定は秘密とされておりますので、私はその内容は知りません。報道によると、各社 1000 億円を超える和解金を支払ったようです。

　事件は極めて複雑なものですが、知的財産法的には、プログラムの著作権と営業秘密の問題です。おとり捜査のように日本では認められていない捜査の問題もありましたが、私が特に興味をもったのはプログラムの著作権問題でした。IBM の主張は、互換機マシーンは IBM の著作権を侵害するというものでした。つまりコンピュータのインターフェースのプログラムには著作権が発生し、互換機を作るには同じインターフェースを使用する必要があり、それはすなわち著作権侵害となる、という主張です。

　当時の日本の著作権法にはプログラムについての規定はなく、これをどう法的に保護するのか、ということは大問題でした。アメリカでは 1980（昭和 55）年の著作権法改正で、プログラムを著作物と認めていましたが、わが国著作権法でプログラムを著作物と認めたのは 1985（昭和 60）年のことで、この事件が生じた時は、日本の著作権法は、プログラムを著作物と認めるか否か、条文上の規定

はありませんでした。著作権法改正前にプログラムの著作物性が問題となったのは、ゲームに関しては下級審判決が３件ばかりあり、そこではゲームのプログラムに著作物性を認めておりました。しかし、コンピュータに関する本格的な著作権事件はなく、学界での議論もほとんどありませんでした。そのためプログラムの著作権事件が、日本の産業を揺るがす大事件になるなどとは思ってもいませんでした。当時の通産省（今の経産省）は、日本のコンピュータ・メーカーを３社に集約し、コンピュータを日本の基軸産業に育成するという目論見でしたので、この事件はまさに国難ともいえるものでした。

　ちなみにこの事件を通じて、当時日立の代理人をされていた西村利郎弁護士と知り合いになることができ、また西村先生のご子息が私のゼミ生だったこともあり、その後長いお付き合いになりました。私が西村あさひ法律事務所の顧問弁護士をしているのも、西村先生との関係が大きかったと思います。

　この互換機商売については、「コバンザメ商法」と陰口を叩く人もいました。確かに IBM は多額の開発費を投じているのに対し、互換機メーカーは低い投資でコンピュータを開発でき、低価格マシーンを販売できました。しかし他方、互換機は、IBM マシーンとインターフェースを合わせる必要があり、このインターフェース部分のプログラムに著作権を認めたのでは、新規参入は著しく困難になり、メインフレームについては IBM の独占は永遠に続くように思えました。このインターフェースのプログラムこそが、将来の私の著作権観を大きく変える原動力となりました。つまり、たとえ独

自に開発したものであっても、選択の幅が狭いようなものについての創作性についての考察の格好の素材となりました。またこの事件は独禁法でも扱えそうな問題でもありました。

　後日談になりますが、その後、スーパーコンピュータのような例外はありますが、メインフレームの需要が著しく減少し、今ではメインフレームという言葉すら知る人も少なくなりました。昭和60年頃は、IBMの支配は永久に続くかのように思えましたが、時代の移り変わりは早く、最早メインフレームの時代ではなくなり、いかなる巨人もいつかは衰退するものと実感しました。今でもIBMは巨大な世界的企業ではありますが、情報産業の中でIBMの一人勝ちとはいえなくなりました。今わが世を謳歌しているのは、GAFA（グーグル、アップル、フェースブック、アマゾン）と呼ばれる企業で、目下のところ、独禁法の問題に問われていますが、デジタル環境の移ろいは急であり、近未来にはどのような世界地図になっているのか、誰にも分かりません。

　今や時代はメインフレームからパソコンやネットに移り、今後はどのような形態が主流となるのか分かりません。このIBM事件は歴史的なものとなりましたが、私の著作権に関する意識を決定的に変えるほどショッキングなものでした。この事件を受け、プログラムと著作権の問題に興味を持ち始め、以後私の研究の中心的テーマになりました。そのためにはプログラムとは何ぞや、ということから始める必要がありました。今でも存在しているか否かは知りませんが、当時、五反田にある富士通の教育機関にしばらく通って、プログラムの基礎を学びました。プログラムの進歩は激しく、少しく

らい学んでもほんの入り口しか知ることはできませんでしたし、また すぐに進化するので、どの程度の実益があったのか、分かりません。しかしそれでもプログラムの性質について、若干でも知っているのと知らないのとでは大きな違いがあり、この時の勉強が、その後の研究にかなり役立ちました。プログラマーになるわけではないので、プログラムにつき詳しく知る必要はないのですが、初歩を学ぶことで、私の著作権観は大きく変わりました。

　それまでは、著作権法とは、主として小説や音楽や絵画等に関するものであり、ある意味では牧歌的なものを対象とする法律だと思っていました。もちろん、従来から設計図や地図等の機能的な著作物も存在していましたが、著作権法の中心は先に述べた小説等でした。そうなると当然のことながら、著作物についても小説や音楽等を念頭において考えることとなり、著作物は思想・感情の吐露物であり、それこそが著作権の核心になります。それ故に、著作権法は創作者の立場を中心に構成されており、著作者人格権を厚く保護することとなり、解釈としても創作者寄りになりがちであり、それもあながち誤りとはいえなかったと思います。

　そのような著作権法の世界に、いきなりプログラムのような異質なものが闖入してきたのですから、従来の著作権法との整合性をいかにとるべきか、という点が最大の問題となりました。プログラムを著作権法に組み入れるということは、基本的にはプログラムと小説とを同じ理念で規整することになります。著作物とは、人が享受するための表現ですが、プログラムはコンピュータという機械に対する指令で、同一に扱うことが果たして可能なのか、あるいは妥当

なのか、ということに私も悩みました。

　プログラムは機能的な作品であり、先に述べた IBM 事件のように、時には国家の産業をも左右しかねない大問題となることもありえます。現行の著作権法では、権利制限規定はあるものの、創作者の地位は原則として強力なものです。著作権の存続期間は原則として創作者の死後 50 年（今では 70 年）という長期間であり、しかも著作者人格権は、名誉毀損罪の対象である一般の人格権よりも強く保護されています。

　そのような法制は、小説については、弊害は少ないでしょうが、プログラムはそれでよいのか、ということが疑問の出発点です。プログラムをいかなる法制で、いかなる形態で保護すべきか、という立法論も問題となりました。この点については、工業所有権法的な立法で保護すべきとする通商産業省と、著作権法に組み込んで保護すべきとする文化庁とが激しく対立をしていました。私は、どう考えても、プログラムと小説を同一に扱うことに疑問がありましたので、特許法的な特別法で立法すべきであると考え、その旨の論文、「コンピュータ・ソフトウェアと著作権法」（ジュリスト 778 号、1982年)、「コンピュータ・プログラムの法的保護」（ジュリスト 784 号、1983 年）を書きました。

（4）プログラム権法、審議会での議論のプロセス

　そのような情勢の中、著作権審議会では、両論が激しくぶつかり合い、混乱の度を深めていました。結局、意見の一致を見なかった

ので、私は採決をするように強く求めましたが、文化庁の強いリーダーシップで、採決をすることなく、著作権法で保護することが望ましい、という結論となってしまいました。私は、文化庁の方針には徹底して反対をしましたので、文化庁からはA級戦犯扱いとなり、以後10年ばかり審議会の委員から除かれ、またその後も著作権の審議会で長になることはありませんでした。文化庁は、そのような強引なことをしない役所であると思っていました。しかしながら今から思うと、アメリカからの強い圧力と、通産省との合意ができていたのかもしれませんが、一委員としては知る由もありませんし、文化庁としてもそのようなことを委員に知らせることはできなかったのでしょう。当時の文化庁の担当者は、文化庁次長で、後に愛媛県知事になった故加戸守行氏でした。審議会というものは、所詮は官庁の隠れ蓑的性質をもっているということを知らされた出来事でした。

　民間での議論も盛んになり「プログラム権法」や「ネット法」等の提言があったものの、アメリカからの強い圧力もあり、結局、プログラムは著作権法の中に規定され、解釈上は一応のケリが着いたかのように思えました。ただプログラムは典型的な著作物とはあまりに異なった性格を有しているために、著作者人格権や職務著作において、通常の著作物とは異なった規定が設けられました。しかしその後のデジタル技術、ネット技術の発達はあまりに凄まじく、著作権法はますます混沌の度合いを深め、憂鬱の時代に入ってきたように思えます。世の中の全てがデジタル化されているのであれば、それはそれで新たな著作権法像も見えてくるのですが、従来のアナログの世界も健在であり、そのハイブリッド的な世界ですので、混

迷の度は深いといえるでしょう。

　ちなみに、プログラムを著作権法で保護すると、世界中のほとんどの国が加盟しているベルヌ条約の枠内での規整ということになり、国際的な調和には資することになります。そして、今ではプログラムはWTOのTRIPS協定のように、国際条約に規定されており、動かしがたいものとなっています。コンピュータ技術のアメリカ絶対有利な状況の下においては、国際条約のない中で各国がばらばらの法律を作るよりは、既存のベルヌ条約という枠内での規整が、アメリカにとっては有利であったのであろうと思えます。

（5）『ソフトウェアの法的保護』

　教授昇任後のことになりますが、IBM事件を通じた研究により得た知識を下敷きにして、『ソフトウェアの法的保護』（有斐閣、1986年）を出版しました。これは改正著作権法の解釈を中心とした本ですが、IBM事件がなければとても書けなかったと思います。今となっては陳腐な内容かもしれませんが、出版当時としては類書もなく、かなり画期的なものではなかったかと思っております。本書は、改正著作権を中心に記述したものですが、初版の序文を読み直してみると、「ソフトウェアの法的保護の問題は、私にとってこの数年間の研究のメインテーマであり、本書はその研究の総決算の意味もこめられている」と書いており、若気の至りではありますが、その当時としては、プログラムの規整を著作権法で行うという流れに逆らい、相当気合を入れて書いたつもりです。なお後日談になりますが、ある哲学系の学会でプログラム著作権の問題を扱うというので

聞きに行き、後ろのほうでそっと聴講しておりました。報告者（名前は忘れました）はプログラムを著作権法で保護することには反対という立場から、「中山は立法に反対しておきながら、いざ立法がなされると今度はその解釈論をしており、節操がない」と批判されてしまいました。おそらく報告者は私の顔をご存じないと思います。法律家は、たとえ反対であっても、立法されてしまった以上、解釈論を展開することは当然であり、解釈上可能な範囲で、自説に近い結論を導こうとするものであると思いますが、哲学の世界では、ソクラテスのように、たとえ死んでも自説を曲げないという堅固な意志が必要なのでしょうか。学問分野による差異をひしひしと感じ、自分は到底哲学者にはなれないと痛感しました。

　この分野では変化が激しく、2年後の1988年に『ソフトウェアの法的保護』を改訂し、新版を出版しました。今ではオンデマンドでしか購入できませんし、かなり高価なようです。新版の序文には「本書の基本的な考え方は、ソフトウェアは技術そのものであ」ると書かれており、これがその後の私のプログラムに関する基本的な視座になっております。

（6）『マルチメディアと著作権』

　またその8年後になりますが、『マルチメディアと著作権』（岩波新書、1996年）を出版いたしました。その当時はマルチメディアという言葉が盛んに用いられていましたので、このようなタイトルにしましたが、今となってはマルチメディアという言葉はすたれてしまい、『デジタルと著作権』というタイトルにすればよかったと後

悔しています。学者たる者、時代のはやり言葉に惑わされてはいけないと反省しております。ちなみにマルチメディアとは、従来の情報は書籍、レコード、絵画等々の伝達媒介（メディア）によって分かれていたところ、デジタル技術の発展により、その多種多様な情報を0と1というバイナルの信号で統合され、業界の枠を超えて全ての情報を1つの媒体で纏めることができる、という意味です。本書は、情報の創作や利用や流通形態が、デジタル出現前とは激変しており、それに従って情報保護法である著作権法も大きく変わらざるを得ないという観点から執筆したものです。今となっては常識的なことばかりかもしれませんが、20世紀末には、少なくとも知的財産の世界ではかなり斬新なものではなかったかと思います。

　しかし本書は『新書』という性格から法律家以外の読者も想定しており、出版社からは、この言葉は難しすぎるので、もっと易しい言葉を使ってほしい、というクレームを何回か受けました。たとえば、今では広く使われていると思いますが、モラルハザードという言葉は一般には理解されません、という注文を受けたりしました。

　『新書』の性格上、注もなく、学術論文とはいえないかもしれませんが、内容は新鮮でかなりの注目を浴びるもので、『第12回電気通信普及財団賞（テレコム社会科学賞、電気通信普及財団)』を受賞しましたし、多くの方に書評も書いていただきました。また、東大の新入生に勧める100冊の本にも選ばれました。その後、いくつかの大学で入試問題に使われたり、予備校の想定問題にも使われたりしました。ちなみに、大学入試には著作権者の許諾なく自由に利用できるので、大学からは著作権者には利用した旨の連絡はありま

せんが、出版社が入試の過去問として利用する際には著作権者の許諾が必要となりますので、出版社から許諾を求める連絡があり、そこで入試に利用されていることを初めて知りました。またいくつかの大学では副教材としても利用されたと聞いております。当時としては類書もなく、おかげでかなりの部数が売れ、その印税でクラウンを買うことができました。私には趣味がなく、また体調が悪いために、旅行、特に海外旅行もほとんどせず、銀座や赤坂で飲むこともなく、ゴルフもせず、もちろんギャンブルもせず、つつましい生活を送っており、車の運転が唯一の楽しみでした。当時「いつかはクラウンに」というコマーシャルがはやっており、それに乗せられました。私が書いた本で一般向けのものはこれだけです。時間さえあれば、一般向けの本をもっと書きたいとは思っておりましたが、私の人生に残された時間では、もうとても無理です。最近、小学生の孫にせがまれて、元文部科学省著作権課長の岡本薫氏の書いた『小中学生のための初めて学ぶ著作権』（朝日学生新聞社、2011年、改訂版は2019年）という本を買って与えましたが、時間的余裕さえあれば、こんな本を書くのも悪くないな、と思ったりしています。

（7）知的財産研究所（IIP）の設立（1989年）

先に述べたように、ドイツにはマックス・プランク研究所があり、知財の研究の世界のメッカとなっており、私もそこに留学しましたが、それには及ばないものの、日本にも知的財産専門の研究所を作りたいものだと思い始めました。しかし当時の日本には知的財産法の専門家も少なく、知的財産法についての認識も低く、どのような運動をすれば良いのか、難しい問題でした。知的財産法の所管官庁

ミュンヘンにて（1976 年）〔著者—右、棚橋祐治ジェトロ所長と〕

は主として通産省（今の経産省）でしたので、知的財産法の専門家
100 名の署名を集めて、通産省に知的財産研究所設立建白書という
ものを提出しました。100 名といっても当時は学者も少なく、多く
は弁護士等の実務家でした。幸い、通産省の棚橋祐治局長が中心と
なり、1989（平成元）年に、財界にも働きかけ、20 億円を基金とし
た財団法人知的財産研究所の設立にこぎつけました。初代の会長に
経団連会長・東京電力会長の平岩外四氏に就任していただきました。
平岩氏に会長をお引き受けいただけたということは、対外的にも大
きな信用となり、そのおかげもあり、多くの企業の協力もいただけ
ました。これもひとえに棚橋さんのお力ではないかと思っておりま
す。知的財産研究所の初代の事務長には元特許庁技監の吉田豊麿氏
が就任し、大変お骨折りいただきました。実は、棚橋さんと吉田さ
んとは、私がミュンヘンに留学中からの知り合いです。棚橋さんは、
当時デュッセルドルフの JETRO 所長で、吉田さんはその下にお
られ、一緒にドイツでワインを飲み交した仲でした。

平岩氏のあと、1991（平成3）年からは私の恩師である加藤一郎元東大総長に会長を継いでいただき、その後2005（平成17）年からは私が会長を務めております。加藤先生という著名な学者にお力添えをいただいたおかげで、研究所は順調な発展をして参りました。研究所は、日本のマックス・プランク研究所を目指したもので、ドイツのマックス・プランク研究所のバイヤー所長が日本での講演の折、この研究所のことを弟と呼んでくれました。

　研究所の仕事の中心は、特許法や不正競争防止法等の立法のための調査研究ですが、その他にも、自主研究、セミナー、若手の養成のための研究会があり、特に故竹田稔弁護士が中心となり竹田塾と呼ばれる研究会を主催していただき、多くの若手実務家を排出し、今では各界で活躍しております。また若手研究者の留学支援では多くの研究者を留学に送り出し、また海外の学者を招聘し日本で研究をしてもらったり、講演会をしてもらったりしております。その他にも出版事業として「IPジャーナル」を発行したり、知財叢書や他の出版も行っております。特筆すべきは知財に特化した図書館業務も行っており、一般に公開されておりますので、多くの学者や実務家が利用しております。なお同財団では、IIPパテントデータベースを構築して、一般に公開されており、特に研究者の資料として貴重な存在です。また、私の『特許法〔第3版〕』の英訳も掲載されています。

　この知的財産研究所は2016（平成28）年4月に、棚橋さんが会長であった知的財産教育協会と合併し、今では規模を大きくして一般財団法人知的財産研究教育財団となっており、引き続いて私が代

表理事・会長を務めております。

（8）平河の判例研究会その他研究会など

　私が主催した研究会もいくつかありました。東大では、コンピュータ法研究会なるものを設立し、若手を中心に、当初はコンピュータと法についての研究を始めましたが、次第に知的財産法全般の研究会になりました。当時はすでに東大関係者の若手はかなりおりましたし、また上野達弘先生（当時立教大学助教授、現在は早稲田大学教授）のような若手で優秀な研究者にも参加いただき、活発な議論をいたしました。この研究会は、私が東大を退職するまで続いておりました。その他に、助手や院生、そのOBだけのこじんまりとした内部研究会も行い、各自が自分の研究していることを報告し、皆に揉んでもらうということもしておりました。1人で悩むのではなく、他の研究者から異なった視点で指摘してもらうということは、論文や評釈を書くうえで大いに役立ったのではないかと思います。

　学外での研究会として忘れられないものとしては、石黒一憲先生、落合誠一先生、中里実先生、故相澤英孝先生、故小寺彰先生、岩沢雄司先生、水野忠恒先生、宍戸善一先生、白石忠志先生、増井良啓先生等と、NIRA（総合研究開発機構）のお座敷を借りた研究会があります。これはビジネス・ロー全般にわたる横断的な研究会であり、その後東京海上研究所、ニッセイ基礎研究所、トラスト60（2014年から公益財団法人トラスト未来フォーラムに改称）と、お座敷は移りましたが、私が若い助教授の頃から、落合先生と私が東大を退職するまで、数十年にわたり継続した研究会です。メンバーを見れば

分かるとおり、ビジネス・ロー関係では、あらゆる分野を横断した一流の研究者を集めた研究会です。

　各メンバーが得意な分野のテーマにつき報告をし、他のメンバーは忌憚のない突っ込みを入れ、分野横断的な活発な議論をいたしました。他分野の先生からは思わぬ突っ込みがあり、専門家では思い至らなかった盲点を指摘されることも度々ありました。他分野との交流が重要であることは誰でも重々自覚しているところですが、ほとんどの学者は、時間の都合もあり、また適切な場もないことから、ついつい蛸壺的な研究に陥りがちですが、この研究会を通じてビジネス・ロー全般を見渡すことができました。もちろん、他分野についての論文を書くほどの能力はありませんが、たとえ耳学問であっても、他分野の一流の先生方と侃々諤々の議論ができたということは、私にとってかけがえのない研究会であり、学問的視野を広げる格好の場でした。またこの研究会を通じて、他分野の多くの知己を得たということも私の宝です。おそらく日本で、このような横断的な研究会で数十年続いたものは他にないように思います。ただ中心的メンバーであった小寺先生と相澤先生を失ったことは痛恨の極みです。

　学外ではもうひとつ、私の母校である都立西高同期の弁護士や弁理士と一緒に小さな知的財産法の勉強会を始めました。研究会の中心メンバーは、私と高校同期の早川忠孝弁護士と伊東正勝弁護士でしたが、早川弁護士は後に衆議院議員となり政治家に転身してしまい、伊東弁護士は私と同じ病気で亡くなってしまいました。伊東弁護士が亡くなった折に、この研究会を続けるべきか、問題になりま

したが、東京平河法律事務所が幹事をして下さることになり、今では都立西高とは関係なく、長く続いております。

　この研究会には、次第に若手の研究者や実務家が増え、当初は毎月、その後は隔月に判例の研究会を開催しています。研究室に閉じこもっている私にとりましては、実務の実情を知る良い機会でした。研究成果は、当初は中山信弘編『知的財産権研究 I〜V』（東京布井出版、V についてはレクシスネクシス・ジャパン）から単行本として出版しました。しかし次第に出版事情が厳しくなり、単行本の発行は難しくなったために 2013（平成 25）年からは「Business Law Journal」（レクシスネクシス・ジャパン）に、「知的財産権法の羅針盤」というタイトルで、隔月に掲載しておりました。そこには、研究会での報告者の判例評釈と私のコメントを載せております。本研究会は、継続は力なり、ということの見本のようなものです。しかし 2021（令和 3）年にレクシス・ネクシス社が雑誌から撤退し、またコロナのパンデミックもあり、今は中断されておりますが、また再開したいものと思っております。

（9）三ケ月章先生と平野龍一先生

　私がまだ 30 歳頃に三ケ月章先生から、なるべく早く教科書（体系書）を書くようにとのアドバイスを受けました。先生は 30 代で『民事訴訟法』（有斐閣、1959 年）を書いたとのことで、私にも早く書けとのことでした。早く書くべきであるという理由は伺いませんでしたが、おそらく論文だけでは当該分野の全てを勉強することはできないし、教科書を書くことにより、当該分野の全体像を摑み、俯

瞰的な観点をもつことができるというご趣旨だったのではないかと推測しております。ただ三ケ月先生は、教科書で新訴訟物理論をぶち上げ、一世を画しましたし、我妻栄先生は教科書で学界の水準を上げたといわれておりますが、私にはその能力も度胸もありませんでした。

　三ケ月先生は、よく三ケ月ラッパといわれておりまして、進軍ラッパを吹く先生でしたが、私もこの進軍ラッパに乗せられた１人かもしれません。先生からは、弘文堂の法律学講座双書の１冊として書かないかというお勧めを頂きました。当時その双書の執筆者は、田中二郎先生、石井照久先生、四宮和夫先生、三ケ月章先生、伊藤正己先生等のように目も眩むような大家ばかりで、私などが執筆して学問的香りの高い双書を汚すことにならないか、心配でした。

　他方、後に東大総長になられた刑法の平野龍一先生からは、若いうちに教科書を書いてしまうと学問はそこで止まってしまうので、退官近くに出版すればよい、という全く逆のアドバイスを受けました。当時法学部研究室で冷房のある部屋は、数名分の机のある名誉教授室だけであり、夏季には一般教授・助教授にも開放されておりましたが、偉い先生の横で仕事をしようとする助教授などは皆無でした。平野先生は良く利用されておられましたが、私は若手助教授なのにずうずうしく、平野先生の向かいの机で仕事をしており、その折のアドバイスでした。おそらく教科書よりも論文に精を出し、その集大成として教科書を書けばよい、というご趣旨であろうと思いました。しかし私は学生の時に平野先生の刑法総論の講義を受けましたが大変難しく、当時の先生はまだ刑法の教科書を出版されて

おられなかったので、必死にノートを取って、講義の後は友人同士で、あれはどういう意味か等の議論をし、苦労した経験がありました。学生のためには教科書があった方がよいかと思いましたが、他方、学問が止まってしまっても困る、と悩んだものです。

　全くの余談になりますが、留学前、ある真夏の日、冷房のきいた名誉教授室で、イヤホンでドイツ語の会話のテープを聴いておりましたら、平野先生から、突然、「中山君、どっちが勝っているの？」と聞かれ、びっくりして「何のことでしょうか？」という返事をしたら、「高校野球だよ、野球を聞いているのではないの？」と言われたことを、なぜかよく覚えております。平野龍一先生が「俺がプロ野球に入っていたらホームラン王になっただろう」と豪語したという話を聞いた巨人軍監督の川上哲治氏が、「俺が東大に入っていたら刑法で文化勲章を貰っただろう」と言ったという都市伝説があるようですが、真偽のほどは全く分かりません。平野先生は、おそらく熊本高校で野球をやっておられたのではないかと思います。なお、川上哲治氏も熊本県の出身ですので、誰かが郷土の英雄の面白い小話を創作したのかもしれませんね。

　三ケ月先生からは、学者には3つの自由が必要であると教えられました。1つは「通説からの自由」、2つは「恩師からの自由」、3つは「過去の自説からの自由」。

　1つ目は当然のことであり、多くの学者は通説とは違う学説を出そうと苦心しています。

2つ目は、気骨ある学者であれば当然でしょう。三ケ月先生ご自身も率先垂範され、師である兼子一先生の旧訴訟物理論を批判して新訴訟物理論を打ち立て、旧訴訟物理論は苔むした墓場である、とまで述べておられます。私も弟子の養成にはこの点に注意し、弟子の論文につきアドバイスをしたことはあるものの、否定したことはありません。弟子も自由に私のことを批判していて、師弟を問わず、自由に議論することがひいては学問の発展に資することだと信じています。

　3つ目は最も難しく、平野先生が、若くして教科書を書くと学問が止まってしまう、と諭して下さったのは、まさに過去の自分からの決別は難しい、という意味であったろうと思います。論語には「過ちて改めざる　是を過ちという」（子曰、過而不改、是謂過矣）と書かれていますが、裏から読むと、人というものは自分の過ちを改めることがいかに難しいものであるか、ということを言っているように思えます。私も努めて過去の自説がおかしければ改めるようにしています。自説を改めた最大のものは、著作権法におけるフェアユースの考えです。『著作権法』（有斐閣、2007年）の初版では、フェアユースの考え方自体を否定するものではないものの、わが国においては時期尚早である、という立場をとっておりました。しかしその後のネットの発展により、万人が出版者になりうるという時代の変化を見るにつけ、権利制限の個別規定の追加だけでは著作権法が時代に遅れたものとなり、それはひいては情報の豊富化にとって障害になるという考えに至り、『著作権法〔第2版〕』（2014年）では自説を改めて、それ以降はフェアユース規定導入の最先鋒に立っております。それ以外にも、自説を改めた例はいくつかあります。

この両巨頭の2つのアドバイスの狭間で、どうすべきかかなり悩みました。学生のためには当該教授の教科書の存在は大変親切ではありますが、いざ筆を取ってみると、特許の世界のことをあまりに知らなさすぎるということに気がつき、とてもこのままでは教科書を書くことなどは身の程知らずである、と思い知らされました。それで先に述べましたように、まずコンメンタールを編集しようと思い立った次第です。

（10）『工業所有権法（上）』

特許法のコンメンタールで得た知見を基礎として、1993（平成5）年に『工業所有権法（上）』を弘文堂から上梓しました。『工業所有権法（上）』というタイトルを付けてはおりますが、内容は特許法だけです。「上」としたのは、将来は、意匠法を「中」で、商標法と不正競争防止法を「下」で書くという予定でした。しかし後に述べる『著作権法』の執筆で忙しくなり、それに加え特許法や著作権法の世界では改正が頻繁にあり、新しい重要な判例や学説も続出し、新たに論じなければならない項目も増えたために、『特許法』と『著作権法』に関する改訂に時間をとられ、「中」「下」を執筆する時間がなくなってしまいました。そこで残された自分の寿命を考えて、『工業所有権法（上）』の3回目の改訂に際し、思い切って書名を『特許法』に改め、残念ながら知的財産法全体にわたる教科書の執筆は断念し、意匠法以下はこれからの若い学者に委ねることにしました。

『工業所有権法（上）』は、先に述べたとおり、三ケ月先生のご推

挙により、弘文堂の法律学講座双書の一環として書いたものですが、三ケ月先生の後押しがなければおそらく書けなかったであろうと思います。後日談になりますが、この本は三ケ月先生のご推挙により執筆したもので先生にはご恩があり、完成した時に三ケ月先生は法務大臣を務めておられたので、その出版を引き受けて下さった弘文堂の鯉渕社長と祝田橋の法務省の最上階にある法務大臣室まで本を持ってお礼に上がりました。学者からは、法務大臣まで務めておられる三ケ月先生は遠い別世界の存在でしたが、先生は本の出版を大変喜んで下さいました。祝田橋にある立派な法務大臣室から眺めた皇居の美しさを今でもよく覚えております。

　教科書である以上、特許法について満遍なく書くべきですが、私の知識の欠如もあり、司法試験科目でないことをよいことに、得意な部分は手厚く、興味の低い部分はおざなりになりがちでした。また三ケ月先生のように教科書で新訴訟物理論を華々しく打ち上げるというようなこともない教科書となってしまいました。

　司法試験科目の教科書だと、どうしても満遍なく書く必要が出てきますが、『工業所有権法（上）』は好きな部分だけを詳しく書くという偏頗的な教科書でした。具体的には、手続や審判に関する部分は手抜きの感を免れません。教科書というよりは、自分の趣味を優先させたような本でした。初版の「はしがき」を見ると、「本書は……今までの研究生活の中締め的な性格をもっている」と書いております。宴会で中締めとは終わりのことを意味しますが、当時の私は、とても長生きすることはできないと確信しておりましたので、この本が冥途の土産になればという気持ちがありました。しかしそ

の後、予想外に馬齢を重ねてしまいましたので、何回かの改訂を行うことになりました。

　その後の司法制度改革審議会で、知財関係の裁判についても議論され、その結果、知的財産高等裁判所も設立され、知的財産法も司法試験の科目になり、受験生のことも考える必要が出てきました。そこで2010（平成22）年に大幅に書き加え、審査・審判手続や審決取消訴訟等を補強し、一応特許法について満遍なく記述し、何とか教科書の体裁を保つことができ、書名を『特許法』と改めて上梓しました。そうしたら今度は本が分厚くなって値段も高くなり、司法試験のためには少し詳しすぎるようになってしまいました。そこで注はできる限り判例や学説等の引用注にして、本文だけを読めば特許法を一応理解でき、さらに勉強をしたい人や実務家には注を見てもらうように工夫をいたしました。その後改訂を重ねて、今では第4版に至っております。21世紀は情報の時代ともいわれ、特許法は国策としてもますます重要性を増し、それにつれ判例や学説も数多く出現し、その整理だけでも大変な作業でした。本書では、なるべく多くの判例を渉猟し、実務家の要請にも応えられるように務めました。

　本書ではバランスということに最も注意を払いました。たとえば職務発明制度では、特許法は産業発展の道具であるという観点から、使用者と従業者のバランスを考えました。発明へのインセンティヴという観点からは従業者を手厚く保護することも必要と考えられますが、他方発明やその実施化への使用者の投資がなければ発明がなされることはなく、また発明がなされたとしても実施化されること

もなくなり、結局産業の発展に裨益することもありません。職務発明制度は、まずもって両者の微妙なバランスの上に成り立っている制度であると考えました。助手論文である「発明者権の研究」では、従業者側に重きを置きすぎたと反省しておりますが、職務発明に関する意識も低く、判例もろくになかった時代においては仕方なかったのかもしれません。

特に東京地判平成 16 年 1 月 30 日判時 1852 号 36 頁（青色発光ダイオード事件）で、従業者が取得する対価を約 200 億円（一部請求なので実質は約 600 億円）と認めるという画期的な判決が出されて以来、バランスをとることの重要性を再認識しました。この事件はあまりに高額の対価を認めたために、その後の多くの職務発明訴訟を誘発し、学界での研究も進みました。しかしこの判決は特別な事例の事件であるためか、その後、この判決に追随するような高額の対価を認める判決は現れず、多くの判決により、額の計算も自ずから定まり、最近では職務発明の事件は減少しました。

名前は忘れましたがイギリスのある学者が書いた文章の中に、教科書というものは、書くまでは Master の気分であるが、書き終えると Servant となってしまう、という一節をよく覚えています。確かに最初に書き上げるまでは気分も高揚し、懸命に書き、自分が中心になっているような錯覚をもつものですが、いざ書き上げると、新たな法改正、判例や学説等をフローして改訂を続けなければ教科書としては役に立ちませんので、その改訂作業に膨大な時間を使います。私の場合は、『特許法』と『著作権法』という 2 つの教科書を出版しておりますので、その両方の改訂に研究時間の大半をとら

れてしまい、気がつけば教科書の Servant と成り果てています。

■▶ 門下生とのQ&A ◀■

澤田悠紀：私が中山先生にご指導いただくようになりましたのは
2000 年代初頭で、当初、先生がお若い頃からご病気を患われてい
たとは存じませんでした。何時間にもわたる長丁場の研究会でも、
あるいは皆で遠足のようなものに出かけましても、いつも潑剌と笑
顔でいらして、ご病気のことなど微塵も感じさせないお姿でした。
先生がそのようなお姿で学内外において幅広くご活躍をされてこら
れた陰には、実はどれほどのご努力があったことかと、畏敬の念を
いだいております。お身体がお辛かったり、週に 3 回にわたる透
析などでお時間の自由がきかないこともおありだったなかで、それ
らを乗り越えられる強いお力は、どのようにして培われたものとお
考えでしょうか。

中山：透析のために多くの時間を割かねばならなったことは痛恨事
ではありますが、私のモットーとして、仕事ができないことを病気
のせいにはしたくありませんでした。したがって、外弁慶のようで
はありますが、仕事は、少なくとも外形だけはシャンとして行って
きたつもりです。それでも多くの方にご迷惑をおかけしたとは思い
ますが、澤田さんが、病気のことなど微塵も感じさせない姿でした、
と言って下さるのは大変嬉しい限りです。私の芝居が上手だったと
いうことかもしれませんね。それでも家に帰るとぐたっと寝ている
ことが多く、妻はそのような姿しか見ていないので、澤田さんとは

逆の印象を持っているようです。

　なぜ大病の中で大見得を切ることができたか、ということは自分でも分かりませんが、生来の楽天的な性格のせいかもしれません。また中学校以来、腎臓病という宿痾と生涯付き合うことになり、慣れっこになっていたのかもしれません。東大医学部の脳外科の教授に、小児麻痺で小さい頃から体が不自由だった人もいると聞いております。また比較するのは不遜ではありますが、世界的にみれば、車椅子の物理学者といわれたケンブリッジ大学教授のスティーヴン・ホーキングのように、学生の頃に筋萎縮性側索硬化症（ALS）を発症し、生涯不自由な体を抱えながら研究を続けた大学者もおります。ヘレンケラー女史などは、見えない聞こえない話せない、という三重苦を抱えながら世界的な偉業を成し遂げています。

　このような偉人とは比べものにならないのですが、とにかく病気と仲良く暮らすという術を、自ずと身につけたのだろうと思います。それに私の寿命は40歳くらいまでと決めておりましたので、40歳を過ぎれば何があっても驚かないという癖が身についたのでしょう。東日本大震災の時は、澤田さんと一緒に明治大学で研究会を行っている最中でした。突然の大きな揺れに皆さんは机の下に逃げ込みましたが、私はここで死んでも構わないという程度の気持ちでおりましたので、椅子に座ったままスマホを見ながら情報を集めておりました。いずれにせよ、大した精神力などはありませんが、以上のような背景はあったのかもしれません。

島並良：中山先生が学者中期と位置づけられた時期は、私が院生・助手として中山研究室に文字どおり出入りしていた頃と概ね重なり

ます。毎日のようにお声がけいただき、学士会館分館でお昼をご一緒しながら研究や生活のお話を伺うことができました。

　その時期の先生のご研究の特徴は、ご論文執筆と並行して、多数の書籍を刊行された点にあると思います。『注解特許法』、『ソフトウェアの法的保護』、『マルチメディアと著作権』、『岩波講座　現代の法』、そして『特許法』と『著作権法』の体系書と、立て続けに出版されました。私は当時、学界の右も左も分からず飛び込んだこともあり、学者とはそういうものなのかな、と簡単に考えておりましたが、今振り返ると、それが超人的な生産量だったことが分かります。

　これらの書籍を通覧して気付かされるのは、実務に役立つ条解書、研究モノグラフ、一般向け新書、講座もの、体系書と、性質や想定読者が同じものが1つとしてなく、極めて多様であることです。私が申し上げるのも口幅ったいのですが、このうちどれか1つ、優秀な方なら2、3の分野をものされる方はいても、これだけ幅広く学界、実務、そして一般市民に上質な影響を及ぼした学者は他の法分野をみても稀であると思います。

　そこでお伺いいたしますが、この時期のお仕事は、ご自身の計画に沿って取捨選択された結果なのでしょうか。修業時代にランチをご一緒しながらヒシヒシと感じたのは、知的財産研究所の設立や弟子の育成も含め、「学問分野としての知的財産法を確立したい」という、東大の講座開設者としての強い使命感でした。今振り返ると、その使命感に沿って先生が必要なお仕事を適切に選ばれた結果、後進としては誠に幸いにも知的財産法学の現在があるように見えます。私など、当時の先生のご年齢を超えた今でも、頼まれ仕事と学内行政に計画性なく追われるばかりで、不肖の弟子としては全く面目が

ないのですが、当時のお仕事の選び方や目標についてお聞かせいただければ幸いに存じます。

中山：仕事の選択については、特にこれといった一定の方針はないのですが、ご指摘のとおり、知的財産法（当時は無体財産権法と呼ばれていましたが）を学問として独立したジャンルを作り上げたいという意識は鮮明にありました。ドイツのマックス・プランク研究所を参考に「知的財産研究所」を設立すべく努力したのも、その一環です。私が研究者の道を志した頃の知的財産法は、六法全書を見ても、独禁法や環境法等と一緒に諸法として一括りに掲載されており、独立した法体系と見られてはおりませんでした。たとえば借地借家法は特別法ではありますが、基本的には民法の債権法の一部と考えられています。それに対して知的財産法は、他の法の一部ではなく、それ自体独立した法分野にしたいという思いは強くありました。昔は、知的財産法は独立した法分野とは思われていなかったせいか、私の先達は、何らかの法の専門家で、サブとして知的財産法の研究をしている者が大半でした。たとえば特許法の先達の豊崎先生は、商法の教授でした。それに対してたとえて言うならば、一般外科から脳外科が独立していったようなイメージで、知的財産法学を樹立したいという野望は大いにありました。

　そしてそのためには、限られた人生で何を選択して研究すればよいのか、という点が質問の中心であろうかと思います。研究者としての前半は、何をやったら良いのか、皆目見当もつかず、何の脈絡もなく、手当たり次第に書きまくったという感じでした。やがて特許法につき、三ケ月章先生から、弘文堂の法律学講座双書の１冊として執筆してみないかというお話をいただき、そこから『注解特許

法』へと発展し、何とか順調に体系書を書き上げることができました。その後は体系書の執筆を中心に、それから派生するものをいろいろ書きました。

　問題は著作権法であり、なかなか著作権法の体系像が掴めずに苦悶しておりましたが、昭和時代の末期に勃発した富士通・日立対IBM事件に遭遇し、著作権観が変わりました。それに触発されたせいだと思いますが、著作権を含めて、知的財産権全体が情報保護法の一種であるという点に思いが至り、その後の論文や本は、その考えにのっとり執筆いたしました。また著作権があまりに人格権重視、著作者重視の方向にあり、もう少しビジネス・ローに近づけるべきではないかという思いから、著作物概念や著作者人格権の見直しを考えました。

　これが大まかな仕事の流れですが、それに従って執筆すべく努めてきました。もちろん、頼まれて書いた論文も多数ありますが、頼まれ仕事であっても、記念論文集のように、自分で自由にタイトルを選べるものも多く、それについては、先に述べた流れに沿うように工夫いたしました。

　それでも人生は短く、若い頃に描いていた通りに進まず、結局、実用新案法、意匠法、商標法、種苗法については遂に未完に終わってしまったのは残念です。人生、なかなか思うようには行かないものです。

山神清和：私が初めて先生の講義を伺い、演習に参加させていただき、そしてその後大学院生、助手としてご指導いただいたのは、先生の学者中期頃でした。当時ご担当されていた講義は「無体財産権

法」でありましたが、一貫して、今でいう知的財産法が 「財産的価値のある情報を保護する法体系である」ことを強調されていたのを記憶しております。先生は「情報」の持つ重要性に気づかれ、所有権などの物権の概念を借り物として使う上での注意点を、当時はやっていた「知的所有権法」という用語を例に挙げて解説して下さいました。

「情報化社会」という言葉が人口に膾炙して久しいわけでありますが、先生は、情報を保護対象とする知的財産法が、技術の発展により変容せざるを得ないことを早くから意識され、情報化社会の発展に即した知的財産法学の体系化を成し遂げられたのだと考えております。

私が研究者を志すきっかけとなりましたのも、先生の『ソフトウェアの法的保護〔新版〕』で、当時普及しつつあった新技術であるコンピュータ・ソフトウェアを、いかなる法律で保護すべきかの議論に接したからでした。先生は、この本の執筆前には、富士通の研究所においてコンピュータ技術について学ばれたと伺っております。私も沼津にある富士通の研究所訪問に連れていっていただいたことを鮮明に覚えております。また私は、先生の紫綬褒章の申請書類作成のために、膨大な業績整理をするお手伝いをさせていただいたことがあります。そのとき実感しましたのは、専門分野のみならず、その周辺領域の知識を幅広く渉猟されて学問体系を構築されていたことでした。

今後もますます技術が発展するであろうことを前提としますと、これからの知的財産法研究において、技術的知識の持つ意味はいかほどのものであるか、また、人工知能など複雑化する技術に関する知識を持ち合わせていない知的財産法研究者の役割はどうあるべき

かについて、教えていただきたいと思います。

中山：特許法は技術保護法ですから、技術の変化を直接受けること
は当然であろうと思います。コンピュータ・プログラム、バイオテ
クノロジー、近年ではAIの発展等により、それらを取り込む努力
がなされております。しかし特許法は技術を保護する制度ですから、
法技術上の問題はあるにせよ、体系的には大きな問題はないと考え
ています。

　それに対して著作権法は、基本的には小説や音楽や絵画といった
牧歌的なものを対象としており、必然的に著作者の人格権を重視し
ています。したがって、技術的なものを保護する法体系にはなって
おりません。しかしコンピュータ・プログラムが出現し、それを著
作権法に取り込むに至って、事実上著作権法がビジネス・ローとし
ての性格を持たざるを得なくなりました。現実にも、富士通・日立
対IBM事件のように国をも揺るがしかねない著作権事件が発生し
ました。

　このような時代になると、知的財産法学者も技術の素養が必要で
あるように思えますが、現実に法学者が全ての技術に精通すること
は不可能です。理系の人が1つの技術に精通することですら難しい
のに、特許法や著作権法では、種々の技術が対象となるので、それ
らの全てを習得することは不可能です。これは、いろいろな技術的
な事件を扱う裁判官にとっても同様であろうと思います。

　私も技術の問題には苦心しまして、できる限り特許庁の技官や弁
理士、それに企業の知的財産部の技術者との交流を深めたり、富士
通のプログラムの研修所に通ったりしましたが、なかなかうまくは
ゆきません。そのことから得られた教訓としては、技術アレルギー

にならないことが重要である、ということです。それに困ったことがあれば直ぐに相談できるチャンネルを作っておくことであろうと思います。裁判官であっても、全ての技術に精通することは不可能であり、必要に応じて調査官や専門委員から技術的な知識を得ることになります。ただ知的財産法研究者としては、まずは技術アレルギーにならないこと、それに事件に応じて専門家からの説明を受ける場合、全体像をしっかり摑めるくらいの情報把握能力を身につけておくことは必要であろうと思います。

佐藤恵太：中山先生御自身の岩波新書『マルチメディアと著作権』のご著書について、一般向けと中山先生は評されていますが、逐条解説や体系書だけでなく、初学者向けの書を書かれたことは学者的業績としてたいへん重要なことと思っています。私自身も、日頃、芸術系の学生を非常勤で教えていると、説明ぶりを変えなければならないことがいつも身にしみていて、ときどき先生の新書を見返して授業をしています。この書の素晴らしいところは（と私は思っているのですが）、もうひとつあります。中山先生ご出席の研究会の席だったか、版画の刷り行為を著作物の創作として考えてもよいのかという点を議論させていただいたことがあります。版画の彫師と刷師（摺師）は分業体制で、版画が何枚目の刷りかということによって、同一の版画であっても価格が違うのだから、刷師の行為が独自の創作として評価される可能性があるのではないかという私の議論に対して、最初は懐疑的な発言をされていた先生でしたが、のちに岩波新書『マルチメディアと著作権』のなかで、この点にひとことだけ言及して下さいました（同書 118 頁）。ご著書の記載が、研究会

でのやりとりに触発されたかは定かでありませんが、このような柔軟な応答は、先生の普段のご研究のなかで随所にみられるように思います。一度、説を決めるとこだわる研究者が多いなかで、先生がお示しになる柔軟性は、真実を探求する態度として、いつも私の目標の光と思っておりました。それが一番明確にあらわれているのがこの新書で（と私は思います）、今回の回顧録でも、こうしておけばよかったかなということを発言なさる箇所がいくつもあります。おそらく、このような柔軟なご姿勢は、先生が無自覚になさっていることと想像するのですが、意識的になさっているとしたら、なにかきっかけがおありになるのでしょうか。また、どなたかに自説が批判されたとき、待てよ、と相手の立場をお考えになる寛容さをもち続け、時にはそれを取り入れることがどうしてできるのか、コツを教えていただければと存じます。

中山：初学者向け、あるいは一般向けの本としては「岩波新書」だけです。もっといろいろと書きたかったのですが、時間がありませんでした。多数ある新書シリーズの中でも岩波新書は別格のように思っておりましたので、執筆の話があったときには直ぐに引き受けました。当時は、富士通・日立対 IBM 事件が世の中を騒がせ、著作権がマスコミを賑わせ、著作権法は単に著作権法の専門家の間だけで議論すれば足りるというご時世ではなくなっていましたので、私としても一般向けの著作権の本を書こうと思い立ちました。

　版画（浮世絵）の著作権については、多くの弟子と議論しておりますので、議論したことは覚えておりますが、それが佐藤さんとしたのかは覚えておりません。版画については、絵師と彫師と、それに刷師が関与しておりまして、浮世絵の場合には分業ができあが

っております。しかし彫師と刷師は後世名が残ることは少ないので、絵師が最も重要とは思うのですが、佐藤さんがおっしゃるとおり、そのどれか1つが欠けても浮世絵になりませんので、三者の共同著作のように思います。当時どのような説を述べたのかは忘れましたが、本文でも書きましたとおり、三ケ月先生の教えのように、過去の自分の学説からの自由ということは、学者として極めて大切な教えのように思います。その時にいかに考え抜いた学説であっても、後に、より優れた学説が現れることは少なくありません。そのような場合に、自説に固執することは、学者としてあるべき姿とは思えません。負けと思ったら素直に白旗を揚げ改説すべきだろうと思います。私の体系書においても、何カ所か自説を変えた、と書いてあります。もちろん、これは意識的に行っています。学者は、常に自分が最高の学者であるなどと自惚れるべきではなく、より良い学説が現れたら、自説を改めることに躊躇すべきではなく、謙虚であるべきである、と常に自戒することが必要だと思います。このようなことは、常に自戒をしていれば、誰にでもできることだろうと思います。論語にも、「過ちて改めざる、これを過ちという」と書いてあります。

5. 学者後期（おおむね 1990 年代半ばから東大退職まで）

（1）**不正競争防止法**（営業秘密）

　わが国には長らく営業秘密を保護する法律はなく、かろうじて不法行為として損害賠償ができる程度でした。それまでは、終身雇用制度の影響もあり、営業秘密に関する大した事件もなく、営業秘密保護への要望も強くはありませんでした。むしろ営業秘密を保護することは、技術レベルの劣るわが国は不利であるという考えもありました。そのようなことはあまり大きな声では言えないのですが、底流にはそのような考えがあったと思います。

　それまでは大きな産業スパイ事件は、潜在的には存在したかもしれませんが、顕在化してはおらず、営業秘密の保護の声は、なかなか大きくなりませんでした。それどころか営業秘密の保護については反対が多くありました。マスコミ界は取材の自由が阻害されると反対し、金融界は他の業者や個人の情報を極めて多数保有しているために、思わぬ違法行為に問われることを懸念して反対し、労働界は労働者の移動の自由を妨げるとして反対しているという状況でした。

　そのために営業秘密の保護の立法は難しく、通産省内部でもこの問題には手をつけたくないというような雰囲気もあったと聞いています。そのような状況の下に、棚橋祐治局長が、誰も手をつけないなら自分がやってやると、知的財産政策室で不正競争防止法の改正

に着手し、反対は多かったものの、1990（平成2）年に、同法の中に営業秘密の保護の規定を加える改正を行いました。この改正は棚橋局長の手腕によるところが大であり、他の者が局長であったら実現しなかったでしょう。当時の審議会では、加藤一郎先生が委員長、私が副委員長となり、やっとの思いで改正を成立させました。加藤一郎先生は不法行為法の大家ではありますが、不正競争防止法については必ずしも専門家ではないので、私が補佐をした次第です。この改正は、GATT ウルグアイ・ラウンドの TRIPS 交渉の状況を踏まえ、営業秘密に係る不正行為に対して差止請求権と損害賠償請求権という民事の規定を設けたものです。

ただその改正では、営業秘密の侵害に対する実体的な規定を設けただけで、刑事罰の導入は見送られましたし、また訴訟手続における秘密の保護の規定も設けませんでした。つまり訴訟を起こすと、裁判公開の原則により、その秘密が公になってしまう恐れもありました。そのため、この改正によっても、営業秘密の事件が急に増えるということはないであろうことは、当初から予想されていたところでした。現実の判例をみても、カツラの顧客名簿のような小さい事件ばかりでした。

しかし、実体規定だけとはいえ、反対が多い中で営業秘密の保護に関する橋頭堡を築いたということは大きな一歩であったと思います。それは営業秘密の保護は重要であるという宣言にもなります。訴訟に実効性を持たせる規定や刑罰規定は、今後次第に整備していけばよい、とにかく橋頭堡を築いておくことが重要である、という考えでした。反対が多かったために、当初から完全を期して流産に

するのか、当初は不完全であっても取りあえず橋頭堡を築くだけでよしとするのか、という選択でした。その後時間はかかりましたが、大体予想通りの進行となり、手続や刑事罰の規定が追加され、20年くらいかけて一応今のような完成形となりました。しかし今後の社会の発展に従い、新たな保護が必要となるものの出現も予想され、たゆまぬ改正が必要となるでしょう。その好例が、2018（平成30）年改正による「限定提供データ」の侵害を不正競争行為とした改正です。

　そのおかげで現在では、新日鐵住金対ポスコ事件や、東芝対SKハイニックス事件のように、極めて重要な企業秘密の漏洩事件も裁判に現れるようになり、やっと法律が機能するようになりました。かつて営業秘密に関するある国際シンポジウムで、アメリカの弁護士から、営業秘密の訴訟は秘密の保護が重要であり、その旨の規定のない法律は営業秘密保護法とはいえない、と攻められて困ったことがありました。しかし営業秘密の保護のように機微にわたる問題の立法は、一挙に完成形を目指して結局失敗に終わるよりは、気を長くもって完成形を成し遂げることの重要性を認識いたしました。これは理想形を求める学者には馴染みにくいことかもしれませんが、ビジネス・ローについてはステークホルダーが多く、民主主義の下では時間がかかるということを認識しました。ただ、著作権のデジタルに関する問題のように、時間との勝負の場合もあり、一概に関係者の合意形成に時間をかければよいというものではない場合もありうるので、ケースバイケースなのでしょう。

（2）弟子の育成

　東大法学部の教授として重要な仕事は２つあります。１つは言うまでもなく学問研究であり、他の１つは教育です。学部の授業やゼミが重要であることは言うまでもありませんが、東大教授としては、研究者を養成し、日本の学問レベルの向上に役立てることも重大な義務であると考え、できる限り、若手研究者の育成に努めました。

　最初の弟子は、今の慶應義塾大学教授である小泉直樹さんです。ある時、突然学生だった小泉さんが私の研究室に現われ、弟子にして欲しいと言われました。当時の私はまだ若く、まだ弟子を取る準備などはできていませんでしたが、彼は熱心でしたし、成績も助手になる基準を満たしておりましたので、思い切って採用することにしました。助手に採用されるには、学部の成績が優秀であり、それにプラスして５名の試験官による面接試験を受ける必要があります。彼は学部時代ボクシング部に所属しておりましたが、試験委員だったドイツ法の村上淳一教授から、知的財産法についての質問が思いつかなかったのでしょうか、ボクシングでダウンしたことがありますか、という質問があったことを記憶しております。ボクシング部出身で学者になるのは彼が初めてだそうです。面接試験で、それ以外にどんなやり取りがあったのか、もうすっかり忘れてしまいました。もちろん、小泉さんは面接試験に合格し、助手となりました。

　小泉さんが第一号の弟子になってくれたおかげで、次の田村善之

現東大法学部教授を含め、20名程度のシューレを形成することができ、全国の大学で活躍をしております。

　中には、中央大学の佐藤恵太さん、東北大学の蘆立順美さん、京都大学の愛知靖之さんのように、助手の頃、内地留学という形で私のところで研究をした方もおります。佐藤恵太さんは正規の内地留学ではありませんでしたが、事実上、シューレの一員としてゼミに参加したり、合宿に参加したりしておりました。このことは、当時東大一辺倒だった知的財産法学に幅を与えることとなり、知的財産法学を全国に広めることにもなりました。学問は、東大だけが富士山のようにそびえ立っていることは好ましいものではなく、アメリカの大学にみられるように、八ヶ岳状態で多くの峰がそびえ立ち、競争してこそ発展するものと確信しておりました。その意味で、東大だけで固まることは好ましくなく、たとえば京都大学出身の現早稲田大学教授の上野達弘さんのような優秀な研究者にも仲間に入っていただき、それがどれほど若手研究者に裨益したか、計り知れません。

　大学院生は実務家が中心でした。特に社会人教育の課程は実務家が対象で、今では皆さん各界で活躍しておりますし、もう定年を迎えた方もおられます。その中で社会人教育課程の酒井宏明さんは弁理士ですが、研究にも熱心で、東大で修士号を取得した後に東北大学に進み、工学博士号を取得しましたが、私はその審査委員の一員に加えていただきました。今は金沢工業大学教授という重責を務めておられます。他方、酒井さんは独力で酒井国際特許事務所を設立し、今では日本屈指の大特許事務所に発展しており、事務所経営と

大学教授の双方で才能を発揮しております。そのご縁で、私が東大を辞めた後、この酒井国際特許事務所の顧問となり、今に至っております。私の弟子は多くの大学で皆元気に活躍しておりますが、ただ、相澤英孝教授だけが、65歳の若さで亡くなられたのが痛恨事です。

　先にも述べましたように、私の教育の基本方針は放牧です。皆さん、潜在的能力のある人ですので、私の枠に嵌めることをせずに、自由に羽を伸ばし、若手同士で切磋琢磨し、研究をしてもらうことが重要と考えました。中には、論文のテーマには何が良いでしょうか、と聞きに来る弟子もおりましたが、テーマ選びも学問のうち、と言って自らテーマを選ばせました。三ケ月先生の教えである「恩師からの自由」が重要であり、手取り足取りの教育だと、どうしても私の考えを押しつける結果となってしまい、若手研究者が本来持っている才能を自由に開花させることができなくなってしまうと考えていました。師匠の真似をしていたのでは、師匠のコピー、つまり petit 中山ができあがるだけで、何の面白いこともないと思います。

　理系の若手研究者のように、先生の研究のお手伝いをして学ぶというスタイルとは違って、法学の場合は、先生と弟子が共同して研究をするということはあまりありません。私が助手になる前あたりまで、川島武宜先生の影響もあり経験法学が盛んであり、たとえば入会権の実態調査などで多くの学者が共同で研究を行ったりしたこともありましたが、そのような共同研究は少なくなりました。そのためもあってか、いかに若い弟子でも一人立ちした研究者として扱

われます。自ら研究テーマを見つけ出し、自らの研究を進めてゆく
うちに、一人前の学者に成長します。したがって、どのような学者
になるのか、ということは自己責任ということになります。「弟子
は師匠なり」という言葉もあるそうで、そのように自由に育ち、一
人前になった弟子には、師匠も教えられることが多いという意味だ
と思います。私の仕事は、弟子に一切の雑用を回さず、研究資金を
取ってくる等、若手研究者の研究環境を整えることにあると考えて
いました。弟子にはコピー1枚、取らせたこともありません。大学
院に進学すると学生としての授業料を払わねばなりませんが、東大
法学部助手は、学部卒業後直ちに就任し、公務員（教官）としての
給料をもらい、ある意味では特権階級ではありますが、3年間で大
きな論文を書かねば失業することを意味します。「書けば官軍書か
ねば賊軍」などといわれたこともありました。学部卒業後、3年で
大論文を書くということは大変なことであり、私は雑用を一切させ
ずに、研究に専念させるようにしました。これは大学院生について
も同様であり、助手と区別することなく、雑用を言いつけることは
しませんでした。

　幸いにも、私の研究室には、若い研究者が大勢おりましたので、
彼らの間で議論をし、切磋琢磨することができました。最初に知財
の世界に飛び込んできてくれた小泉さんや田村さんの功績は大きい
と思います。若手研究者のサークルがあるということは最高の研究
環境だと思います。東大法学部の研究室の助手と大学院生は、専攻
に関係なく同じ大部屋で研究をしておりますので、自ずから他分野
の若手研究者との交流もできます。若い頃は自己の専門分野に蛸壺
のように閉じこもるのではなく、他分野との交流を通じて、広い視

野をもつことが学者としての肥やしになると思います。

　また東京大学はアジアの中核的大学として、外国人の教育は大きな使命だと思っています。私の場合は、主としてアジア、特に韓国から大勢の留学生を大学院に受け入れました。弁護士、弁理士、裁判官、学者、特許庁の役人等の社会人ばかりでした。彼らとは専門を同じくしておりますので、今でも親しくしており、韓国には『中山先生を囲む会』という同窓会があり、訪韓をすると、大変歓迎してくれます。現在の日韓関係は微妙な状態にありますが、少なくとも学問の世界では緊密な関係を維持できればと考えており、その意味でも韓国をはじめ多くの留学生を受け入れることは重要なことと考えております。今では知財分野においても、東大だけではなく、他の多くの大学で外国人留学生を受け入れるようになっており、大変喜ばしいことだと思っています。留学生の受け入れは、ケアが大変ではありますが、大学の大きな責務であり、私はドイツでフンボルト財団から受けた恩を返すつもりで外国人を受け入れてきました。

（3）著作権法

　私の研究生活は特許法から入りましたので、当初は、著作権法の研究は遅れておりました。しかし知的財産法学者として、著作権法の研究は必須であり、前述のように、IBM 事件を契機に、プログラム著作権につき興味を持ち、著作権法も研究の中心となりました。先に述べた『ソフトウェアの法的保護』（有斐閣、1986 年、新版は 1988年）や『マルチメディアと著作権』（岩波新書、1996 年）の出版もその研究成果の一環であり、やがて『著作権法』（有斐閣、2007 年、その後

2回の改訂）へと繋がってゆきます。そしてこの『著作権法』の出版までには、私の著作権観が固まり、新たな体系に至ることとなります。なお余談になりますが、『著作権法』の最初の項目のタイトルは「著作権法の憂鬱」というものでした。これは著作権法においては、アナログ時代の予定調和の世界に、突然デジタルが闖入し、予定調和が崩れて混沌とした世界になり収拾がつかない状態を述べたものですが、「憂鬱」という言葉だけが有名になり、「憂鬱の中山」とも呼ばれたりしました。

　私の著作権法研究は、プログラムを媒介として、著作権法の中心概念である創作性の考え方の転換を図ろうとするものでした。従来から、創作性を満たすためには、人の思想・感情が現れていればよい、あるいは他人の模倣でなければよい、と考えられておりました。小説や音楽や絵画であれば、どんなに不出来な作品でも、たとえ幼稚園児の作品であっても多少なりとも思想・感情が現れているであろうし、また同様に他人の模倣でなければ思想・感情が現れていないということはほとんどないでしょう。したがって、小説等においては、創作性を従来のように考えても問題はなかったと思いますし、それに疑いを挟む人はいなかったといってもよいでしょうし、私もそのように考えておりました。しかしIBM事件でプログラムのことを勉強するにつれ、そのような創作性概念をプログラムにまで当てはめることに疑いが出てきました。そもそも私は、プログラムを著作権法に取り込むことには反対でしたが、著作権法に取り込まれている現在、プログラムをも包摂した創作性概念が必要となるという考えに至りました。

著作物とは、そこに表現された思想・感情を自らまたは他人に享受させることを目的としたものです。かなり後のことになりますが、2018（平成30）年改正の30条の4にも、そのような著作権観が現れています。小説等に表現された思想・感情を享受するということは誰にでも良く分かりますが、プログラムに表現された思想・感情を享受するとはいかなることか、という疑問にぶつかりました。

　プログラムとはコンピュータという機械に対する指令であり、そこに小説と同じように人の思想・感情が現れていると考えることが、果たして妥当なのでしょうか。もちろん、プログラムにも設計思想は存在します。しかしプログラムにおける設計思想は、より性能を高め、あるいはコストを下げるという思想であり、それは機械の場合における設計思想と同じということになります。それが著作権法にいう思想と同一に扱えるものなのでしょうか。もし同一に扱えるものでしたら、機械においても設計思想が存在し、機械も著作物に加えてよいはずです。

　プログラムを何らかの方法で保護すべきである、という点については大方の賛同を得られておりましたが、いかなる方法で保護すべきか、という点を巡り大論争になりました。私は、特許法の中にプログラム保護の規定を入れるか否かは別として、考え方自体は、工業所有権に馴染むように思えました。しかし紆余曲折の末、結局1985（昭和60）年の著作権法改正で、著作権法の中にプログラムを取り込むことになり、あとは解釈論の問題となりました。しかしながらどう考えても小説とプログラムを同一に扱うことには疑問があり、小説とプログラムを同じに扱うには、創作性概念の変更が必要

ではないかと思えたのです。

そこで、これもプログラムの研究から派生したものですが、著作権法の解釈問題として、創作性概念を大きく転換し、創作性を創作における選択の幅と捉えたらどうかという考えに至りました。短く説明することは難しいので、詳細は『著作権法〔第3版〕』（有斐閣、2020年）を見て下さい。要するに、小説の創作性とプログラムの創作性を同一に捉えることは可能か、可能だとすればどのような創作性概念とすべきか、という疑問が出発点となりました。

小説に創作者の思想や感情が現れていることは明らかであり、誰も疑う人はいないでしょう。小説については創作性概念をどのように捉えようと、創作性が認められる場合が圧倒的に多く、ごくありふれた短文のようなものは別として、創作性の有無自体が争われることは稀です。誰が創作したものであるのか、という点が争いになることはあるものの、当該小説や音楽自体に創作性がないということはほとんどありえません。

そうなると、問題となるのはプログラムを中心とした機能的作品をどのように考えるか、という問題に尽きることになります。そこで、両者の創作性を統一的に捉えることはできないものかと考え、創作性を創作における選択の幅と捉えるならば、全ての著作物に適用しても大きな問題は生じないように思えました。具体的にはある表現を保護した場合、後進の者の創作の妨げになるか否かで、創作性を判断しようとする考えです。

小説の場合には、創作性概念を思想・感情の表現と捉えても、創作における選択の幅と捉えても、発想は大きく異なるものの、結論に変わりはないでしょう。どんな稚拙な小説でも、思想・感情は現れているでしょうし、また創作における選択の幅と捉えても、ある小説が後進の作家の妨げになるということはまずないでしょう。漱石や鷗外のような大家の小説が、後進の作家の創作の邪魔になるということはありえないでしょう。つまり実務上創作における選択の幅と捉える必要があるのは、プログラム等の機能的作品に限られることになります。

　創作性概念のこのような変更は、単なる表面的な解釈の問題ではなく、著作権法のよって立つ考え方の転換を迫るものです。従来の考え方だと、著作物は人の思想や感情の露出したものであるという観点から出発し、人の思想・感情を保護するのであるから必然的に著作者人格権を重視することとなります。それに対して、創作性概念を選択の幅と捉えると、ある創作を保護した場合に、新規参入の妨げになるか否か、という判断が中心になるので、人格的要素よりも競争的要素が強まり、よりビジネス法に近づくと考えられます。たとえばコンピュータのインターフェースのプログラムに著作物性を認めるべきか否か、という判断においては、この創作性概念が大きな意味を有することとなります。このような考えの下では、著作者人格権の考え方にも変化をもたらすことになり、著作権法のコペルニクス的な転回が迫られることになります。

　ただこのような考えに立つとしても、小説や音楽や絵画の創作性の判断の結論は、従来の結論と異なるものではなく、プログラム等

の機能的著作物の考え方を整理するものです。しかしながら、プログラムに関する判例を見ても、考え方として、著作物の創作性を創作における選択の幅と明言する判決は少ないと思いますが、判決文の表現は別としても、実質的には、プログラムに著作権を認めた場合に後進の妨げにならないのか、ということを決め手にしている判決も多く、プログラムについての創作性を選択の幅と考えても、多くの判例の結論と同一になるであろうと思われます。いずれにせよこの考え方は、創作性の判断の結論に大きな変更をもたらそうとするものではなく、著作権法のよって立つ思想を転換しようとするものです。

このような考え方は、著作権法学会の「創作性のシンポジウム (2001年)」で発表し、それを著作権法学会の会報『著作権研究』28号 (2003年) に「創作性についての基本的考え方」として載せました。そして、その後の私の著作権観の中心的役割を果たすこととなりました。それは教科書『著作権法』に引き継がれることとなります。換言すれば、著作権法をビジネス・ローに近づけようとする試みです。創作性を選択の幅と捉えることにより、著作権が新規参入の障壁となることをできるだけ防止し、よって競争法的意味をも有することとなり、工業所有権法に一歩近づくこととなります。また創作性を選択の幅と捉えることにより、人格権的要素を薄める作用も果たすと思います。もちろん、現行著作権法には著作者人格権の規定が厳然として存在している以上、それを否定することは解釈論として許されませんが、プログラムのような機能的著作物については、解釈で可能な限り人格権的要素を薄めることもできると思いますし、それが機能的著作物の解釈としては妥当なものであろうと思

えました。プログラムについていえば、著作権法 20 条 2 項 3 号や、15 条 2 項の規定で、かなりの程度、妥当性が保たれてはいますが、著作権法全体に、ビジネス・ローに傾斜した解釈に親和性があろうかと思います。

（4）フェアユース

　わが国の著作権法は、21 条以下で複製権等の権利を定め、それではあまりに権利が強すぎるので、30 条以下で権利の制限規定を設けるという立て付けとなっています。そしてその制限規定は限定列挙とされており、制限規定に該当しない限り著作権侵害になります。それに対して、アメリカでは、多くの制限規定は設けられてはいますが、その前にフェアユース規定という一般規定が置かれており、条文上、判断基準は書かれているものの、要はフェアな利用は権利侵害にならない、というものです。

　このフェアユース規定を巡り、上野達弘教授などは早くから「日本版フェアユース」の導入を主張しておりました。しかし私は当初は、この規定の導入自体に反対するものではありませんが、時期尚早であるという立場をとっておりました（『著作権法』初版）。しかしその後、デジタルやネットについて学べば学ぶほどその必要性を感じ、フェアユース規定賛成派に宗旨換えをいたしました。

　フェアユース規定には、法的な安定性に欠ける側面と柔軟性に富んでいるという側面があり、そのどちらを選ぶか、という議論がされています。確かにそのような側面もあるものの、実は法・裁判に

対する国民の考え方という、極めて大きな問題と関係していると考えました。つまり、何をしてよいか、ということを官、あるいは立法があらかじめ決めるのではなく、行為者が自らフェアと信じる行為を行い、それに異議のある者が現れれば裁判でフェアか否かを争う、ということを意味しています。つまり、事前規制から事後規制へ、官から民へ、行政から司法へ、という大きな時代の流れに沿った改正となるはずです。

　フェアユースの規定が設けられたとしても、この規定が生きるか死ぬかは、利用者の意識にかかっています。つまり、お上がお墨付きを与えてくれた行為だけをしていれば安全であるという発想から、自己判断でフェアであると考えれば、自己のリスクにおいてその行為を行い、最終的には裁判所で決着をつけよう、という発想の変換が必要となります。日本の企業、特に大企業は、法的リスクを嫌い、過剰なまでにコンプライアンスを意識しています。コンプライアンス自体は重要なことですが、グレーな部分でリスクを取らないという行動パターンは、萎縮につながると思います。大企業であっても、検査データ等の偽装等は行われるのに、なぜか著作権に関しては極めてナーヴァスになる企業が多く、リスクを取ろうとしません。

　フェアか否かを自分で判断することは確かにリスキーではありますが、反面スピードを稼ぐというメリットがあります。問題が生じたら役所に働きかけ、法改正をしてもらってからビジネスを行うのでは、情報産業ではあまりに時間がかかりすぎます。特にネットビジネスではスピードこそが命であり、他社に先駆けてビジネスを展開し、先行者利益を得るということが肝心です。たとえばGoogle

はそのようにして成長してきており、現に多くのフェアユースに関する訴訟を抱えながら、それらと戦いつつ発展してきました。今ではGoogleの検索サービスは違法であるという人は少ないでしょうし、わが国でも周回遅れではありますが、検索サービスについては立法化され、ようやく合法であることが明らかにされました。Googleのようなマインドがなければ、たとえフェアユースの規定が設けられたとしても使いこなすことはできないであろうと思います。

私は、弁護士となっていろいろな企業から話を聞く機会が増えましたが、特に若いベンチャー起業家は、私のような老人には思いもつかない新しい事業を考えています。しかし、現在では、ストレージサービスにしろ、テレビの転送サービスにしろ、それらは著作権侵害となる可能性があるので、弁護士としては、安全であるという確定的なリーガルアドバイスはできません。せいぜいアメリカでビジネスをしたほうがよいですね、というようなアドバイスくらいしかできない状況です。また、ベンチャー企業がファンドからファイナンスを受ける際には、弁護士のリーガルオピニオンが必要となることもありますが、フェアユースの規定のない現在では、それは複製権や公衆送信権侵害等の可能性があるという否定的な意見書しか書けず、ファイナンスを受けることも難しくなります。

ベンチャー企業は元々リスクだらけであり、リスクを取らねば生き残れません。特にネットベンチャーは、法的リスクを取ってでも、とにかく早く事業を立ち上げることを希望している場合も多く、もしフェアユースの規定が設けられたら、彼らがフェアユースの規定を利用してくれるのではないかと期待しています。フェアユースの

規定が真に意味を持つか否かは、新しいネットビジネスに対して、この規定をどのように使うか、という点にかかっていると考えています。

　またフェアユースの規定においては、裁判官の果たす役割も、極めて重要となります。裁判官は、自らがフェアを体現しなければならなくなりますが、それはある意味では、立法的な行為といえます。もちろん、従来から、裁判官は立法的行為をしているのだ、という考えは存在していましたが、フェアユースのような一般規定においては、その傾向がさらに強くなる、といえるでしょう。しかし民法の大原則である信義誠実の原則や、権利濫用の規定は、フェアユースと同様、一般規定であり、しかもアメリカのフェアユースとは異なり民法には基本方針すら示されておらず、裁判官は立法的な解決をしているはずで、なぜ著作権法の権利制限の規定だけ厳格な限定解釈を必要とするのか、理解できません。

　あらゆる法分野においてフェアの観念は存在し、従来から裁判官は、権利濫用の規定を適用したり、あるいは既存の概念の柔軟な解釈をしたりして、フェアの実現に努めてきたはずです。著作権法でいえば、「雪月花事件」、「はたらくじどうしゃ事件」あるいは一連の「中古ソフト事件」などもそのような例とみてよいでしょう。このような事例においては、フェアユースの規定がなくても、裁判官が苦労して何とか妥当な結論を導いてきたと思います。

　アメリカにおいて、Googleの検索エンジンを合法であるとする規定はなく、Googleは自己の行為をフェアと判断して莫大な投資

を行い、そして裁判も提起されましたが、それらをはねのけてフェアの概念を確立してゆきました。この反骨精神というか、フロンティア精神というか、これこそが21世紀の産業を支える根幹であろうと思いますし、それはフェアユース規定と一脈通じるところがあると思います。あらゆる生物は、強い者が勝つのではなく、変化に対応できる者が勝ち残れるのだと思います。巨大な力を持った恐竜ではなく、ネズミのような弱々しい哺乳類が勝ち残ったのは、正に変化した環境に適応できたからだと思います。デジタル革命による激しい変化に対応できる企業だけが生き残ることができると思いますが、変化への対応を著作権法が邪魔をすることがあってはなりません。デジタル革命によりどのような環境が出現するのか分かりませんので、やはりフェアユースのような一般規定を設けることにより、著作権が変化に対応しようとする企業の足を引っ張ることがないようにする必要があろうかと思います。

　このような新たなビジネスを、著作権を理由に潰すことが、真に文化の発展にとって好ましいことか、あるいは潰すことが権利者にとって真に利益となるのか、という点を考えなければなりません。両当事者の利害関係だけではなく、その判断がもたらす、文化的、産業的、公共的な影響も視野に入れた判断が求められることとなります。著作権法は、本来は文化発展のための道具ですが、今日ではコンテンツビジネス、ネットビジネスが極めて重要な産業となることは間違いなく、著作権法は、もはや産業政策的要素を無視することはできないと考えています。

　ネットビジネスは極めて足の早いビジネスであり、日本でできな

いなら、そのような行為を合法とする外国に移るだけです。検索エンジンビジネスが始まった時期は、日本もアメリカもそう違いませんが、日本では著作権侵害を恐れ、多くの企業はサーバーをアメリカに移し、細々と営業している状況です。それに対し、中国や韓国では国産検索エンジンが Google を押さえてトップの座を占めています。先行者利益を得られないということは、ネットビジネスにとって致命的なダメージとなる結果、日本は、著作権法があるために、重要なネット産業を失うだけということになりかねません。検索エンジンに遅れをとったのは、著作権法だけが原因であるとは思いませんが、仮に著作権法がネットビジネスの足を引っ張っているとしたら、非常に残念なことです。

　検索エンジンに関しては、いろいろの側面があり、また日々発展をしているので、その全てを一律に論ずることはできません。基本的には、これを禁止しても、権利者の利益になることはほとんどなく、日本から重要な産業が失われるという結果が残るだけです。しかも日本人の多くは Google をありがたがって使用し、また Google 検索の上位になるように汲々としております。検索エンジンビジネスを著作権法が禁ずることが、果たして文化の発展に資することなのでしょうか。あるいは著作権者の利益になることなのでしょうか。もちろん、著作権法は、直接的な産業振興法ではなく、著作権法を改正すればビジネスが成功するというほど単純なものではありません。ビジネスの成功のためには、法以外の様々な要素、ビジネスモデルやファイナンス等が関係しており、むしろそのほうが大きいと考えられます。ただ著作権法が邪魔をして、アメリカではできるが日本ではできない、という事態は避けねばならないと考

えています。次々と新たなビジネスが発生し、それは、わが国の重要な産業ともなりうる可能性を秘めており、さらにはグローバルな企業へと発展する可能性も秘めています。これらを全て個別に権利制限規定で書き込むことは不可能であり、フェアユースの規定の出番となるはずです。ところが権利者団体からの反発が強く、このフェアユース規定の導入は遅々として進みませんでした。たとえば書籍協会からは、フェアユース規定が導入されれば出版業界は壊滅するという反対もありましたし、新聞協会も大反対でした。賛成派と反対派とが激しく対立しておりましたが、紆余曲折を経て、私が審議会を引退した後のことですが、ようやく2018（平成30）年著作権法改正で、主としてデジタル関係についてはフェアユースといってもよい規定が設けられました。その中心的な規定は30条の4で、「当該著作物に表現された思想又は感情を自ら享受し又は他人に享受させることを目的としない場合には」、原則として侵害とはならないという規定です。この規定自体はデジタルに限定されてはいませんが、実質的にはデジタル環境のもとでの行為が対象となる場合が多いでしょう。

　この規定をはじめ、いくつかの条文により、日本は、デジタルに関しては、世界的に見てもかなり進んだ実質的にフェアユースの規定を有することになりました。そのこと自体は慶賀すべきことではありますが、たとえばパロディのような著作物は、この規定からは漏れるのではないかと思います。30条の4は、かなり概括的な規定で、よくこのような規定を設けることができたと、文化庁には感謝しておりますが、フェアユースの完成までには、もうひと頑張りが必要だと思います。

（5）審議会等

　学者生活も中期になると審議会等の政府の仕事も増えてきました。審議会で活躍することが学者の本分か、という点については少し悩みました。先に述べたように、来栖三郎先生や田中英夫先生のように、学外の雑事に関わることなく学問と教育に専心することが学者のあるべき道のようにも思えました。

　しかし知的財産法学者の数が少ないので適任者も少なく、またこれらの審議会は法改正に直結したものが多いので、結果的にはかなり積極的に参加しました。工業所有権審議会（後の産業構造審議会知的財産分科会）、著作権審議会（後の文化審議会著作権分科会）、知的財産戦略本部、関税・外国為替等審議会、国会図書館納本審議会の委員を務め、著作権以外の審議会では全て長を務めました。ただ知的財産戦略本部の本部長は知的財産基本法27条1項で内閣総理大臣と決まっておりますので、私は本部員でしたが、当初の知的財産推進計画の起草委員長を務めました。知的財産に関する諸審議会は、主として立法のためのものであり、私にとっては、専門と直結するもので、改正のたびに審議会に諮問があり、勉強にはなりました。知的財産法は、特に平成に入ってからは改正が頻繁にあり、改正のない年はないほどの頻度でした。したがって数え切れないほどの改正に関与いたしました。基本的な考え方をひっくり返すような改正は少なかったと思いますが、私が委員を辞してから著作権の大きな法改正がありました。

一般に、審議会の長という仕事は会議を纏めることにあり、積極的に自分の意見を押し出すことは慎まなければならず、まして他を省みずに自分の意見をごり押しすることは禁じ手です。したがって学者としては、自己の説を強調することもできず、関係省庁には大変申し訳ないのですが、あまり面白い仕事とはいえません。ただどの審議会でも取り纏めには尽力しましたので、ご迷惑をおかけしたことはないと思います。しかし病気の私には負担でしたので、審議会委員の定年は70歳ですが、60代半ばには、国会図書館納本審議会を除き、全て辞任しました。国会図書館については、故長尾真元館長との関係もあり、しばらく会長を務めました。長尾先生は元京都大学総長で、国会図書館長をお辞めになった後、文化勲章を受章されておりますが、残念なことに2021（令和3）年に亡くなられました。

　次に知的財産関連以外の審議会について、少しお話をしましょう。関税・外国為替等審議会は、一見すると知的財産には関係ないようにも見えますが、模倣品・海賊版の輸入が多く、水際措置をどうするのか、という点が当時大きな問題となっていました。国内での裁判も重要ですが、麻薬や拳銃等と同様、知的財産権侵害物品を阻止するためには、まずは水際（税関）で止めることが必須です。しかし当時はそのための関税定率法（後に関税法に繰り込まれました）が未整備で、当事者が関与する手続すらありませんでした。そこで、当事者による輸入差止めの手続や、専門家の関与等の法整備に努めました。これにはかなり複雑な制度設計が必要であり、細かな制度自体を理解している人も少なく、苦心いたしました。従来はあまり機能していなかった水際措置も、現在では多くの知的財産権侵害物

品が差し止められるようになりました。これで十分か否かは別として、これらの法改正でかなり機能するようになったのではないかと思います。

ただ関税・外国為替等審議会では、水際措置だけではなく、パキスタンの綿糸に関するアンチ・ダンピング課税やアメリカの牛肉のセーフガード措置等も扱い、今まで考えたことがない問題も扱いましたので、大変勉強になりました。会長の私は大した苦労はしなかったのですが、ダンピングやセーフガードの実際の発動までにお役人がいかに大変な努力をしていたのか、よく分かりました。

国会図書館納本審議会は、国会図書館法により、国内で発行された全ての出版物の納入が義務づけられており、本来ならその点が審議内容ですが、私が会長をしていた当時はオンライン出版が急増し、その措置を巡る問題が中心的議題でした。一口にオンライン出版といっても、小説等の紙の出版に類似したものもあれば、官公庁等が無償で提供するものもあれば、出版社とはいえないような個人に近い者がネットにアップするものもあり、その全てを対象とすることはできず、切り分けの問題や、納本の対価をどうするのか、という問題もありました。憲法上、国民の財産を無償で取り上げることはできませんので、紙の出版物については定価の半額が原価に相当する額とし、その金額を支払っていましたが、オンライン出版物の場合の原価はいかにして計算するのかという点は大きな問題でした。また全てのオンライン出版物の収集は不可能であり、どの範囲を収集するのか、またオンライン出版物は改訂が容易であり、内容がすぐに変わってしまうのでどのように扱うのか等々の難しい問題があ

りましたが、同じ委員の福井健策弁護士には大いに助けられました。私が会長を退いた後は、東大の行政法の斎藤誠教授に会長の職を引き継いでいただきました。ちなみに斎藤教授は私のゼミの教え子です。

　珍事件もありました。ある出版社から『亞書』なる全78冊の本が出現し、国会図書館に納入された42冊分約136万円が支払われました。この本はギリシャ文字をランダムに並べただけのもので、全く意味不明の内容でしたので、このような本を税金で購入することにはネットで批判もありましたし、マスコミでも取り上げられました。国会図書館は出版された本の内容を評価することなく、全ての出版物を収集し、後世に残すことが義務なので、たとえ発禁本の猥褻書であっても収拾し、特別な場所に保管して一般閲覧はできないような処置がとられます。ある時代には発禁本であっても、将来は意味を持つものがあるかもしれません。しかしこの『亞書』はあまりに酷い例であったので、「頒布部数が少なく、また、国立国会図書館法に列挙された出版物に該当せず、国立国会図書館への納入義務の対象には当たらない」という判断で、本を出版元に返却し、代金を返してもらいました。このような本に百万円以上もの税金を使うことに批判が出ることは当然ですが、本の内容には踏み込まず、納入義務に該当する図書には該当しない、としたことは妥当な判断であったと思います。これは全くの私の推測ですが、おそらくこのような本を買う人はおらず、国会図書館に納本してその対価を受け取ろうとしたのではないかと推測されます。馬鹿馬鹿しい事件ではありますが、国会図書館としては苦労しました。

政府の仕事で最も力をいれたのは、知的財産戦略本部でした。こ
れはわが国産業の国際的競争力の強化のため、省庁の枠を超えて、
知的財産制度全般につき議論する政府機関です。小泉純一郎総理は
国会での施政方針演説で知的財産について言及されましたが、総理
が施政方針演説で知的財産について述べたのは、明治時代以来初の
ことだそうです。後から聞いたのですが、総理の施政方針演説に何
を盛り込んでもらうのか、という点については大変熾烈な政治活動
があったようです。

　この会議は、当初は小泉総理の私的諮問機関の知的財産戦略会議
として 2002（平成 14）年に発足しました。そして戦略会議の設置
と共に、小泉総理が本部長となり、私が知的財産戦略大綱の起草委
員長となり、「知的財産推進計画 2003」（当初の正式名称は、「知的
財産の創造、保護及び活用に関する推進計画」）の作成に取りかかり、
関係各官庁の担当課長を呼び、徹底的に議論し、また事務局内でも
相当の時間を注ぎ込み大いに議論をして内容を詰めました。その結
果、知的財産の創造・保護・活用それに教育を骨子として、わが国
の知的財産制度のあるべき方向を打ち出しました。そしてその提言
に基づき、同年に知的財産基本法が成立し、その 24 条で「内閣に、
知的財産戦略本部を置く」と定められ、総理大臣を本部長とする恒
久的な国家機関として「知的財産戦略本部（Intellectual Property
Strategy Headquarters）」が発足し、その下にいくつかの専門調査
会が設置されました。発足当時は志気も高く、正式な会議以外でも
役人等と大いに議論をしたものです。発足当時、知的財産戦略本部
員で法学者は私一人であり、他は実務家と理系の学者（東北大、慶
應義塾大、九州大の学長等）ばかりであり、当然議論の大半は実務家

とのものであるので、私にとりましてはいろいろとためになりました。特に知的財産法のようなビジネス・ローにとっては、理論ばかりが先行しても現実社会では通用しないということを身をもって知りました。しかしただ実務に追従しているのでは、学者としての存在価値はなくなります。実務にも大いに目を配りつつ、それを認識した上で理論化し、将来に目を向けることが重要であると痛感しました。

　また月に1回は首相官邸で、小泉総理をはじめ多くの閣僚も出席した本部会が1時間開催されました。総理に毎月1時間もの時間をとっていただくことは大変なことのようです。ちなみに現在の首相公邸は、旧首相官邸を50メートルほど曳家したものです。私が最初に官邸を訪れたのは、その旧官邸時代でした。それは、1929（昭和4）年に竣工した「ライト風」の歴史的な建造物であり、5・15事件や2・26事件で死者も出している建物で、当時撃たれた弾痕も生々しく残っており、幽霊も出るという噂の建造物です。安倍総理が公邸に引っ越さないのは幽霊の噂のせいかという野党議員の質問に対し、「政府は、幽霊の噂について『承知していない』とする答弁書を閣議決定した」こともある、曰く因縁つきの古い建物です。今では、この古い官邸で会議をした経験のある人も少なくなったと思います。

　知的財産戦略本部では、珍事が起きました。当時の戦略本部の知的財産戦略推進事務局長の荒井寿光氏は、自らを知財伝道師と称するほどの極めて積極的な方で、会議で審議中であるにもかかわらず、一定の方針を決めて国会議員等に根回しをしていたので、官邸の会

議で小泉総理の前で、厳しく糾弾したことがありました。私の親しくしていた官邸の高官から、直前にある政府高官が辞任をするという事件があり、総理は辞任という言葉にナーヴァスになっているので、辞任という言葉は使わないで欲しい、という忠告がありました。そこで、辞任をする覚悟である、というフレーズは用いずに、重大な決意がある、という表現にしました。私としては、単に本部員の意見も十分に聞いて欲しいという趣旨のつもりでしたが、後に国会で私の発言が問題となり、事務局長が国会に呼ばれ、本部員の意見を聞かないのはけしからんと散々お叱りを受けてしまいました。誰が書いたのかはわかりませんが、この事件はウィキペディアで私の名前を引くと書かれており（最近誰かが少し修正したようです）、おかげでこの発言がかなり評判になってしまいました。その内容よりも、総理の前であんな発言をするなんて凄いとか、逆にけしからん、という的外れの評価が大半でした。当時の事務局長には、こんな問題で国会にまで呼び出されて糾弾され、申し訳ないことをしたと思っております。またある政府高官からは、戦うのは結構だが犬死にだけはするな、と忠告されたこともありました。当時の私はまだ若かったのですね。

　その後、「知的財産推進計画」は毎年継続して出されており、知的財産基本法、特許法、実用新案法、意匠法、著作権法、不正競争防止法、種苗法、民事訴訟法、知的財産高等裁判所設置法、裁判所法、関税定率法、信託業法、コンテンツの創造, 保護及び活用の促進に関する法律等の立法の原動力となりました。時代の流れに従い、次第に力点がコンテンツの方に向かっているようです。

（6）知的財産高等裁判所

　司法制度改革審議会での審議の結果、2004（平成16）年に知的財産高等裁判所設置法（法律第119号）が成立し、2005（平成17）年4月1日に知的財産高等裁判所が設立され、現在では軌道に乗り、順調なように思いますが、その設立には紆余曲折がありました。当時は知的財産についての盛り上がりが激しく、この高等裁判所に関しても種々の見解がありました。最も過激な論としては、知的財産専門のロースクールを作り、知的財産専門の司法試験を行い、独立した知的財産裁判所を作り、裁判官には法曹資格を持たない技術者も任命する、というものでした。もちろんそのような極論は一部のものであり、実現することはありませんでしたが、知的財産は特殊な領域であるので、独立した裁判所、特に知的財産に特化した第9番目の高等裁判所を作るべきであるという見解はかなり強いものでした。私は、知的財産法といえども法律の歯車の1つであり、民法等の他の法と有機的に結びついているのであって、知的財産法だけが独立して存在するものではないと考えており、知的財産法しかわからない法律家などは、法律家とはいえず、特殊な裁判所をつくることには反対でした。おそらく多くの法学者も同様に考えていたのではないかと思いますし、裁判所も同様の意向だったようです。

　その結果、独立した裁判所構想は潰れ、東京高裁の特別な支部という形で、知的財産高等裁判所が設けられました。東京高裁の一部ですので、人事についても独立したものではなく、他の一般の裁判官と同様に転勤もありますし、法曹資格を持たない人が裁判官に任

命されることもありません。

　知的財産高等裁判所は、特許庁の審決取消の訴えについては独占的に管轄権をもちます。また民事控訴事件のうち、特許権、実用新案権、半導体集積回路の回路配置利用権およびプログラムの著作物についての著作者の権利に関する訴えの控訴事件は、東京高等裁判所の専属管轄に属し、知的財産高等裁判所で取り扱います。民事控訴事件のうち、意匠権、商標権、著作者の権利（プログラムの著作物についての著作者の権利を除く）、出版権、著作隣接権、育成者権、不正競争による営業上の利益の侵害に係る訴えの控訴事件については、第一審を取り扱った各地方裁判所に対応して、全国8か所にある高等裁判所が管轄を有しますので、そのうち、東京高等裁判所の管轄に属する事件を知的財産高等裁判所が取り扱います。また法曹資格を持たない裁判官を認めることはせずに、その代わりに裁判所調査官を設け、特許庁の役人や弁理士がこれにあたり、また事案に応じて、非常勤職員である専門委員が事件に関与することができるとされています。

　私はかねがね、学問としても知的財産法は他の法領域から隔絶した存在ではなく、多くの法は歯車のように噛み合って社会を構成していると考えておりました。したがって、知的財産法学者は、蛸壺のように知的財産法の中に閉じこもるのではなく、広い視野に立つことが必要であると思っております。裁判官も同様であり、知財しかわからないような裁判官は使い物にならないと考えております。ある著名な知財弁護士は、相手方が知財しかわからないような弁護士でしたら、「しめた」と思うといっておりました。したがって独

立した知的財産高等裁判所ではなく、東京高等裁判所の中の一支部として、人事的にも他の部局との交流がなされることは、大変結構なことだと思っております。最近ではあまり目にしませんが、知的財産は特殊であり、知財の専門家だけが扱い、他の人はアンタッチャブルというのはあまりに近視眼的ではないかと思います。

　戦略本部の話に戻りますが、その報告書には立派なことが沢山盛り込まれてはいます。そこでは各省庁に対し、なすべき事項が列挙されていますが、戦略本部には法案提出能力はなく、結局各省庁の審議会で議論して決め、内閣法として国会に提出されることとなります。各審議会は、独自の決定をするので、戦略本部の意向が重視されないという事態も多々生じました。省庁横断ということがよく言われますが、現実には難しい問題です。結局、戦略本部と各省庁の力の差ということになるのでしょうが、今よりも昔の方が戦略本部の力は強かったように思えます。どのような組織でもそうだと思いますが、組織を立ち上げた頃が一番活気があり、次第に衰えてくるものだと思います。私は、最近の戦略本部には関与しておりませんので詳細はわかりませんが、少し勢いが衰えてきたのではないかと危惧しています。知的財産制度は、今では特許庁や文化庁の独壇場ではなくなり、多くの省庁に跨がった問題が多くなっていますので、今こそ省庁横断的な仕事をすべきであるように思います。

　現在、本部員の中に法学者はいないようです。戦略本部で扱う事項は、必ずしも法的問題には限られず、ソフト産業やコンテンツ産業振興一般にまで及びますが、法的問題も沢山ありますので、法学者には、是非頑張って欲しいと思います。そのためには、今後の法

学者は、細かな法的問題だけではなく、より大きな視野に立って複眼的に産業社会を見て、戦略本部でも活躍して欲しいものだと思います。

当時の小泉総理はこの戦略本部にはかなり力をいれていたようで、官邸内や帝国ホテルで、本部員との会食も何回かありました。ほとんどが雑談でしたが、その折に、小泉総理とある本部員との間で、初等中等教育で数学を教える必要があるか、という点を巡り大論争となったことがありました。小泉総理は数学などはいらんという頑固な主張でしたが、会食中でもあり、まあまあということでなんとか治まりました。私は、文系に進むにしても数学はやっておいたほうが良いとは思いましたが、双方とも相当な剣幕で、話に割り込む隙はありませんでした。

またあるときは、コンテンツとしてファッションも重要であるということで、官邸にファッションモデルを呼び、ファッションショーを演じてもらいました。現実のショーを見ることが知的財産戦略にどの程度の役に立つのかは分かりませんが、私にとっては生まれて初めてみるファッションショーでした。モデルさんもいつもとは違い、総理をはじめとする閣僚や本部員の前で演ずることには戸惑いもあったように見受けられました。モデルの中に小泉さんという女性がおり、総理は大変喜んでおられました。

（7）ローレンス・レッシグ教授のこと

私が東大在職中に、スタンフォード大学のローレンス・レッシグ

（Lawrence Lessig）教授が客員教授として東大にいらしたことがあります。東大では、主として経済法の白石忠志教授が応接して下さいました。レッシグ教授は今ではハーバード大学の憲法の教授となっておりますが、世界中にレッシグファンやレッシグウォッチャーが大勢おり、カリスマ的存在です。

　言うまでもなくレッシグ教授は情報法の世界的権威であり、クリエイティブ・コモンズ（CC）の創設者として有名です。クリエイティブ・コモンズとは、インターネット時代において、事実上著作権に替わるネット上での新しいルールを作ろうという国際的非営利組織とそのプロジェクトの総称です。レッシグ教授の力で、アメリカはもとより、日本を含め、今ではこの運動は世界的に広がっています。

　クリエイティブ・コモンズとは、ネットにおける情報の自由利用のための世界的なボランティアの組織であり、日本での母体は特定非営利活動法人コモンスフィアです。当初クリエイティブ・コモンズを日本でも広めようと活躍しておられた野口祐子弁護士に依頼され、私も大賛成でしたので初代代表に就任しました。野口弁護士は、私のゼミの教え子であり、弁護士になってからスタンフォード大学でレッシグ教授の下で博士号を取得した俊才です。設立当初は、適任者がいなかったために私が初代クリエイティブ・コモンズ・ジャパン代表になりましたが、運動が軌道に乗りましたので、次期代表に譲りました。

　ネット時代の情報の流通量は爆発的に増大し、これらの利用を、

原則として一律に禁止している著作権法だけで規整することは、最早困難な状況です。つまり無数に存在する著作物性のある情報の利用につき、個別的な契約だけに任せることは不可能だからです。この問題に果敢に挑んだのがレッシグ教授の提唱になるクリエイティブ・コモンズの運動です。どこの国の著作権法においても権利制限規定が設けられてはいますが、最早この権利制限規定だけでこれを解決することは難しく、これをライセンスレベルで解決しようというのがクリエイティブ・コモンズの狙いです。

　具体的には、ネットにアップする情報に、クリエイティブ・コモンズが定めた一定のマーク、たとえば非営利でのみ利用できるとか、改変は禁止する等のマークを付し、利用者はその条件に従って自由に利用できる、という簡単なものです。このように権利者が自己のネット上に一方的に付したマークだけで、利用者との契約といえるのか、という問題は残るものの、少なくとも権利者の指定した条件に従って利用した者を、権利者が著作権侵害であるとして訴えるということは権利濫用になるのではないかと思われますし、現に今までに大きな混乱はないようです。野口弁護士の努力で、日本はアメリカに次いで二番目にクリエイティブ・コモンズを取り入れた国になりましたが、今では世界中に広がり、大きな成果を上げています。ネットに流通している著作物には、営利目的はなく、無料でもよいから他人に利用してもらいたいというものも多数存在します。しかし著作権法の存在により、それらにも小説と同じ著作権が成立し、権利者の許諾を得てからでないと利用できません。そのような問題を、少なくともネット上の著作物については、クリエイティブ・コモンズ・ライセンスという手法で世界的に解決をしようとするのが、

レッシグ教授の構想です。

　私はよく、クリエイティブ・コモンズ・ライセンス（CC ライセンス）は、著作権という大帝国内にある自治都市国家のような存在ではないかという比喩で説明をしております。著作権の存在を否定することなく、定型的なライセンス、しかも単に CC ライセンスのマークを付けるだけという極めて簡易な方法で、ネット上の著作物が利用できるようにしようとする試みです。

　このクリエイティブ・コモンズの運動を提唱し、かつ実践に移すというレッシグ教授の能力と手腕と行動力には舌を巻くばかりです。私の友人であるハーバード大学のラムザイヤー教授は、レッシグ教授のことを天才と評しておりました。私も天才とは、レッシグ教授のような人を意味すると、痛感いたしました。私のような凡庸な学者は、仮に新しく良いアイディアが浮かんだとしても、それを論文として発表することが関の山ですが、レッシグ教授は、それを実現し、しかも世界中に広めるという偉業を成し遂げました。日本でも、著作物に利用可能である旨の表示をして、自由利用の範囲を広げようという試みはいくつかありましたが、レッシグ教授のような行動力があり、しかもそれを後押しする人材がいないために、アイディア倒れに終わっています。文化庁も、2003（平成 15）年に自由利用マークなるものを提唱したことがあります。それは、著作物の創作者が、自分の著作物を他人に自由に使ってもらってよいと考える場合に、その意思を表示するためのマークであり、「プリントアウト・コピー・無料配布 OK マーク」と「障害者のための非営利目的利用 OK マーク」と「学校教育のための非営利目的利用 OK マ

ーク」の３種類のマークを決めましたが、ほとんど利用されず、政府刊行物にすら使用が進まない状況で、2013（平成25）年からはこのマークの代わりにクリエイティブ・コモンズマークの使用が推奨されています。ネットには国境がないので、日本でのみ通用するようなマークでは意味が少なく、やはりクリエイティブ・コモンズ・ライセンスのような国際的に広まっているマークの方が優位であることは明らかです。その意味においても、レッシグ教授の慧眼には驚かされますし、その実行力に驚嘆させられます。

（8）コミック・マーケット（コミケ）

　ローレンス・レッシグ教授は、東大におられた時にコミック・マーケットを見物し、これが日本文化の源泉だと絶賛しておられたので、日本にいる私も一度は見物する必要があると思っていました。そこで、東大を退職したあと明治大学時代のことですが、大野幸夫教授や金子敏哉さん等と一緒に、東京ビッグサイトで開催されていたコミケを見に行きました。コミケとは、世界最大の同人誌即売会で、若人の作るコミック等が販売されています。各サークルが自分の作品を販売するのですが、その中から有名作家も輩出しております。作品を見ると、有名作家のキャラクターを拝借しているような作品が多く、形式的には著作権侵害に該当するものが多数でした。しかし彼らの作品は、原作を尊敬して書いているとのことであり、また多くの漫画家はそれを問題視することはありません。ある時、著作権の審議会で、有名な漫画作家である里中満智子氏が、コミケの問題には触れないでほしい、と発言しておられたことを覚えております。それは、同人誌は若い漫画家の修練の場でもあり、著作権

侵害であるとしてそのようなものを潰してしまうと、コミックの裾野を潰すことにもなり、結局、コミック文化を潰すことにもなりかねないからです。著作権をあまりに厳格に適用すると、かえって文化を潰す、という現場を見たような気がしました。元来ならフェアユースの規定を設けて解決すべきであるとは思いますが、著作権にはゆとりとか遊びが必要であるということを示していると思います。

　コミケは若人の祭典ですので、私のような老人は少なく、恥ずかしいので、サングラスをかけ、帽子を目深にかぶって変装して見に行きましたが、若い人からはかえっておかしいと笑われました。確かにその通りかもしれませんね。コミケで最も注目したのは、参加者は3日で60万人ともいわれ、猛暑の中、大変な混み具合で、長蛇の列でしたが、実に整然としており、熱気と共に秩序を感じました。あるアメリカ人から、人が1000人集まれば警察が必要になると聞きましたが、警察官は1人も目にすることなく、主催者の整理だけで、これだけの大イベントが何の混乱もなく整然と開催されておりました。しかし整然とした中にも若人のムンムンとしたエネルギーを見て、コミックやアニメが日本の重要な産業であるということをヒシヒシと感じました。外国人も大勢いて、日本のアニメが国際通用力のあることも実感しました。漫画は悪書であると見られていた私の子供の頃とは様変わりで、時代の推移を感じました。

（9）COE（Center of Excellence）

　私が東大にいた頃、文部科学省による重点的支援事業「21世紀COEプログラム」（Center of Excellence）という制度ができました。

それは、ある特定の研究プロジェクトにかなりの額の研究資金が与えられる、というものです。国立大学への国からの交付金は毎年削減されており、このような特別の研究費を獲得しないと大学の資金は枯渇してしまい、法学部の場合、研究の命である書籍も満足に買えない事態となります。

そこで東大法学部では、私が拠点リーダーとなり、2度、10年にわたりCOEを獲得することができました。金額も相当なものですが、一般には、それを獲得することは大学の格を表しているように取られがちでした。私は当時の菅野和夫法学部長に呼ばれ、中山が中心になってCOEを獲得するように命じられましたが、その時、東大法学部がCOE獲得に失敗することは許されない、失敗すると新聞に載るぞ、と付言されました。採用されるためには綿密な研究計画書類を提出する必要があり、また面接試問もあり、私から計画概要のプレゼンテーションをし、その後質疑応答に移ります。事前に東大本部からの指導も入り、綿密な予行演習を行いましたが、質問は全く異なったもので、予行演習は何の役にも立ちませんでした。これが私の人生の最後の試験でした。しかし幸い、東大法学部では法律と政治の2本のCOEを獲得することができ、中山が拠点リーダーで落選した、と新聞に載らずに済み、ほっとしました。私が拠点リーダーを務めた研究テーマは「国家と市場の相互関係におけるソフトロー―私的秩序形成に関する教育研究拠点形成」というものでした。

ソフトローとは、「国家が形成するルールではなかったり、最終的に国家によるエンフォースメントが保証されていなかったりする

にもかかわらず、現実の経済社会において国や企業が何らかの拘束感を持ちながら従っている諸規範」を指します。現実社会では、各種法分野で広く見られる現象ですが、特定の法分野に限った問題ではないために、大学での研究、教育では重視されてきませんでしたし、もちろん司法試験にも入っておりません。しかしこのソフトローを無視して現実社会は見えてきませんので、これの解明を図ろうとする画期的なプログラムで、大学院レベルでの教育にも役立てようとするものでした。

　その研究成果として、2005（平成27）年から『ソフトロー研究』が継続して出版されていますし、『ソフトロー研究叢書』（全5巻）（有斐閣）として刊行されています。また従来はソフトローの研究があまりなされていないこともあり、散逸しているソフトローのデータを、収集・構築作業班を設置して、データベースを構築する作業も行ってきました。データは国立情報学研究所の学術研究データベース・リポジトリ上に「ソフトロー総合データベース」として一般公開されています。このような試みは日本では初めてです。

　このプログラムについては、私は拠点リーダーをしており、その下に3部門を設け、政府規制部門リーダーとして中里実教授（租税法）、市場取引部門リーダーとして神田秀樹教授（商法）、そして情報財部門リーダーは私が兼任し、東大法学部以外の他学部あるいは他大学の大勢の研究者を擁する一大プログラムでした。私は拠点リーダーではありましたが、神田秀樹教授と藤田友敬教授という極めて有能な補佐がいて、実質的にはこの両先生の貢献が大でした。そしてこれを引き継ぐものとして、私の退職後も同様な研究がなされ、

2008（平成20）年から「グローバル COE プログラム」に「国家と市場の相互関係におけるソフトロー—私的秩序形成に関する教育研究拠点形成」が採択され、『ソフトロー研究』も継続して出版されています。

（10）最終講義と東大を辞する気分

　私が東大を退職したのは、当時の東大の定年より1年前の62歳の時でした。東大の定年は、私が助手になる前から長い間60歳と決まっており、私も当然60歳で東大を去るものと思っていました。それまで定年前に辞める教授は稀であり、私が知る限りでは、ご病気で辞められた丸山眞男教授や最高裁判事への就任で辞められた伊藤正己教授のように極めて限られておりました。しかし、おそらく年金の受給開始時期との関係だと思いますが、定年が2年に1歳ずつ延長されました。私の同期で、親しくしていた江頭憲治郎教授は60歳で辞めて早稲田大学に移籍しました。それまでは何となく定年まで務めるのが義務のような感じでしたが、江頭教授が先鞭をつけてくれたので、私も安心して辞めることができました。それ以降は、定年を待たずに辞める教授が激増しました。

　その当時は、最終講義は行わない教授も多く、私も行わないつもりでおりましたが、当時の井上正仁法学部長と、故相澤英孝一橋大学教授の強い勧めもあり、結局行うことといたしました。江頭教授も最終講義を行っておられましたので、それに倣うこととしました。最終講義の演題は「知的財産法研究の回顧と将来への課題」というものでした。その内容は、概ね以下の通りです。

東京大学の最終講義（2008年）

　私は、助手を経て、1973（昭和48）年に、東大での初代の無体財産権法（今の知的財産法）の助教授となり、1974（昭和49）年から講義を開始しました。当時は、六法全書においても、知的財産法というジャンルはなく、独禁法等と並んで、諸法という扱いで、社会的注目度も低く、講義や体系的研究につき、かなりの苦労をしました。その後、知的財産法を情報法の一部と考え、財産的価値のある情報保護法として構成するという考えに至りました。それに続き、社会の情報化の進行と共に知的財産のもつ社会的意味の変化に言及しました。

　ついで、わが国の知的財産政策の状況についてお話をしました。特に著作権法の大きな変化につき言及し、さらに知的財産法が直面する課題についてお話をし、最後に、今後の知的財産法学のあり方について、若干の感想を述べました。そこでは、解釈論をしていれ

ば足りるという時代は私で終わり、今後の知的財産法研究者は、独自の分野を切り開いて行くべきであり、新たな方法論、体系的思考を確立して欲しい、と訴えました。そこでは、研究者の仕事は、実務家とは異なり、すぐに役に立つものを行う必要はなく、一見、無駄なことと思えることができるというのが我々研究者の特権であり、その特権を生かさず、実務に埋もれてしまうような学者であってはならないと述べました。現在の大学は、実務教育重視へと大きく舵を切っており、法律学の分野においても、ロースクール設立以降、この傾向が顕著ですが、大学は時流に流されず、むしろ時代を超越した研究をなすことが本分であると考えると訴えました。そして結びとして、教育面でも、大学の任務は、即戦力とはなるが賞味期限の短い小さな完成品を世に出すことではなく、賞味期限が長く、応用範囲も広い、大きな未完成品を世に出すことにあると述べました。

　この最終講義を行うと決めたのはかなり遅い時期で、したがって学外への広報も遅れたために、果たしてどれほどの聴衆が集まるのか心配でしたが、東大で最も大きな法学部 31 番教室が満員になり、いつもは使っていない二階席も開放するほどでした。ほとんど集まらないのではないかと危惧しておりましたが、学者の他に、裁判官、役人、弁護士、弁理士、企業の方等の、想定外の多くの聴衆が集まり、安堵しました。私は体調が優れず、35 歳の時から透析を受けており、定年まで東大教授を務めることはないであろうと確信しておりましたので、無事に最終講義を行うことができたということには、感慨深いものがありました。最終講義の後のパーティにも、学者以外にも、各界から大勢の方が参加して下さり、ありがたいことでした。なお、最終講義は、NBL 877 号 5 頁（2008 年）に収録され

ております。

　この最終講義で東大の仕事は全て終わりになりました。その時の
気分は、重たい肩の荷がおりたように実に晴れやかなものでした。
多くの先輩教授は、東大を辞めたときはほっとしたと述べておられ、
自分が退職するまでは本当かなと疑っていましたが、その気分は本
当であると、やっと理解できました。自分の東大時代を振り返って
みると、かなり背伸びをした人生だったと思います。病気のことは
さておくとしても、何らかの目に見えない重しが両肩の上にのしか
かっており、何かに追われているような人生でした。世間では、常
に私のことを東大法学部教授という肩書きで判断します。東大教授
などはそんな大層なものではありませんと言っても、何をご謙遜を
と言われるだけですから、とにかく実績と人格で証明するしかない
立場にあるということが、背伸びをしなければならない最大の原因
でした。東大退職後、やっとそのことに気がつきました。どんな世
界でも完全な自由人などはありえないし、会社や官庁に勤務してい
ても、あるいは自由業であっても人は何かに縛られて生きているで
あろうと思います。その意味で、東大だけが特殊なものではありま
せんが、東大を辞してから、特に自由人の有り難みを感じました。
その後に赴任した明治大学は、全く自由で、実に居心地の良いとこ
ろでした。東大教授には、講義以外には特に重い義務が課されてい
るわけではなく、そんなに頑張らなくても何のサンクションもあり
ませんが、不思議と目に見えない重圧があります。それは東大を意
識しすぎで鼻持ちならないというご批判を受けるかもしれません。
そのご批判はその通りだろうとは思いますが、私はプレッシャーを
感じておりましたし、多くの同僚も同じなのではないかと思います。

➤ 門下生とのQ&A ◀

大友信秀：中山先生ご退官前の 10 年ほどは、東京大学の知的財産法の若手研究者（博士課程学生および助手）が常に複数いました。このような環境は、日本でも東京大学しかなかったと思います。その後、北海道大学でも留学生を含め複数の若手研究者が研究する環境が実現しましたが、なかなかそれ以外の大学ではそのような環境が実現してこなかったと思います。今後のわが国の知的財産法研究の発展を考えた場合、若手研究者の研究環境整備のために、できること、あるいは、すべきことは、何だとお考えでしょうか。

　日本の学生以上に、アジアからの留学生が日本の知的財産法教育に関心を持っています。このような需要に対応するために学界としてできることは何だとお考えですか。

中山：東大にはいつも知的財産法の若手研究者がいて、お互いに切磋琢磨する機会があり、それは素晴らしい研究環境であると思います。私は、大学とは富士山型ではなく、多くの大学が競いあう八ヶ岳型が好ましいと考えており、最近では、東大以外でも若手研究者が育ち、大変結構なことであると思っています。若手研究者の養成は、根本的には、国による若手研究者の支援が必要であると思いますが、そんなことを言っても百年河清を待つようなもので、なかなか難しい中、法律学の教授としてなすべきことは、まずは弟子を雑用に一切使わないで研究に専念させること、それに法律学の場合はそれほど大きな研究費は必要としないものの、学会への出張旅費や、必要な書籍を研究室に揃える等のために研究費を取ってくること、そして最も重要なのは若手研究者のための議論をする場を提供する

ことであろうと思います。さらに言えば、弟子の就職先を確保する
ことであろうと思います。東大の場合は、比較的容易にそのような
場を作ることができましたが、地方では、大学を超えた研究会の場
を作ることも必要となるでしょう。たとえば京都では同志社大学の
井関涼子教授を中心に関西での研究会が行われ、かなりの成果を上
げています。

　外国人の教育の問題ですが、私はドイツのフンボルト財団の奨学
金で留学をしたことの経験を踏まえ、日本も外国から、特にアジア
からの留学生を増やし、より良い研究環境で迎えるべきだとは思い
ますが、これも基本的には国の政策を待つことになります。しかし
現状では、個々の教授の努力に頼らざるを得ないでしょう。私の場
合は、特に韓国からの留学生の受け入れに努力しました。Japan as
No. 1 といわれた頃は、ヨーロッパやアメリカからの留学生もおり
ましたが、最早欧米から留学するような魅力を失ったせいか、アジ
アからの留学が中心になりました。学会も資金があれば、留学生に
奨学金を提供したりする事業もできるでしょうが、今の学会にはそ
のようなことを期待することは困難です。現状では個々の教授が頑
張るしかないでしょう。それよりも、日本の国力の低下により、日
本が留学先として選ばれなくなってしまうことを心配しております。

蘆立順美：著作権法を、ビジネス・ローを担う一制度として位置づ
け、大局的観点から分析されるご研究には、私が助手時代に直接お
話を伺う機会をいただいたこともあり、特に感銘を受けました。知
的財産法が与えるビジネス等への影響を具体的に考慮することの重
要性も、その際に学んだように思います。もっとも、目まぐるしく

技術が開発され、発展していく分野であればあるほど、実務の動向を踏まえて大局的な理論を構築されるのは、困難なことも多かったのではないかと思います。先生は、技術・ビジネスの実体や動向等についてご研究の中で考慮されるにあたり、何か方針や留意されていた点など、おありだったのでしょうか。お聞かせいただければ幸いです。

中山：特許法はもちろんのこと、現在では著作権法も、ビジネスに欠かせない存在となっております。特にデジタルの世界では、著作権法は欠かせない存在になっています。

　私のビジネス・ロー学者としての最大のコンプレックスは、実務経験がない、あるいは実務の知識に欠けるという点です。若い頃、特許庁や法律事務所に出向できるという制度があれば良かったのですが、それもかないませんでした。結局、特許庁の技官や理系の民間人との交流を密にする、という程度のことしかできず、ビジネスの核心に触れることはできませんでした。つまり臨床の現場に立ち、患者の体にメスを入れるという機会はありませんでした。数年間、弁護士をして、また大学に戻るという制度があれば良いのに、と思います。

　結局、方針や留意点といっても、実務家との交流をして、時代が要求するビジネスの動向をよく見る、そして新聞をはじめ、種々の文献から知識を得る、ということが重要かと思います。細かなことは分からないとしても、常に世の中の流れに遅れない程度に、技術・ビジネスの実体や動向に食らいついてゆくことが必要であろうと思います。そのためには、自分自身が実務界の人たちと親しくできる、あるいは信頼されるという人間性が必要となるでしょう。社

会から爪弾きにされるような人格では、社会のことを学べません。

横山久芳：先生には、大学院・助手時代を通していろいろご指導いただきましたが、個人的に特に印象に残っておりますのは、私が修士時代に編集著作物について研究しているときに、「マージナルな領域を通して全体がよく見えてくることがある」というお言葉をいただいたことでした。先生のお言葉に励まされ、編集著作物の研究を続けていくうちに、確かに、編集著作物を通して著作物というものの本質がより深く理解できるようになった気がいたします。先生は、様々な領域で数々の研究業績を挙げておられますが、研究テーマを選択され、研究を進める際に、心がけておられたことや意識されていたことなどありますでしょうか。お聞かせいただければ幸いです。

　また、最近は、知的財産法に対する学生の関心が高く、また、知的財産法は新司法試験の選択科目になっており、知的財産法を選択する受験生も数多くいます。もっとも、知的財産法の学習者がすべて知的財産法に関わる職業に就くわけではないですし、知財専門の弁護士になるわけでもありません。先生はこれまで大学で長い間知財教育に携わられ、多くの優れた人材を社会に送り出してこられましたが、これからの知財教育、特に、法科大学院での知財教育はどうあるべきだとお考えでしょうか。お聞かせいただければ幸いです。

中山：「マージナルな領域を通して全体がよく見えてくることがある」と言ったことは良く覚えています。研究方法には王道などはなく、いろいろなことが考えられます。著作権法の中心概念である著

作物を考える際に、まず自分をその渦中におき、渦の中心から著作権物とは何かと考えることも1つの方法でしょうが、渦の境界に身を置き、そこから著作物をみれば、著作物とは何かということが見えてくることもある、と考えてそのような発言になったのであろうと思います。私も編集著作物のことを多少勉強しましたが、編集著作物から著作物性を考えることには意味があるように考えておりました。ものを見る視座をどこに置くのか、という点は、研究をする上では極めて重要ですので、視座ということは常に注意して研究する必要があろうかと思います。

確かに法学部生の大半は、知的財産法とは関係のない仕事についています。しかしそれは他の法律科目にとっても同様であり、法曹にでもならない限り、細かい法律論を教えても直接役に立つことは少ないでしょう。法学部で教えることは、法の考え方、つまりリーガルマインドではないかと思います。これさえ身につけておけば、将来、法的な問題にぶつかっても何とか解決できると思います。仮に事件に直面し、弁護士に依頼するとしても、依頼する側として法的な整理がついているのと、いないのとでは大きく異なると思います。

知的財産法の分野でも同じであり、学部での受講生のなかで知的財産に関連する職種に就く人は少ないと思いますが、将来もし知的財産法の問題に突き当たったら、どこの引き出しを開ければよいか、という俯瞰図が描けるような教育を心がけました。そのためには、知的財産法の基礎さえ身につければよいと思います。したがって学部講義では、実務では重要である手続法などについてはあまり触れませんでした。

ロースクールは法曹専門家を養成する場であり、司法試験を目指

している学生ばかりですので、学部とロースクールとでは教育の方法が異なるとは思います。実は私が東大を去る時期とロースクール発足の時期が重なったために、東大ではロースクールの講義を行っておりません。明治大学に移ってからも研究所に所属していたために、遂にロースクールでの授業は1回も行う機会がありませんでしたので、学部のことしか分かりません。

寺本振透：以前に、中山先生を、東京大学から、当時は赤坂にあった西村あさひ法律事務所に、車でお送りしたことを思い出しました。そのとき、私は、マツダのロータリーエンジン車であるRX-7（FC3S）を普段使いにしておりましたが、狭くて乗り心地の悪い車で中山先生をお運びするわけにもいくまいと余計な気をまわし、平凡なレシプロエンジンを積んだメルセデス・ベンツでお迎えにあがりました。すると、中山先生は、非常に残念そうに「ロータリーの方じゃないの？」とおっしゃいました。これは大失敗、と後悔いたしましたが、やはり、中山先生は、車とエンジンには、強いご興味あり、ということでしょうか。車やエンジンについて、思い出やご自慢を、ぜひお伺いしたく存じます。

　また、最近は、電気自動車や、ハイブリッド車でも街なかではほとんど電気モーターだけで走っているような車も増えてきておりますが、これについては、どのようなご感想をお持ちでしょうか。電気自動車も、それはそれでおもしろく感じられますでしょうか。

　そして、むりやりに知的財産法とからめるようなお話で恐縮至極ですが、知的財産法に携わる人々は、研究者であれ、実務家であれ、保護対象の技術とか、作品とか、文化とか、ブランドとか、花卉と

か、野菜とか、強い興味を持つことは、長く仕事をするために、好ましいこと、あるいは、役に立つこととお感じでしょうか。

中山：車は大好きで、学生の頃から現在に至るまで、半世紀以上乗り回しております。寺本さんが迎えに来て下さった車がロータリーエンジン車でなくがっかりした、という話はすっかり忘れておりました。あるいは私ごときのお迎えにベンツとは申し訳ないと思っての発言だったのかもしれませんね。ただロータリーエンジンには大変興味がありました。まだ助手の頃ですが、カペラというマツダのロータリーエンジン車に乗っており、ダッシュ力は最高で、クラウンなどの比ではありませんでした。信州の山の中をカペラで疾走しておりましたが、どんな坂道でも負けない性能を持っておりました。ただカペラはセダンですので乗用車としての限界があるのに対し、寺本さんが乗っていた RX-7 はスポーツカーであってポルシェを凌ぐ性能と聞いておりましたので、一度 RX-7 に乗りたいと思っていたことは事実です。ただロータリーエンジンは燃費が悪く、次第に姿を消してしまいましたが、将来水素ロータリーエンジンが出現することに期待しています。マツダはドイツの NSU から技術導入し、社運をかけてロータリーエンジン車の開発をしましたが、その技術導入契約はあまりにマツダにとって不利益な内容だったため、当時の独禁法上、大きな問題になりました。その中でも最たる条項が、東洋工業（マツダ）が取得した特許は無条件で NSU に譲渡する、というものでした。

　電気自動車（EV）については、私は運転したことがないので、正確に語ることはできませんが、期待はしています。ただ EV 自体は排気ガスを出さないクリーンなものですが、電気を作る段階で

炭酸ガスを出すことが多いので、発電から消費まで、また車の製造過程における炭酸ガスの排出まで、一貫して見る必要があるでしょう。

　またこれは知的財産法特有の問題ではありませんが、事件の対象となっている物の性質を知ることは重要であろうと思います。たとえば原子炉の事件であれば、原子炉の性質を知らねばなりません。知的財産法の場合も同様で、保護対象の技術や作品に興味を持つということは、大いに必要なことであろうと思います。対象に興味が持てないのでは、それを規整する法についても興味が持てなくなるでしょうし、また的確な法判断も鈍るでしょう。特にプログラムと著作権の関係については、そのようなことがいえるであろうと思います。

6. 現在（おおむね東大退職後〜）

（1）西村あさひ法律事務所

　東大を辞して、直ぐに西村あさひ法律事務所の顧問に就任いたしました。前に述べたとおり、この事務所の創設者である西村先生とはかねてより親しくさせていただいたこともありますが、当時西村先生はすでに重いご病気で、入所に際しては、遂にお会いすることができませんでした。当時事務所の代表パートナーであった米田隆弁護士に誘われて同事務所に入ることとなりました。同事務所は日本で最大の法律事務所であり、私のゼミの教え子も 20 名以上在籍しておりましたし、故相澤英孝教授も顧問として在籍しておりましたので、とても居心地の良い事務所でした。また東大法学部の商法の落合誠一教授も同じ時に入所しました。なお落合さんは、私と同じ都立西高の 1 年先輩で、学生時代から親しくさせていただいておりました。

　落合先生と私とが入所すると共に、西村高等法務研究所を設立し、セミナーや講演会等を行い、若手研究者を研究員として迎えて研究会等も行いました。米田弁護士の最初の目論見は、同研究所をアメリカのブルッキングス研究所のようなシンクタンクとし、各界に人材を輩出したい、という壮大なものでしたが、現実はなかなか厳しく、ブルッキングス研究所とは、歴史・資金・人材等が大きく異なり、研究会や講演会等の仕事をすることが精一杯でした。それでも西村あさひ法律事務所からの情報発信には寄与したと思っておりま

す。

　後に述べますが、私のような実務を知らないにわか弁護士が法廷に立つとクライアントに多大な迷惑をかけますので、ただ1回の国選弁護を例外として、今まで法廷に立ったこともなく、判決に弁護士として私の名前が載ったこともありません。事務所内では、弁護士さんの相談に乗ったり、所内の研究会に出席したり、先に述べた西村高等法務研究所の仕事以外は、実に自由な生活を送ることができました。私のような、利益にもならない弁護士を、長い間食客としておいて下さっただけでなく、個室と駐車場を頂き、また秘書も付けて下さった西村あさひ法律事務所には本当に感謝しております。このような自由な研究時間を与えておいて下さったおかげで、『特許法〔第4版〕』や『著作権法〔第3版〕』を心置きなく執筆することができました。

（2）酒井国際特許事務所

　また、東大退職と同時に、酒井国際特許事務所の顧問にもなりました。酒井さんにつきましては、前に述べましたとおり、私の東大での弟子で、大特許事務所を経営すると共に、金沢工大教授も務めております。今は所長の座を後進に譲り、会長となってはおりますが、事実上、事務所を率いております。

　私は特許法の専門家ですが実務には疎く、事務所の中心業務である特許出願書類のドラフティングについては全くの素人ですので、事務所の中心業務には関与する能力はありませんが、時々生じる法

律問題の相談に応じております。また私の入所と共に、中山信弘知的財産法研究所を立ち上げて、そのための立派な個室を頂いており、そこで自由な研究活動をしており、大変ありがたいことと感謝しております。また事務所は、かつては特許庁の横の霞ヶ関ビル内にありましたが、現在は特許庁の斜め向かいの虎ノ門三井ビル内にあり、私の部屋の窓から特許庁を眺めることができ、事務所としては特許庁に近く便利な立地といえます。かつての私は霞ヶ関の役所の仕事も多く、また霞ヶ関からみえる来客も多かったので、それらの基地としては極めて便利な場所でした。今では歳のため、霞ヶ関の公務は全て辞しましたが、今でも時々霞ヶ関の役人がみえることもありますし、その他の来客とは、この事務所の私のオフィスで会うことが多く、大変助かっております。

（3）日本弁理士会

　弁護士法3条2項により、弁護士は当然に弁理士の事務を行うことができます。しかし弁理士会に入会しなければ弁理士を標榜することはできず、名刺に弁理士と書くことはできません。私は、特に必要を感じませんでしたので、弁理士会には入会しませんでした。しかし弁理士会とは深い関係があり、弁理士会登録審査会の委員も務めました。これは、何らかの不祥事で弁理士会から退会処分を受けた者が、一定期間の後に再入会の申請をしてきた場合に、再入会させることが適当か否かの審査をする委員会であり、元裁判官、特許庁のお役人、弁理士、学者等から構成されており、開催頻度は低い会議ではありますが、酷い内容の事例が多く、入会を拒否すると訴訟になりかねないので、神経を使う仕事でした。

また弁理士会の中央知的財産研究所の設立当初は、私が研究会の委員長を務めました。この研究会は、弁理士が中心となり、学者や弁護士も加わり、工業所有権の諸問題につき研究をいたしました。実務家が多いが学者も加わるこの研究会は、大変エキサイティングなものでした。現在では、早稲田大学の高林龍教授が委員長となり、ますます隆盛となっており、慶賀の至りです。

　弁護士会と弁理士会は、その職域を巡りいつも争っております。弁護士法72条では、法律事件、法律事務を独占しており、弁理士は弁理士法に記載された事務ができるという立て付けになっております。したがって弁理士法に記載がある知財高裁での審決取消事件の代理人になることはできますが、単独で侵害事件の代理人になることはできません。ただ特定侵害訴訟代理業務試験に合格し、日本弁理士会より弁理士登録にその旨の付記を受けたときは、特定侵害訴訟に関して、弁護士が同一の依頼者から受任している事件に限り、その訴訟代理人となることができます。また1991（平成3）年の特許法改正で、裁判所は第三者からの意見を広く募集できるとされ（アミカスブリーフ）、弁理士が当該制度における相談に応じることが可能となりました。

　また特許庁における弁理士法の改正にも関与し、今まで知らなかった弁理士の実務を垣間見ることができました。弁理士会が、弁理士の職域の拡大はもちろんですが、その社会的地位の向上にも大変腐心していることも理解できました。そのために、現行弁理士法1条の「弁理士の使命」という規定の創設には大変な意気込みがありました。同条には、「弁理士は、知的財産に関する専門家として、

知的財産権の適正な保護及び利用の促進その他の知的財産に係る制度の適正な運用に寄与し、もって経済及び産業の発展に資することを使命とする」と書かれております。

（4）国選弁護

東大を辞して、すぐに第一東京弁護士会に登録をしました。弁護士登録をすると、初年度は1回だけ義務的に国選弁護をする必要があります。事件を選択する当日、東京地方裁判所に行ってみると、覚醒剤と窃盗の事件ばかりでした。知り合いのベテラン弁護士からは、窃盗は追起訴のある場合が多く、面倒だから薬の自己使用の事件がよいという忠告を受けておりましたので、覚醒剤の自己使用の事件を選びました。起訴状を読むと自己使用しか書かれておらず、自己使用でしたら情状酌量を主張する程度で済むと思っていたところ、一件書類を読むと、単純な自己使用ではなく、結構複雑な売人の事件でした。売人については自白をしているし、押収された証拠からも明らかですが、なぜか売人では起訴されておらず、自己使用だけで起訴されていましたので、起訴状を見ただけでは極めて簡単な事件のように見えました。

被告人も、自己使用だけで起訴されており、初犯ですので、もしかしたら執行猶予がつくのではないかとの淡い期待をしておりました。しかし物的証拠からも、詳細な自白内容からも覚醒剤の販売行為は明らかであるので、私からは売人の件が不起訴になるなどということはありえず、期待は持たないほうがよいと伝えておきました。予想通り、勾留期限が切れ保釈になると同時に販売行為で再逮捕さ

れました。これは全く私の推測ですが、保釈し直ちに売人で再逮捕することで、勾留期限を倍に延ばし、その間に警察は麻薬組織の解明に努めていたのではないかと思います。しかし、麻薬組織というものは実にうまくできていて、上部組織と末端の売人とは直接的に接触することはなく、売人が捕まっても上層部に捜査が及ぶことはなく、本件でも結局巨悪は捕まりませんでした。

　あるベテランの弁護士からは、売人の事件は弁護士がいかに頑張っても、初犯で懲役2年から3年になるに決まっているので、そんなに時間を費やすことはない、と忠告されました。しかしそれまで大学という修道院のようなところで暮らし、世俗を知らない私にとっては、生の刑事事件は見ること聞くこと全て新鮮であり、薬についても随分勉強しましたし、接見も8回くらい行いました。初回の法廷で初めて被告人と会い、情状酌量をお願いして終わるという国選弁護人もいると聞いていますので、国選弁護では考えられないくらい多い接見回数だったようです。

　弁護方法もよく分からないので、司法研修所で使っているというビデオを借りて見たところ、まるでテレビドラマのように、初任の女性弁護士が大活躍をして証拠を集め、無罪を勝ち取るというストーリーで、新米弁護士の私には全く役に立ちませんでした。そもそも弁護士は、裁判官から見て右に座るのか、左に座るのかも分からず、同僚の弁護士に聞いたら、裁判所によっても異なる、という人もいました。テレビドラマでは、裁判官から見て左側に座っている例が多いので、左側に座りましたら正解でした。

そして実刑が決まっているようなものなら、最終弁論では、裁判官というよりは、むしろ被告人に対し、再犯をしないように、心に染みる弁論をしようと思い、腕に縒りをかけて作文をして公判に臨みました。そこで懸命に最終弁論を述べていたら、いきなり検事が立ち上がり、次の法廷があるのでなるべく簡略に述べて下さい、といわれてしまい、腰砕けになって、以後早口で最終弁論を終えました。最終弁論に時間的制約があるなどとは思ってもいませんでした。典型的な売人の事件で、証拠も十分で、自白もある事件なので、検察官としても簡単に終わるものと思い、次の法廷を予定していたのでしょう。おそらく検察官としては、年寄り弁護士が青臭いことを言っている、と思ったであろうと想像しています。裁判官からは、自己使用と違い、売人は多くの人を不幸に落とし入れるので、その点は大いに反省するようにとの説諭がありました。判決は予想通り、2年6月の実刑で、控訴することもなく津市にある三重刑務所に送られました。三重刑務所は、刑期が10年未満で犯罪傾向が進んでいない者を収容する刑務所のようです。

　本人も私に弁護してもらったことを喜び、釈放の後は真面目に働き、以後薬とは縁を切ると言っており、2年半後に釈放になってから電話もくれ、携帯電話の販売人として真面目に仕事をすると言っておりました。しかしその何年か後に母親から電話があり、また覚醒剤で逮捕されたことを知らされました。薬というものは、一度その味を覚えたら抜け出すことは難しいと聞いておりますが、あれほど反省していたのにその通りであると実感いたしました。今回もおそらく国選弁護事件だと思いますが、私は、その事件には関与せず、その後どうなったのかは知りません。

被告人はどこにでもいるような普通の青年で、格別悪い人には見えませんでした。学生時代に、友人から勧められてごく軽い気持ちで薬に手を染め、それから10年間、間断はあるものの、薬を使っていたようです。次第に薬を買う金にも困り、売人となり、販売用のパケット数個から少しずつ薬を抜き取り、自己使用していました。注射器を使うと跡が残るので、炙りという方法で吸っていたようです。

　法廷で、担当の若い検事が、証拠として押収した覚醒剤を小分けした5つのパケットを示し、「これはあなたの覚醒剤ですね」と聞いたら、被告人は「違います。それは組織のもので、自分のものにしたら大変なことになります」と答え、次に検事から「あなたはこのパケットの中から少しずつ抜き取り、自分で使用しましたね」と聞いたら、被告人は「少しずつ抜いて使用したことは確かですが、そのパケットから抜き取ったかどうかはわかりません」と答えました。これには検事も困ってしまい、「もういいです」と質問をやめてしまいました。私が被告人に尋問の答えの指導をしたわけでもなく、これほど機転のきく良い頭を持っていながら、なぜ薬に走ったのか、まともな仕事に就いていれば相当な仕事ができたのに、と残念に思いました。私の稚拙な弁論が判決に影響を与えることはなかったと思いますが、法廷での尋問技術とは難しいものだと痛感しました。

　初任の弁護士には、国選弁護の他に、1回の当番弁護士の義務があります。これは自分の事務所に待機していて、逮捕された被疑者が弁護士を呼んで欲しいと要求したら駆けつけるというものです。

私が事務所にいると早速連絡が入り、すぐ新宿警察署に駆けつけましたら、今度も覚醒剤の事件でした。ある車の中から覚醒剤が見つかり、車の所有者が逮捕されましたが、これは自分の覚醒剤ではなく、車を貸した友人のものと思われるので、自分は無実であり、その友人は現在行方不明であると強く主張しておりました。車を他人に貸したが、その他人は行方不明であるという主張は、覚醒剤事件でよくある方便と聞いておりましたが、事情を聞いているとまんざら嘘でもないようでもあり、また訴訟でも無罪の主張を貫く、というので、その場の相談としてはアドバイスをしただけで、事件としては他の弁護士に委ね、その後の展開は知りません。

興味があったのは新宿署の様相でした。見るからに極道の妻らしき女性が風呂敷包みを抱えて差し入れにきておりました。また見るからにヤクザ風の男が署内で大暴れしていたのですが、警察官は遠巻きにして見ているだけでしたので、近くにいた警察官に聞いてみましたら、こういうのは少し暴れさせておけば、そのうちに疲れて静かになりますよ、という返事で、なるほどな〜、と感心したりしておりました。新宿署は歌舞伎町を所管しているだけあって、東大の裏にある本富士署などとは雰囲気が全く異なり、いかにもヤクザの扱いには手慣れているという感じでした。私にとっては、テレビドラマでしか見たことがない世界であり、何から何まで驚きの世界で、大いに社会勉強になりました。

私は、弁護士法5条の特例による登録でしたので、研修所での教育はもちろん、その他の何らの研修もなく突然弁護士になり、実務的能力はゼロに近いものでした。今まで大学という修道院のよう

なところで死体解剖しかしてこなかった私が、いきなり臨床でメスを握ると患者は死んでしまうのではないかと思い、国選弁護以来、今まで法廷に立ったことはありません。今でも名ばかり弁護士で、弁護士からの相談を受けるような仕事が中心です。

　弁護士が扱う事件において、学者の得意とする純粋な法理論が役に立つ場は以外に少なく、学者のスキルと弁護士のスキルは全く別物です。学者は法廷技術はもちろん、交渉技術も習ったことがありません。学者が弁護士登録をする例は多いのですが、まともな弁護士として活躍しているのは、東大名誉教授で民事訴訟法の泰斗である新堂幸司先生くらいではないかと思います。私も例に漏れず弁護士になって10年以上経つ現在でも法廷に立つことはなく、相変わらず、自室で執筆をしたり、弁護士の相談に応じたりという毎日です。

（5）明治大学時代

　東大を辞して1年後に、明治大学に就職しました。東大を辞して直ぐにでも、という話でしたが、1年間の休養期間をおかせてもらいました。東大では授業に一生懸命で、ある種の燃え尽き症候群のような状況でしたので、もう授業はしたくないという気持ちが強く、明治大学にはその条件を飲んでいただき、明治大学研究・知財戦略機構の特任教授となりました。研究所ですから学部の学生はおらず、授業もありませんし、また特任教授ですので、学内行政事務の負担もありませんでした。ただ知的財産専攻の博士課程の学生が来たら指導して欲しいということでしたが、私の在職中にはそのような学

生は遂に現れませんでしたので、結局明治大学で教育に携わることはありませんでした。修士課程で知財を専門とする院生はおりましたが、私の指導ではありませんでした。

　先に述べたように、当時文科省にはCOE（Center of Excellence）という制度があり、これはある特定の研究プロジェクトにかなりの額の研究資金が与えられる、というものです。東大では、私が拠点リーダーとなり、2度、10年にわたりCOEを獲得しましたが、明治大学はCOEを一度も獲得したことがないので、何としてもCOEを獲得したく、明治大学研究・知財戦略機構を母体とし、私が中心になって獲得して欲しいとのことで、私も了承いたしました。東大での実績を買われたのであろうと推測いたしますが、なぜか私が明治大学に赴任した年からCOEの制度がなくなってしまい、結局空振りに終わってしまいました。そこで明治大学研究・知財戦略機構に「知的財産法政策研究所」を設立し、私が所長となり科学研究費や私立大学戦略的研究基盤形成支援事業をはじめ、かなり多額の研究資金を獲得しました。COEの獲得は幻に終わってしまったものの、その代替的な科研費等の資金集めはできたのではないかと思っております。

　私が明治大学に移籍した時は、知的財産の専攻者だけでも、高倉成男教授、熊谷健一教授、今村哲也准教授（今は教授）、金子敏哉専任講師（今は教授）がおり、お隣の科目である情報法には、大野幸夫教授、夏井高人教授がおられ、知的財産では日本一充実した大学と思われます。これらの諸先生方と一緒に、研究会、シンポジウム、セミナー等々をたびたび開催し、知的財産制度の研究と普及には、

明治大学の同僚と：牛久 BBQ パーティ（2012 年）〔著者―前列左から 2 人目〕

かなり貢献したのではないかと思っております。またかなり頻繁に
ランチ会を催したり、牛久シャトーでバーベキューを行ったり、楽
しい思い出も沢山あります。私が明治大学を定年退職した後も、
「知的財産法政策研究所」はそのまま存続し、高倉成男教授が所長
となり、今でも活発な活動を続けております。私は顧問として、外
部から協力する形になりました。

　この明治大学の生活は、私にとっては実に楽しい時でした。同僚
との議論や会食はもちろんですが、雑事に追われず、何の義務もな
く、自由にやりたい研究ができたということは、助手時代をのぞき、
私の人生においてなかったものでした。明治大学にどの程度貢献で
きたのかは自信がありませんが、少なくとも知財の分野では明治大
学の存在を高めたのではないかと思っています。明治大学には本当
に感謝しております。

（6） 出版権

　私が東大を辞した後、著作権で大きな問題となったものとしては、出版権とダウンロード違法化拡大の問題があります。

　まず出版権についてですが、それまでの出版権とは紙媒体のものを念頭に置かれて立法されたものであり、オフラインでの CD-ROM での出版ですら出版権の設定ができるのか、という点については、学説上の対立がありました。私自身はオフラインでの CD-ROM は紙媒体の出版権と同様に出版権が設定できると考えておりましたが、それすら認めない学説もあり、判決もないという不安定な状況でした。

　ネットで違法にアップされたものに対しては、当時の著作権法では、出版者は出版権で対処できないことは明らかでした。特に紙媒体で出版されたマンガ等がネットにアップされた場合、出版権者である出版者としては何らの対処もできないという状況でした。もちろん著作権者である漫画家は差止請求ができますが、なかなか個人としての漫画家が訴訟を提起するということは大変でした。漫画家の名前で、出版者の計算において、実質的には出版者が訴訟を遂行するということも可能だとは思うのですが、漫画家にとっては、自分の名前で裁判が行われることを忌避する傾向にあったようです。そうなると、出版権者である出版者が自己の名前で訴訟ができるような法改正が必要であるという点については、大方の合意はありました。問題はその具体的内容です。

政界では、中川正春衆議院議員（元文部科学大臣）を座長とする
「印刷文化・電子文化の基盤整備に関する勉強会」が、出版者の要
望等も踏まえ、新たな著作隣接権として「出版物に係る権利（仮
称）」を創設する中間報告案を公表していました（2012（平成24）年）。
出版者は、出版と同時に無方式で発生する「出版者の権利」、つま
り著作隣接権に近い制度を主張しておりましたが、私は、これには
反対でした。今でも、1つの著作物の上に重畳的に多くの権利が重
なり合って存在し、まるで中世の土地制度のような複雑な様相を呈
しており、煩雑な権利処理を必要としているので、これが著作物の
流通の障害ともなっております。これ以上、著作権制度を複雑化す
ることは妥当ではないと考えておりました。国会議員の中でも知的
財産についての関心が高まっており、出版権の問題は議員立法で行
おう、という機運が高まりました。そのような中、2013（平成25）
年に、前述の中川正春議員から、私に試案を作って欲しいという依
頼がありました。そこで同年4月4日に、上野達弘氏（早稲田大学
法学部教授）、金子敏哉氏（明治大学法学部専任講師〔当時〕）、桶田大
介弁護士、福井健策弁護士、三村量一弁護士と私との6人で研究
会を作り、明治大学知的財産法政策研究所から「出版者の権利のあ
り方に関する提言」を発表いたしました。これは、単に出版権にと
どまらず、情報を広く伝播させるために、「ナショナル・アーカイ
ブと権利情報に関するビジョン」についても提言をしており、今で
も価値のある提言であると思っています。またこのような問題は審
議会で議論すべきであるとも主張しました。私としては、最も強調
したかったのは、このような権利に関わる立法問題は、議員立法に
よるのではなく、専門家を集めた審議会で扱うべきである、という
点でした。そして何とか、この出版権の問題を文化庁の審議会に委

ねることに成功し、通常の内閣法として 2014（平成 26）年に改正
が行われ、結局、著作権者が自己の意思で出版権を設定するという
それまでの基本構造は維持し、ネットに相応しい条文とするという
ことで改正法が成立しました。その詳細は『著作権法〔第 3 版〕』
（有斐閣、2020 年）を参照して下さい。その過程で政治家の文化庁に
対する不信感をひしひしと感じました。

（7）ダウンロード違法化拡大問題

　次に出版権以上に、社会を巻き込んで大問題となったのは、ダウ
ンロードの違法化の問題です。ネットに無断でアップロードするこ
とは従来から違法でしたが、2009（平成 21）年改正で、違法にアッ
プロードされた他人の著作物を侵害であるという事実を知ってダウ
ンロードすることは、録音・録画に限って、私的使用の目的であっ
ても違法とされており、2012（平成 24）年改正では要件を厳格にし
た上で刑事罰も加えられました。ところが 2009（平成 21）年改正
では録音・録画だけが対象とされており、複製が対象外であったた
めに、他人の漫画が違法にアップロードされたものを無断でダウン
ロードすることは合法であるので、主としてそれを何とかして欲し
いという要求が強くなり、2019（平成 31）年に、ダウンロードの違
法化を全ての著作物に広げようという政府案が作成されるに至りま
した。

　文化庁は、主としてネットで氾濫しているマンガを考えていたよ
うですが、出された政府案は全ての著作物を対象としておりました。
しかし、このネット時代、一定の要件のもととはいえ、ネットに氾

濫している著作物をスクリーンショットしただけで違法になり、あるいは自分で楽しむためにごく少量のダウンロードをしただけで違法となってしまうのでは、知る権利の侵害にもなりかねない、という反対が強まりました。

　私は、すでに全ての審議会から身を引いていたので、詳細は詳らかではないのですが、著作権分科会の多くの委員、特に学者の委員が反対であったにもかかわらず、ごく短期間で、あまり議論をしないで結論を出してしまったようです。あまりに早いスピードで審議会の結論が出されてしまったために、学者としても反論の論文を書くいとまさえありませんでした。そしてこの問題は、単に学者だけではなく、社会全体を巻き込んだ大きな問題となり、マスコミでも大きく報道されました。

　私もこの改正案は少し荒っぽく、よりきめ細かな改正が必要であると考えていました。改正の政府案は、悪意を要件とはしているものの、対象を今までの録音・録画から全ての著作物にまで無制限に広げるものであり、社会の実態を勘案すると、あまりにも広く規制をかけすぎているように思えました。つまり改正案は、ゆとりとか遊びがない作りになっていましたが、ネットの規制においては、このゆとりや遊びが極めて重要な意味を持つということを無視した改正でした。当時私は、「マグロもメダカ」もいっしょくたに投網をかぶせることは妥当ではない、という比喩を用いて反対をしました。ちなみにある人から、「マグロとメダカ」は同じところには生息していません、と注意されたので、「マグロとイワシ」にしておいたほうが良かったかもしれません。

私は、学者とは光を与えるものであり、熱を与えるものではないと思っていました。もっともマルクスや、先に述べましたローレンス・レッシグ教授のように、光と熱を共に与えた人もいますが、彼らは異次元の偉人であり、私には関係ないように思っていました。私の親しい東大の国際私法の石黒一憲教授のように、積極的に熱も与えようとする優秀な学者もいますが、私はその任にはあらずと思っていましたので、昔から政治家とは距離を置くようにしておりました。しかしこの改正については、審議会を短時間で終わらせ、政府案ができあがり、自民党の総務会にまで上がっているという状態で、論文を書いて反論をするような時間的余裕は全くありませんでした。それに私の若い弟子たちがこぞって反対をして、政治家への働きかけを始めておりましたので、志を同じくしている私も立つべきではないかと思い直し、今回ばかりは若い同志と共に政治的な行動をとることにしました。新聞への投稿も行いましたし、政治家とも面談をいたしました。明治大学研究・知財戦略機構の知的財産法政策研究所でも声明を出しました。

　故事になぞらえるのは不遜極まりない話ではありますが、西郷隆盛が私学校の弟子の蜂起によって立った西南戦争のようなもので、私も今回限りはかなり政治的な動きもいたしました。西郷は戦に敗れ自刃しましたが、私は何とか生き残ることができました。各界からも反対の狼煙があがり、マスコミでも大きく取り上げられ、肝心の漫画家からも、こんな改正は望んでいない、というような発言が相次ぎ、それに国会の MANGA 議連会長の古屋圭司衆議院議員（自民党）やその他の議員の活躍等もあり、結局、国会に上程される前に、自民党の段階で中止になり、「当該著作権に係る著作物の

うち当該複製がされる部分の占める割合、当該部分が自動公衆送信される際の表示の精度その他の要素に照らし軽微なものを除く」「権利者の利益を不当に害しないと認められる特別な事情がある場合を除く」という制限を課して、2020（令和2）年の改正でこの問題は決着しました。

　当初は、違法ダウンロード問題で、こんなに大きな社会的反響を呼ぶとは思ってもおりませんでしたし、また自民党の総務会まで上がった案が覆されたという例もないので、おそらく政府原案が覆ることはないであろうと思われていました。しかしながら、多くの若手学者や弁護士等の短期間の精力的な活躍により、政府原案は覆り、現行法のような条文になりました。長い学者生活の中でも、このような経験は初めてのことでした。政治家としても2000万人ともいわれる漫画ファンを敵に回して選挙を戦えるのか、という心理が働いたのかもしれません。

　ただ1つ言えることは、当初の政府原案が挫折した最大の要因は、多方面の意見聴取を行わず、ネット時代の潮流を見誤ったのであろうということです。おそらく文化庁も、違法ダウンロードのような問題で、このような大炎上が起きるとは想像もしていなかったと思います。大局的に見れば、ネットでの情報の自由の潮流を見誤ったといえるでしょう。現実問題として、個人的に行われるダウンロードが訴訟になることは稀でしょうし、現にすでに規定されていた録音・録画の違法ダウンロードについても、1件も訴訟になっておりません。その意味ではこの改正は実務的には大きな問題ではないかもしれませんが、象徴的な意味合いは絶大でした。この政府原案は

ネットユーザの虎の尾を踏んでしまったともいえる出来事でした。

　難しい議論は抜きにしても、今やネットは一般市民の中に定着しており、ネットを扱わない人は極めて少なく、特に若い人では皆無に近いといってもよいでしょう。このような中で、ネットの利用に規制をかけることには慎重であるべきであり、また規制をかけるとしても必要最低限の規制であるべきです。これからもネットと著作権を巡る問題は多発するでしょうが、投網をかぶせるような規制ではなく、著作権者に与える影響が真に大きいものだけを規制するような細かな配慮が必要でしょう。今後のネット関連の著作権法改正に大きな教訓を残したと思います。

　同時に提出されたリーチサイト規制の問題は、審議会でかなりの時間をかけて慎重に議論されたため、こちらについての異論はなかったようですが、違法ダウンロード問題のとばっちりを受けて流れてしまい、2020（令和2）年の改正で、やっと成立しました。

（8）紫綬褒章

　まだ明治大学在職中でしたが、2012（平成24）年の秋に紫綬褒章を受章しました。この年の法律家の受章者は、慶應義塾大学の民法の池田真朗教授と私の2人だけでした。知的財産法学者としては初めての受章です。オリンピックで金メダルを取ると受章を受けるとのことですが、この年は夏期オリンピックの年で、金メダリストが大勢おりました。ミーハーな話になりますが、ボクシングミドル級金メダリストの村田諒太選手もおり、それ以降、村田選手の試合は

テレビで見ております。歌手の由紀さおりさん、俳優の三浦友和さんも同じ時に受章しました。

古稀を迎えて
〔瀬尾太一氏撮影、2015年3月14日〕

　紫綬褒章は特定の業績に対して与えられるものではなく、総合評価のようです。私の業績などは大したことはないと思いますが、1つだけ取り柄をあげるならば、知的財産法分野の開拓を行い、多くの研究者を育てたことくらいだと思います。知的財産法学が今日のように盛んになったのは、私の弟子をはじめ、多くの後進の学者の努力に負うところが大きく、多くの方々による業績の結果であると思います。私の受章は、それらの方々を代表してのものと思いますが、いずれにせよ、知的財産法分野で初めて紫綬褒章受章者が出たということは、この分野が認知されたということも意味し、後進の励みにもなろうかと思います。受章に際しては膨大な資料を要求されますが、故相澤英孝教授と山神清和都立大学教授、それに私の秘書の武内宏美さんが作成して下さり、私は何もしておらず、彼らには感謝いたします。

（9）明治大学退職後─日本学士院

　東大退職後は1年の休息期間をおき明治大学に就職し、70歳の

定年までお世話になりましたが、明治大学退職後の大きな出来事としては、学士院会員に選出されたことをあげることができるでしょう。

　明治大学退職後の2019（平成31）年に日本学士院の会員に選出されました。日本学士院は、明治12年に福沢諭吉が欧米のアカデミーを模して創設したものと聞いています。今では日本学士院法という法律で定められた国家機関で文部科学省に属します。その第1条には「学術上功績顕著な科学者を優遇するための機関」と書いてありまして、概ね70歳以上の学者が会員に選ばれ、平均年齢は82、3歳のようですが、ノーベル賞を受賞された山中伸弥先生のように若くして会員になられた方もおります。同法2条により会員の定員は150名と定められてはいますが、実数は130名強くらいです。また同法3条で終身制となっております。野球でいえば、殿堂入りのようなものでしょうか。

　従来会員に選出されていた法学者は、六法をはじめとする国際法や法制史のような歴史あるジャンルの学者ばかりであり、私には関係ないものと思っておりました。比較的新しい分野では、労働法の菅野和夫先生が会員となっておられましたが、労働法は民法などに比べれば新しいジャンルとはいえ、末弘厳太郎先生、石井照久先生、石川吉右衛門先生なども研究されており、戦前からの歴史のある法分野で、知的財産法のような新参者とは違います。

　ところが2019（平成31）年の新会員としては、私と神戸大学名誉教授で経済法の根岸哲先生が選出されました。この年の法律家は2

人だけで、2人とも新しい先端的な分野です。知的財産法は、法律こそ明治時代から存在し、民法の末弘厳太郎先生は『工業所有権法』（1938年）を執筆しておられますが、本格的な研究は昭和40年代からのことで、新しい学問といえます。経済法も同様で、戦後の学問です。選考過程は秘密なので、なぜこのような新興学問の学者が会員に選出されたのかは定かではありませんが、おそらく経済法や知的財産法の社会的必要性が高まったことが要因ではないかと思います。そうであるとすれば、紫綬褒章の場合と同様、私個人の業績というよりは、多くの後進の研究者が頑張り、知的財産法の地位を高めてくれたおかげであろうと思っています。その意味で、知的財産法の専門家が、日本学士院の会員にいるということには意味があろうと思っています。今後も、知的財産法の分野から、紫綬褒章受章者や学士院会員が出て欲しいものと願っております。

■▶ 門下生とのQ&A ◀■

金子敏哉：東京大学をご退職後、中山先生が明治大学に特任教授として着任をされ、その後、明治大学知的財産法政策研究所の活動等、様々な形で中山先生とご一緒することができたのは、私にとってはまさに僥倖でありました。

　その中でも私にとって特に大きな出来事であったのは、出版権に関する提言や、ダウンロード違法化の拡大への対応の点です。

　出版権に関しては、提言案の内容をまとめる際に、中山先生が、フィージビリティ（実現可能性）が大事だ、と度々おっしゃっていたことが強く印象に残っております。

ダウンロード違法化の拡大に関しては、2019年の2月から3月にかけての一時期は、米国から毎日のようにお電話をしてご迷惑をおかけいたしました。当初私も修正などは難しいかと思っていたところ、明治大学の共同声明に100名を超える賛同者が集まり、様々な立場の方々のご尽力があって当初案での国会提出が見送られ、修正された形での立法に至ったこと、そしてその過程で中山先生ご自身による情報発信とともに、小島立先生、前田健先生そして私に対してあたたかいお言葉をいただいたことが特に印象に残っております。

　このような活動に関して部分的にでもご一緒できたことは、私にとって得難い経験となった一方で、研究者が立法や政治的なプロセス、社会に対する情報発信においてどのような役割を果たすべきか、研究者が共同声明を出すことの是非等については、今もなお、考え続けているところであります。

　中山先生は、長らく、知的財産法関係の審議会に委員や座長として関わられるとともに、出版権やダウンロード違法化の拡大の問題では、より政治的なプロセスに直接関わる形で立法に関与されました。

　これらプログラム権法を巡る議論から現在に至るまでの様々なご経験を踏まえて、現在、中山先生が、研究者と立法の関わり方（特に、研究者が学界での議論を超えて、社会に対する情報発信を行うことや政治的なプロセスに直接関わることの是非）について、どのようにお考えになるのか、よろしければ伺いたいと考えております。

中山：本文でも書きましたが、マルクスのような超人の例は別として、自分の力量からすると、学者は光を与えるもので、熱を与える

ものではない、と考えています。つまり学者は、原則として論文で勝負をすべきであり、直接的に政治過程に関与するものではないと思っています。政治過程に関与すると、自分の視座を見失い、思わぬ方向に流されてしまう恐れがあり、研究時間も削がれてしまいます。政治とは妥協の産物ですが、学問は純粋なものです。学者としては、審議会に関与するのが関の山ではないかと思いますが、政治的なことに関わるとしても、せいぜい自分の信念に従った声明を出す程度ではないかと思います。現に明治大学の研究所では、出版権に関する問題等につき、何回かの声明を出し、それはそれなりに意味と効果はあったと思います。自己の信念に従った声明を出すことと、政治過程そのものに身を置くこととは大きな隔たりがあります。政治過程は妥協の産物であろうと思います。民主主義においては、いろいろな考えの持ち主がおり、独裁政権でもない限り、それらを排除するのではなく、最も妥当な落としどころを見つける作業が政治であろうと思います。そのような政治過程に身を置くと、学者の本分を忘れ、妥協ということに慣れてしまうのではないかと思います。

　ダウンロード違法化の拡大の問題に関しては、その立法プロセスがあまりに急で、論文で反対をする時間的余裕は全くなく、また小島さん（九州大学）、前田さん（神戸大学）、金子さん（明治大学）等が反対の狼煙を上げ、この法案阻止のために政治的な活動を含め、種々の活動をしているので、私だけ傍観するのは、義を見てせざるは勇無きなり、という感じで、今回限りはと思い、私も政治家と面談するなどの政治的な活動をしました。結局この運動が功を奏し、政府の改正案を撤回させることに成功しました。しかしこのような政治的な動きは、ある意味では学者としては禁じ手のようなもので、

若手研究者には、今後そう何回も使って欲しくはなく、私としても
これが政治的な活動の最後になるであろうと思います。

渕麻依子：明治大学に移られて、まだまだお忙しいとはいえ少しで
も先生がリラックスして過ごされていたことをあらためて伺って、
とても嬉しく存じました。私も知的財産法政策研究所の研究推進員
として在籍させていただき、研究会の活動はもとより昼食等をご一
緒して様々なお話を伺う機会も多く、なんと恵まれた幸せな環境で
あったかと心より感謝申し上げております。

　さて、明治大学では新進気鋭の方から著名な方まで、外国から研
究者をお招きすることも多くありました。中山先生が所長である研
究所であるということも、そうした先生方をお招きする際に大きな
アピールになっていたのだと思います。

　こうした海外の研究者との交流という点について、先生は若い頃
のご留学はドイツを選ばれたわけですが、もしあの明治大学での自
由なお時間であらためて在外研究が可能であったとしたら、先生は
どちらの国を、そしてもし具体的な心当たりがあるとすればどちら
の大学や研究所を選ばれたでしょうか。

中山：留学先の決定は時代にも左右され、難しい問題です。私の留
学した頃は、アメリカでの知的財産法研究はあまり盛んではなく、
ドイツが中心であり、多くの学者はミュンヘンのマックス・プラン
ク研究所を留学先に選んでいましたし、それが潮流であったと思い
ます。法学一般についても、昔はドイツ留学が多かったと思います
が、今ではアメリカが多いと思いますし、特にビジネス・ローにつ

いてはその傾向が強いと思います。

　私の留学当時と比べると、アメリカの知的財産法研究は昔と比べものにならないほど進んでおり、アメリカの大学の魅力は格段に向上していると思いますので、今ならアメリカを選ぶことになろうかと思います。しかしアメリカの著名な知的財産法学者のほとんどは私より年下で、まして今の体調では海外に行けないので、具体的な大学名までは考えたこともないのですが、ミーハー的かもしれませんが、行くとすれば最も著名なハーバード大学かな、という感じはしますが、定かではありません。

7. いくつかの話題について

（1）**教育関係**—ゼミや大学院の授業（オブザーバー参加）等

東大では毎年、学部学生と大学院生との合同ゼミを開いていました。多くの場合、判例を教材としていました。学生・院生・留学生以外にも助手や他大学の若手研究者にも参加していただき盛況でした。ただ、故相澤教授と助手等の若手学者も参加しておりましたので、学生にとっては少し発言しにくい状況だったかもしれず、もう少し発言しやすい環境を考慮すべきであったかもしれません。

平成に入る前後あたりから、ゼミの学生をいくつかのグループに分け、そのグループでサブゼミを行って勉強をしてから発表してもらい、グループ同士を競わせるという方法を取り入れました。参加者は皆優秀な学生で、インセンティヴさえ与えれば懸命に勉強する者ばかりです。競争がその気にさせる原動力だと思いますが、それに気がつくのが少し遅かったようです。基本的には競争原理は発展に資すると思いますが、社会全体からみると、競争原理の徹底は貧富の差を増大させる場合もあります。しかし、こと東大生のゼミの場合には、競争をさせることは重要であり、後進の学者には是非勧めたいと思います。

ゼミの学生に多大の宿題を課しギュウギュウと締め上げる先生もおり、それが教育の本来の姿かもしれませんが、日本の法学部生は、ただでさえ過密な講義を受けていて余裕がなくて大変なのに、私の

ゼミだけに時間をとらせることも酷であると思い、それほど過大な要求はしませんでした。優秀な学生には物足りなかったかもしれませんね。もう少しだけ、宿題などを課したほうが良かったかもしれません。

ゼミの終わりにはゼミ旅行を行いました。私の健康状態により中止をした年もありましたが、箱根、真鶴、那須、山中湖、佐渡、油壷あたりで合宿をしました。私の透析の関係で、土日の1泊2日しかできませんでしたが、実に楽しい時間を過ごしました。本来であれば、合宿をして勉強すべきところですが、私のゼミは8学期で、期末試験を終え、卒業直前の合宿でしたので、最早ギリギリと勉強をする雰囲気はなく、大いに遊んで最後の学生生活をエンジョイしてもらい、友情を深めてもらうことに主眼を置きました。中でも最も記憶に残っているのは、三浦半島での合宿です。昼間は、次に述べる故相澤教授のクルーザーに乗って楽しみました。これは相澤教授のお母様で著名な女優である司葉子さんの船ですが、相澤教授も船舶操縦の免許をもっており、三浦半島沖まで船を出してくれました。学生の中にはクルーザーに乗ったことがない者が多く、楽しかったようです。

これらのゼミのOBは、今では各界で活躍しており、時々開催したOB会で彼らの顔をみるのは、実に教師冥利に尽きます。彼らはいろいろな方面で活躍しておりますが、中でも異色な人としては内藤篤弁護士を挙げることができるでしょう。彼は映画好きで、学生の頃から映画評論を書いておりましたが、司法試験に受かってしまったので弁護士をしております。エンタメに強い弁護士ですが、

特に映画には強く、ついには渋谷で映画館を経営し、往年の名画を掛けております。このOB会のロジは全て相澤教授が行っておりましたので、彼の逝去のあとは開かれなくなってしまいました。

（2）相澤先生の思い出

　私のシューレでお付き合いが最も長かったのは、故相澤英孝一橋大学名誉教授です。相澤さんは法学者としては珍しい経歴の持ち主で、東大経済学部出身で、その後法学政治学研究科に入学し、修士課程では矢沢惇先生の下で商法を学び、博士課程では星野英一先生の下で民法を学びました。私が相澤さんに最初に出会ったのは、相澤さんが大学院生で、私が若い助教授の頃、研究室の裏玄関の階段ですが、気があったのか階段に座り込み、そのまま2時間も話しこんでしまいました。何を話したのか、今では全く覚えておりません。

　相澤さんは、次第に知的財産法に興味を持ち、知的財産法へと専門を移すようになりました。実は私と相澤さんとは9歳しか違いませんし、学部での私のゼミ生でもありませんでしたし、大学院での指導教授でもありませんでした。そのために相澤さんは、中山の弟子ではなく、舎弟であると主張しておりました。織田信長と徳川家康のような関係と言いたかったのでしょう。

　相澤さんは大学院時代以降、私のゼミにはほとんど全て出席し、学生の指導もしてもらいましたので、私のゼミ生で、相澤さんを知らない人はいないでしょう。相澤さんは、私のシューレの大番頭と

しての役割を果たして下さり、合宿や、ゼミOB会は彼抜きには考えられませんでした。私はゼミ生の先輩と後輩の繋がりを大事にしておりましたが、彼なくしては、私のゼミの一体感はなかったと思います。

　個人的にも大変親しくしておりまして、実は彼の結婚式の仲人も務めました。東京プリンスホテルで開催された披露宴は盛大なもので、学界はもちろん、テレビでしか顔を見たこともない政界や財界や芸能界のお偉方が大勢おられました。披露宴では新郎新婦と仲人の前が大きく空いており、披露宴では見たこともないテーブル配置でしたが、いきなりそこで新郎新婦がダンスを始め、びっくりいたしました。披露宴に客を迎え、お送りするために仲人はお辞儀をするのが通例ですが、あまりに客が多く、腰を曲げた回数が多かったので、披露宴が終わった後は、腰が痛くなってしまうほどでした。客をお迎えする場面では、マスコミのカメラの放列でした。相澤夫人は元クラリオンガール、ミス着物等々の数々のタイトルをもつ超美人で、最後まで仲睦まじく暮らしておりました。

　また彼は美食家でしたが、単に美味しい料理を食べるというだけではなく、自らも有名シェフの下で料理の勉強をしており、相澤さん宅の台所はプロ仕様の厨房道具を揃えておりました。またワインの知識はプロ並みで、「学者は世を忍ぶ仮の姿、ワイン学が真の姿である」と嘯くほどのワイン通で、私も美味しいワインを飲ませていただきました。彼はいつの日にかワイン学の本を出したいと言っておりましたが、それは遂に果たされず、幻に終わりました。また彼は、学界随一のダンディな男で、服はアルマーニ、車はBMW

アルピナという感じで、いつまでも垢抜けせずに風采のあがらない私とは対照的な人物でしたが、なぜか馬が合い、親友でした。

　相澤さんは、一橋大学時代から西村あさひ法律事務所の顧問として、同事務所内に個室をもっていました。私も、東大を辞してからは同事務所のオブカウンセルとして入所いたしましたので、長らく同じフロアで仕事をする仲でした。西村あさひ法律事務所では私の先輩に当たります。どこの世界にも有職故実はあるもので、入所は彼のほうが相当先でしたので、事務所のことをいろいろと教えていただきました。

　相澤さんは、大学院卒業後は筑波大学、早稲田大学を経て、一橋大学教授に就任し、2019 年に定年退職し、名誉教授となり、その4 月から武蔵野大学法学部教授に就任しましたが、結局武蔵野大学の教壇に立つこともなく、その年の 5 月に永眠されました。まだ65 歳の若さであり、再就職の直後であって、まだまだやり残したことも多かったと思います。これからの活躍が期待されていただけに、実に残念でなりません。蒲柳の質の私よりも 9 歳も年下で、しかもあれほどお元気だった相澤さんがまさか先に逝ってしまわれるなどとは、思ってもおりませんでした。私が彼の弔辞を読むことになろうとは、想像だにいたしませんでした。

▶ 門下生とのQ&A ◀

金子敏哉：学部学生と大学院生との合同ゼミについて、私の話で恐

縮ですが、私にとっては、この合同ゼミへの参加が知的財産法の研究者を目指すきっかけとなりました。私が最初に参加した2000年夏学期のゼミは、大学院生のゼミについて、研究者を志望する学部生は正規の履修とは別に参加できる、という形であったかと思います。

そのゼミに申し込んだ時点では、正直に申しますと、研究者になりたいとはそれほど強くは思っておらず（大学入学当初は私も弁護士を志望しておりました）、むしろ知的財産法への興味の方が強かったところです。しかしこの大学院のゼミに参加する機会を得て、中山先生のお人柄や、小島先生や武生先生をはじめとする先輩方による議論に接する機会を得たことが、知的財産法の研究者になりたいと思う最大の契機となりました。

中山先生は、大学入学当初は弁護士を目指されていたところ、山本先生や藤木先生との出会いなどが契機となって、知的財産法の研究者の道を歩まれた、とのことでした。

そこで妙な質問となりますが、もし、現在の中山先生が、学生時代のご自身に、知的財産法の研究者を目指すことについて意見を求められたら、どのように助言されるのか、について、よろしければ伺いたいと思います。

中山：これは非常に難しい質問ですね。種明かしを知ってしまった後の手品のようです。今からみれば、過去の自分には、知的財産法の学者を選べと、躊躇なく言えます。しかし当時を顧みると、敷かれた鉄路の上を進めというのか、それとも荒野を木の根っこに足を取られながらも開墾しろというのか、難しいところですね。本文にも書きましたが、私が迷っている頃、藤木英雄先生から、「助手に

なってどうしてもだめなら弁護士になればよい、学問をしておくことは無駄にはならない」という言葉に押され、学者になりました。しかし大戦をするに際し、退路を断って背水の陣で臨むのが良いのか、2本の矢を持って臨むのが良いのか、難しいところですね。幸か不幸か、私は司法試験に受かっておりましたから、学者がだめなら弁護士になればよい、という2本の矢を持っての臨戦態勢のようなもので、常に逃げ道があり、今から思うと真剣味が少し足りなかったかもしれません。

　法学研究と弁護士とは、ある程度の関連性があるでしょうから、昔の迷える私にアドバイスするとすれば、藤木先生と同じく、まずは学問をやれ、と勧めるでしょうね。医者で言えば、臨床医になるか、研究医になるかの違い程度かも知れません。ノーベル賞受賞者である山中伸弥京大教授は、整形外科の臨床医がだめなので基礎医学に進んだ、とテレビで述べておられました。山中先生と比較することは不遜極まることですが、基礎医学と臨床医学とは連続性があるのかも知れません。その逆ですが、学問をした後に法曹になった人も大勢おります。

渕麻依子：私がハーバードロースクールに研究員として留学していた時期に、ちょうど相澤先生も客員教授としておいでになり大変お世話になりました。また、東大での相澤ゼミにも参加いたしましたが、相澤先生の鋭いご指摘にはいつも感銘を受けておりました。たとえば、インクタンク事件最高裁判決について議論したときには、SDGsなどという考え方などまだ微塵もない時代でしたが、これからの知的財産法の議論にはサスティナブルかどうかという視点も

入れていかなくてはならないという趣旨のことをおっしゃっていたのがとても印象に残っています。

　相澤先生と中山先生との研究上の思い出、あるいは印象に残っている議論などがあればお聞かせ下さい。

中山：相澤さんは、2019年の5月に65歳という若さで世を去り、痛恨事であり残念至極でもあります。

　相澤さんとの出会いは、本文にも書いた通り偶然の出来事でした。彼は経済学部の出身でしたが、その後法学政治学研究科（大学院）修士課程では商法、博士課程では民法を専攻し、知的財産法とは関係ありませんでしたが、私と親しくなるにつれ、知的財産法に興味を持っていただき、遂に専攻を知的財産法に変えてくれました。彼と私とは9歳しか違わず、また彼は経済学部出身であるので私のゼミの教え子でもなく、また法学部においても、私が指導教授であったこともありません。したがって彼としては、私の弟子ではなく、私の弟分、あるいは舎弟という意識でした。彼の結婚式では仲人を務めましたが、スピーチで弟子だとは言わないでくれ、と釘を刺されました。つまり、あくまでも親友というのが、彼のスタンスでしたし、私もそのつもりでお付き合いをしておりました。

　彼は非常に頭が切れ、臨機応変に長け、また時代を見る目にも優れた男であり、したがってどのような問題にも即応し、答えをだす学者でした。ただ、愚直に1つの問題をとことん突き詰めるというタイプの学者ではありませんでした。そのことを学者にあるまじき、と嫌っている人もおりました。しかし私はその点はむしろ彼の長所であると捉えており、万能の戦士であると捉えておりましたし、学問の内外にかかわらず、彼に教えられる点も多々ありました。

彼は、私のゼミの大番頭役で、私のゼミの出身者、あるいは私の弟子で彼を知らない人はおりませんし、非常に面倒見の良い人でしたので、彼のお世話になった人も大勢おります。ゼミの合宿でも、彼のクルーザーで楽しむといった、他のゼミでは決して味わえないような企画もしてくれました。ゼミのOB会も彼なしには開けません。実に大切な盟友を失いました。まだやり残した仕事も多々あったことであろうと思います。もう少し長生きをしてくれたら、と思います。

酒井宏明：私が先生と初めてお会いしたのは、いまから四半世紀前の1996年のことです。先生の研究室でございました。その後、2008年3月に東京大学を退官された後も、引き続き、先生の薫陶を受けられる環境にいることは、誰よりも幸運なことと感謝しています。

　私自身は、大学院においては実務家という異質な立場にありながら、他の門下生と同様にいつも親身に接して下さいました。2005年、東京大学を経て東北大学で学位を目指しているときも、深刻な健康問題を抱えているにもかかわらず、副査を務めるために、遠く仙台の地まで足を運んで下さいました。当日、一目、先生を見ようと、多くの教員、学生が集まってきたことが思い出されます。

　東大退官後、最高顧問にご就任いただきました酒井国際特許事務所でも、先生の貴重な意見を求め、多くの企業がアクセスしてきます。それら企業からの質問、1つ1つに丁寧に対応いただき、事務所と企業との間における信頼関係の構築に大いに貢献いただいています。

さらに私だけでなく、娘が弁護士を目指し法科大学院の選択に悩んでいるときなどは、わざわざ時間を作って下さり、ご親類の若い司法修習生を紹介いただきました。先生からの、「東大へ行きなさい、将来の大きな飛翔のためには東大を勧めます」とのアドバイスに従い、彼女は東大ローを経て司法試験に合格し、現在弁護士となりました。いまでは私だけでなく、娘も先生の信奉者となっています。このように、大変光栄にも、かなり長い期間、先生と親密にお付き合いをさせていただいていますが、この機会に、是非お聞きしたいことがございます。

　先生は、深刻な健康問題を抱えているにもかかわらず、私自身、先生のお怒りを伴う言動・行動を一度も見たことがありません。健康な人間には想像もつかないほどに過酷状況であるにもかかわらず、いつも笑いながら、自身のご病状を、まるで人ごとのようにお話しされます。入退院を繰り返し、手術を繰り返すような状況にあっても、その大変さを笑いながらお話しされる一方、門下生のみならず、周囲の人たちに対する気配りを、常に忘れずにいる先生の強靱な精神力には、畏敬の念を禁じえません。この精神力はどこから来るのだろうか、いつか聞いてみたいと思っていました。この強靱な精神力を生み出す、先生の心の中にある“座右の銘”などを是非教えて下さい。

中山：まだ若い頃は、論語の「学而不厭」とか、「盡人事而待天命」という言葉が好きで座右の銘にしておりました。要するに結果はともかく、一生懸命に頑張る、ということです。私は１年浪人をして東大に合格しました。最初の受験も懸命に勉強したつもりで臨みましたが、不合格でした。しかしこれも天命と思い、がっかりもせず

に翌年の入試に向けて励み、何とか合格をしました。

　しかし35歳で透析を始めなければならないという大病を患い、以後現在に至るまで病には苦しめられています。そのような中で、ただ頑張ろうという外国（論語）の教えではなく、もっと身の丈にあった座右の銘を自分で考えました。それは、「他人の不幸には同情し、自分の不幸は笑い飛ばす」というものです。世の中には、病気もそうですが、いくら頑張ってもどうしようもないことも多々あります。そのようなことを、いくらくよくよ考えても良いことは何もなく、鬱になるのがせいぜいです。自ら進んで鬱になるような道を選ぶのは愚の骨頂で、落語家のように、自分の不幸をネタにして笑い飛ばす方が、精神衛生上も良いに決まっています。私には、おっしゃるような強靱な精神力があるわけではありません。生来楽観的な性格に加え、ただくよくよしないということを心がけているだけです。私の寿命は40歳くらいという確信がありましたので、それ以降は神からもらった余生であると思えば、入院も手術も、あるいは救急車で搬送されたことも神の意志で、運命とはこんなものかと思うことにしています。もうこれまでかと思ったことも何回かありましたが、今まで生かしていただいたのは神のご加護、と考えれば不思議と浮かぶ瀬もあるものです。外部から見ると、それが強靱な精神と見えるのかもしれませんね。また大病をすると、他人の不幸の苦しみも分かってくるようになり、当然のように、それへの同情も湧いてきます。今は腎臓だけではなく、心臓、肺、脊椎と障害の範囲が広がってきましたが、今は余命だと思い、気楽に過ごしております。

8. 今後の知的財産法学への期待等

　私の若い頃は知的財産法専攻の学者はほとんどおらず、知的財産法は実務家主導で行われていました。何名かの著名な弁護士がおられ、また裁判所には故瀧川叡一判事が高裁知財部の部長としてご活躍しておられました。特に瀧川判事は年に1回、牧野利秋判事をはじめ、知的財産関係の裁判官を集め、神田の料亭で宴会を開き、学者ではただ1人私も呼んでいただき、裁判官との交流をいたしました。最初に呼ばれた時には、事前にSPLT（実体特許法条約）の分厚い条約草案が送られてきました。宴会ではこれについての議論をするのかと思い、私はその条約についてはほとんど研究をしていなかったので、恐る恐る出かけてゆきました。しかし、いざ宴会が始まると裁判官の宴会も、我々一般人の宴会と同じで、面倒な専門的議論は一切せずに、普通の雑談に終始し、ほっと安堵いたしました。裁判官も我々庶民と同じ感覚の人種であるということを確認いたしました。

　当時の私は解釈論が中心で、いわば実務家に毛の生えたような仕事をしておりました。私の時代は、学者も解釈論が中心で、教科書やコンメンタールを書いていれば、何とか学者としての体面を保つことができました。しかし時代が下るに従って、知財関係の実務家は急増し、そのレベルも格段に高くなってきました。他方、学者の数も急増してきました。そうなってくると、学者が実務家と同じ解釈論だけやっていたのでは、学者としての独自の存在理由がなくなります。もちろん、実務家の解釈論と学者の解釈論とでは違いがあ

ることは承知の上ですが、これからの知的財産法学者は、解釈論だけではなく、知的財産法総論を重視してほしいと思います。私も、その意識だけは若い頃からもっており、『知的財産法序説』とでもいうような本を書きたいと思っていましたが、残された時間では無理ですので、後進に委ねたいと思います。

　まずは方法論です。知的財産法をいかなる切り口で切ってゆくのか、という点が問題となります。可能性としてはいくつも考えられます。今アメリカではやりのロー＆エコノミックスも1つの方法かもしれませんが、なぜか日本の知財法学界ではその研究は少ないようです。その他にも、行動経済学の手法もありえるでしょうし、統計学も役に立つかもしれません。またプログラムに関する知識も役立つかもしれません。情報化時代の進行で、今後これからの若い学者がどのような方法論で知的財産法を料理してくれるのか、楽しみです。

　知的財産法は、現代の最先端技術を扱うものであり、また一国の産業の浮沈にも関わります。今の米中の知的財産を巡る争いをみれば一目瞭然です。それは、時には貿易紛争の種にもなりえます。知的財産は、時としてこのような血なまぐさいものとなります。そのような知的財産を扱う知的財産法学者には、単に法律知識があればよいというものではなく、社会常識が必要となるし、また冷徹な目も必要となるでしょう。

　たとえば、総理を本部長とする知的財産戦略本部には、10名の本部員がいますが、私が本部員を辞めたあと、現在（2021年）まで

法学者は 1 人もおりません。知的財産に関する国の基本方針を決める最高会議に知的財産法学者が 1 人もいないということは寂しい限りです。

　しかしこれは老いの繰り言にすぎないかもしれません。若い学者、といっても私から見れば若い学者であって、50 代の学者も含む現役の学者という意味ですが、彼らはどんどん新しい分野を開発しつつあり、彼らの活躍を見るのが楽しみです。MacArthur の演説でも有名な台詞、「老兵は死なず、ただ消え去るのみ」（Old soldiers never die, they just fade away）のように、私のような老兵は消えゆくのみですが、死なないで若い学者の活躍はしっかり見まもって行きたいと思っています。

第 **2** 部
中山先生の喜寿によせて

···· 両極の間 ····

木庭　顕 (東京大学名誉教授)

　東大法学部はかなりの品揃えを誇る（多くの分野の専門家を擁する）が、中で、中山信弘教授と私は、両極端の位置を占めた。かたや言うまでもなく花形の最先端分野であり、しかも中山教授はその絶対的な意味のパイオニアであった。他方私は、黴臭い分野も数ある中のそのまた一番片隅の全く日の当たらないじめじめした部分を申し訳程度に占めていた。通常ならば接点は生まれない。ところが気がつくと、同僚としての形ばかりの交流ではない、実質的な学問的相互理解が生まれていた。

　もちろん、まずは中山教授御自身の視野の広さが、多くの基礎的な分野にさえその目を届かせた、ということがあろう。知財法に関わる法律家は、知財法にさえ通じていればよいわけではなく、その正反対である、という彼の見解は揺るぎないものである。このこと自体、むろん簡単には実践できないことである。ビジネス・ローを専門とする大概の法律家は、抱負としてそのように言っても、実際にはテクニカルな事柄に埋没するのが普通である。さもなければ産業育成等々の政策論に傾いてしまう。しかし、中山教授の「視野の広さ」はこれといささか異なるものである、ことに誰しも気付く。世代から言っても、特定の立法論、解釈論、が如何なる価値に仕えるものであるか、を極めて明確に捉えた上でそれを構築する、という点は動かない。しかし第一に、その価値なるものが中山教授の場合性質の異なる様々なオーダーのものを含む。そして第二にそれに伴って、特定の選択が必ず誤算ないし逆理を招くことへの周到な配慮がある。これは、社会がビジネスだけから成り立っているのでは

ない、或いは、ビジネスもまた多くの社会的作用と連動してのみ成り立つ、という認識に由来するものと思われる。その意味で、社会を全体として捉える視点が存在する。むろん、極めて謙抑に、そこで何か特定の社会理論を振り回すなどということはない。おそらく、そのこと自体、一種バランスの喪失と感じられているのであろう。しかしこの水面下の考慮を見逃してはならない。大きく言って、知的財産権を一方的に権利として強化するということに中山教授は懐疑的である。知的財産権を重視しないからではない。重視する場合に、自ら墓穴を掘る方向の制度構築に警戒するのである。墓穴の中には、結局周囲の環境を掘り崩すという部分も含まれる。

　中山教授の「視野の広さ」は、しかし実は以上にとどまらない。そのことを言うためにこそ、やや個人的な経緯について述べよう。私が中山教授と言葉を交わすようになったのは何時からであるのか、何をきっかけとするのか、記憶が定かでない。気がつくと時折本郷キャンパス内で昼食を共にするようになっていた。中山教授の極めて開かれた広大な交流範囲からすれば、むろん小さな断片である。しかしこちらの方からすれば、およそビジネス・ローなどに縁がないだけに、不思議に思える。かつ、実はあまり不思議でもないのである。私にとって記憶が鮮明であるのは、中山教授の「初期の」論文「公知技術」である。これを偶然読んで、強い印象を得た（これを『法学協会雑誌』上で読んだ時に、私はまだ中山教授と話した経験がなかったから、これが terminus post quem になる）。当時およそ民事法上の権利の成り立ちについて、私は構想を抱きつつあった。それはむろんローマ法の成り立ちに関する考察の話である。しかし「公知技術」は、実に鮮やかに、或いはしなやかに、公的なレインジと私的権利の成り立つレインジの（相対的な）関係を論じているでは

ないか。目を見張るのはドイツの判例の分析であった。消尽理論や
パブリック・ドメインやフェア・ユース等々の制限原理が最先端の
論争を構成する状況を深く原理的に先取りしている、と言えば、お
そらく素人特有の的外れとして指弾されることになるのであろう。
しかし疑いなく、そもそも知的財産権というものの成り立ちはどう
か、という問題を、そもそも民事上の権利というものの成り立ちと
その性質はどうか、という問題へともたらす、その萌芽がこの「公
知技術」には明白に存在するのである。第一に、最先端の論争にお
いてもそこまで掘り下げる議論は多くないから、われわれは大いに
驚くべきである。実際、私は、中山教授のその後の議論に秘かに決
定的なバランサーを提供している、ひょっとするとご本人さえ日常
的には意識しないほどに提供している、と見る。第二に、民法等々
の民事法の議論が蓄積の厚みゆえに陳腐に陥る部分において、知的
財産法が最も根本的な問題提起をする、という可能性がこの論文か
らは見えるのである。その後私は、個人的に、民法学との間にあっ
てしかるべき対話に苦労する反面、ビジネス・ローの研究者たちと
しばしば丁々発止の議論をすることができる、というような状況に
陥るが、私にとっては、「公知技術の抗弁」論はその前触れとなっ
た記念碑的な作品なのである。中山教授との会話が始まったのはそ
の後しばらくしてからであり、かつわれわれは「公知技術の抗弁」
について議論するようなことは決してなかったが、それは言うまで
もなく、それをすれば「公知の抗弁」に曝されるからであった。い
ずれにせよ、大変に目立たないことであるが、中山教授の「視野の
広さ」はこうしたスケールを有している。当然故に互いに決して言
及しないが、これが中山教授との間に始まった交流の基盤であった。
　1990年代後半から、中山教授が指導する若い人々がこぞって私

の講義を聴講するようになる。学部生というより助手や大学院生としてであったように思う。それが彼らの自発的な意思に基づくのか中山教授の指導に基づくのか、私にはわからない。しかし彼らとの交流が始まったことは疑いない。そのピークは、できたばかりの法科大学院で「法と記号論」なる選択必修（！）授業を開始した時（2005年）である。7−8年続いたこの授業では、最後の4回が特許権と著作権に当てられた。ちなみに私は知的財産の根底に（情報ではなく）記号作用を見る。代表的な判例を2本ずつくらい取り上げるソクラティック・メソッドであったが、初回の2005年には、中山教授指導下の若い人々が研究室からこの4回だけ傍聴に現われた。そればかりか、ソクラティック・メソッドであるから、言わば場外から発言しやすく、彼らは容赦なく異を唱えた。主要な対立点は、記号としての造形芸術における著作者人格権の問題であった。

　このイッシューに限らず、それこそベルヌ条約以来自明であるが、知的財産権レジームは文化の死命を制する。したがって、従事する者はビジネスよりもずっと根底的な視野を要求される。狭い意味の産業から文化へと経済活動がシフトすると、そのタスクはもっと枢要になる。そうした歴史的文脈において、法というシステム自体が鼎の軽重を問われているが、その際にまさに知財法という分野が分水嶺になるのである。それとも、高度に発達すべき文化を再産業化して終わることになるのか。岐れ目である。こうした視野を中山教授だけが持ちえたように思われる。それが彼の特異な資質によるのか、パイオニアであったからであるのか、私にはわからないし、参照させてもらった今回の回顧録にもヒントはない。しかし若い世代がこれを何とか継承すべきことだけは確かである。

‥‥ 中山信弘先生にお教えいただいたこと ‥‥

中里　実（東京大学名誉教授）

1　中山先生との関わり

　人間がいかなる生き方をするかは、多くは偶然の導きを通じてどのような方に巡り会ったかにより決定されるといってよいのではなかろうか。そして、私の場合、中山先生にお目にかかることができた結果として、研究者としての生き方のみならず、物事に対処する際の自らの心構えのあり方が確立されたといってよいように思う。

　私がはじめて中山先生の論文を読んだのは、昭和51年（大学3年生の時）に開講された鴻常夫先生の商法第一部において、商号に関する箇所で、鴻先生が、中山先生の論文に言及され、それを絶賛された時であった（中山信弘「商号をめぐる商法と不正競争防止法の交錯」鈴木竹雄先生古稀記念論文集『現代商法学の課題(中)』626頁、1975年）。私は早速、この論文をコピーして熟読し、複数の法領域にまたがる法分析の面白さに圧倒された。ちなみに、その年の商法第一部の試験問題は、この論文のテーマであり、私は会心の答案を書くことができた。

　鴻先生は、また、商法第一部の授業で、これから重要となっていくのは、無体財産権法と、独占禁止法と、租税法であるとおっしゃったが、私は、このことに大きな刺激を受けて、大学4年生の時の昭和52年の冬学期に、租税法とともに、無体財産権法を受講するつもりであった。このうち、金子宏先生の租税法の授業を受講することはできたが、しかし、無体財産権法については、結局、体調の関係でその年には中山先生の授業がなく、したがって、私は先生の講義を受講できなかった。このことは、今考えても、本当に残念

なことであった。

　昭和53年の春に租税法の助手に採用していただいた私は、研究室で、中山先生にお言葉をかけていただけるようになった。助手時代の昭和55年に、そのころ赤羽にあった国立王子病院に入院中の中山先生を、当時大学院生であった故相澤英孝教授といっしょにお見舞いに出かけたことを、今も懐かしく思い出す。先生のお読みになりたい論文をお届けするためであった。それから40年以上、私は中山先生のお導きの下に生きてきた。

2　中山先生から頂戴したご助言

　研究室で中山先生にお会いし、様々なご指導を受けたり、ご助言をいただいたりすることがなければ、私自身の現在のような研究生活は存在しなかったように思われる。ここで、漠然とそのように述べるだけでは意を尽くせないほどの影響を、私は中山先生から受け、折々のご指導をいただいて、現在に至っているのである。また、中山先生は私の指導教官の金子宏先生と親しく、金子先生が退官の際に中山先生に対して私のことを託されたということも、後にうかがってびっくりした。何か困難な事態に立ち入ったときに、私は常に中山先生のご指導を仰いできたのである。

　たとえば、政府税調の話があった際に、私は政治的な調整の場に自分のような研究者が参加することはとてもできないように思われ、中山先生にご相談したところ、シャウプ勧告以来、法律家が租税制度の構築にもっと関わる必要が増してきており、その中で法律家としての矜持を保ちながら責任をもって仕事をすればいいのではないかと説得してくださったことを今でも明瞭に覚えている。要は、自らの考えを全面に押し出して政治的発言をするのではなく、憲法

84条を前提として国会で決める租税制度がより良きものとなるように、問題整理と理論構築を丹念に行い、政治の世界の方々が理論的バックグラウンドのあるかたちの政策的判断を行うことができるようにお手伝いすることは、法学者にとって重要な仕事であるとのお教えであったように思う。謙虚な姿勢で様々な現場の声を丁寧にお聞きし、執行における手続的思考を重視しながら、正確な理論武装を行っていくようにしようという、政府税調における私の姿勢は、（そのとおりにできているか否かはともかく）このようにしてできあがったものである。

3 中山先生の学問

私にとっては専門外のことであるが、それでも、知的財産法の学問研究において、中山先生が、大胆な発想と、緻密な理論を両立させた希有の研究者であることは容易に理解できる。中山先生が知的財産法を専攻なさらなかったならば、日本の知的財産法は、何十年も遅れた存在にとどまっていたのではなかろうか。日本の知的財産法は、中山先生という卓抜した研究者を持つことができて本当に幸せであったということができよう。

私自身も、昭和57年の末頃（中山先生は30代、私は20代であった）から、中山先生、落合誠一先生、石黒一憲先生のお三方のご指導の下に、ビジネスロー全体をカバーする包括的一体的検討を行う研究会（知的財産法、商法、国際私法、国際法、租税法、経済法）のメンバーに加えていただいたことにより、自らの専門領域を俯瞰することのできる大きな視座を構築することができた。法制度全体の中で、自らの専門分野を位置づけつつ研究を行うことの重要性を、身をもって教えていただいたのである。

のみならず、基本六法と異なる新しい科目（「弱小科目」）であるという点において、知的財産法と租税法は似通っており、その中でどのように後進の研究者を養成し、また、学問の基本的なあり方を構築していくかという点について、中山先生にお教えいただいた点は数限りない。特に、新しい学問の研究においては、何もないところに新しい理論を構築していく醍醐味があり、その楽しさを中山先生からお教えいただいたのである。

たとえば、私は、課税の対象となる経済取引の把握において、法と経済学の理論を利用することがあるが、伝統的な法律学とは異なるそのようなアプローチについてさえ、中山先生は、それを一概に否定するということはなさらず、むしろ励ましてくださった。

4 結び

以上のように 45 年にも及ぶ長い時間が経過した後の現在にいたっても、私は、先生が所長をされている西村高等法務研究所で中山先生のお手伝いをさせていただいている。これがいかに幸運なことであるか、言うまでもない。人の縁は不思議なもので、昭和 51 年に、先生の不正競争防止法の論文を読まなかったならば、現在のような状況にはなっていなかったであろうと考えると、感無量である。

先生は、コモンセンスにあふれる熱血漢で、何事にも筋を通す方である。不器用さの中に誠意があふれ、多くの者が先生のファンとなった。暖かい人柄で、ご自身がご病気であるにもかかわらず、いつも困った事態に陥った教え子や後輩に救いの手を差し伸べてこられた。お考えが前向きで優しく、誰もが励ましていただくことが多い。苦しいときにも笑顔をわすれない、文字通り、大人の風格にあふれた方である。そのような先生のお側で研究生活を送ることがで

きて、私は本当に幸運であるといつも考える。これは、中山先生とつながりのあるすべての方々が同様に思われるのではなかろうか。

　先生には、今後ともお体に留意され、いつまでもお元気で、私達後進の者をみまもっていただきたいと心より念じている。

···· 中山先生との出会い ····

高倉 成男（明治大学専門職大学院法務研究科教授）

中山先生に初めてお目にかかったのは、私の記憶に間違いがなければ、1981年の秋でした。特許庁の旧庁舎の長官室から若い銀行マン風の紳士が出てこられました。長官に丁寧に見送られているあの若い方はどなただろうと立ち止まって見ていると、後ろから先輩がポンと背中をたたき、「あの方は中山先生。特許法の権威だ」と教えてくれました。「権威」という言葉と眼前の紳士の若さのギャップにとまどいましたが、それ以上に関心を持ったのは、特許法が法学部で教えられているという事実でした。特許法は技術系の審査官や弁理士のための手続法と思い込んでいましたので、法学部で特許法を学生に教える目的がピンときませんでした。その目的が自分なりに理解できるようになったのは、正直なところ最近のことです。いずれにせよ、あの日以来、私の中で中山先生に対するリスペクトと法学としての特許法への関心が高まっていきました。

当時、私は通商産業省（現、経済産業省）の電子機器課という部署に出向し、ハイテク分野の産業振興や日米貿易摩擦の問題を担当していました。その数年前から、通商産業省はコンピュータ分野の産業競争力強化のために、著作権でも特許権でもない第三の権利（プログラム権）を創設することを検討していました。一方、文部省（現、文部科学省）は、著作権法による保護を主張していました。このような状況の中、1982年6月、いわゆる「IBM産業スパイ事件」が起き、これを機に通商産業省は「プログラム権法」の立法化を加速していきました。この作業には中山先生も大きな役割を果たしておられました。文部省も著作権法改正の準備を進め、両省の対

立はいよいよ厳しくなりましたが、1985年3月、急転直下、両省
の合意が成立し、著作権法で対処することになりました。この背景
には中山先生が『ソフトウェアの法的保護』(1986年)で述べてお
られるように、すでに国内法を改正し、プログラムを著作物として
保護する方向に舵を切っていた米国からの影響がありました。

　その後、私はジュネーブに駐在し、1988年から91年までウルグ
アイラウンドの知財交渉に携わりました。著作権法によるプログラ
ム保護を求める米国提案に対する日本のポジションを検討する際、
中山先生の著書を参考にさせていただきました。また営業秘密の保
護を「発明の公開を促す特許制度の理念に反する」と批判するイン
ドにどう反論するか、そのヒントを得るために、不正競争防止法の
改正による営業秘密の保護を提唱する通商産業省の報告書(1989
年)を日本から送ってもらって参考にしましたが、ここにも中山先
生のお名前を見つけ、ご活躍の場が広がっていることを頼もしく思
ったことを覚えております。

　中山先生とじかにお話しする機会が持てたのは、ジュネーブから
帰国後のことです。1992年だったと思いますが、TRIPS協定の実
施のための特許法改正(平成6年法)の事前相談のため、本郷の研
究室を訪問しました。本棚の間の迷路のような隙間をくぐりぬけ、
緊張した面持ちで先生の前に行くと、にこやかに迎えてくださり、
ほっとしたことを記憶しております。その翌年、中山先生は弘文堂
から『工業所有権法(上)』(1993年)を上梓されました。文章が簡
潔で力強く、リズムがあって読みやすく、比較考量が明快でわかり
やすいというのが読後感でした。こういう文章を自分も書けるよう
になりたいものだと思いました。

その後、中山先生には、荒井特許庁長官の時代（1997-98年）に「プロパテント政策」の一環として損害賠償等に関する特許法改正（平成10年・11年法）をする際、多くのご助言をいただきました。また2002年3月に設置された内閣総理大臣をトップとする知的財産戦略会議においては、知的財産戦略大綱（以下、「大綱」）のとりまとめに格別のご協力をいただきました。

　大綱は、「知的所有権」の語を「知的財産権」に置き換える提案を含んでいましたが、一部の省庁はこの提案に消極的でした。中山先生は、大綱の起草委員会の委員長として各省庁の担当者に対し、「財産的情報の保護法」という観点から、提案の意義を丁寧に説明してくださいました。また大綱には知財の保護強化とともに「競争政策や基本的価値の重視」という視点も盛り込まれましたが、これも中山先生の助言によるものでした。このような中山先生のご協力により、省庁間調整をスムーズに進めることができました。

　2002年12月、大綱の提言を受けて知的財産基本法が制定され、翌年3月、同法の施行とともに、知的財産戦略本部が正式に発足しました。中山先生も本部員のお一人でした。当時の争点の1つは、知財高裁の設置でした。これについては学界・法曹界等に賛否両論がありましたが、事務局は設置の方向でとりまとめを急いでおりました。2003年12月、中山先生は、こうした事務局の運営に強く異を唱え、小泉総理の前で「重大な決意」を表明し、「重みをもって受け止めてもらいたい」と迫りました。私はその知らせを受け、学者としてのあるべき姿勢を貫いたことに感銘を受けました。事務局は中山先生のご指摘を重く受け止めつつも、中山先生には引き続きその要職にとどまっていただきました。

また中山先生には産業構造審議会の知的財産政策部会長として特許法等の改正に長くご助言をいただいておりましたが、2007年度末をもって任期を終えられました。ほぼ同時期に私も特許庁を退職し、弁理士として働き始めました。これで中山先生との接点はなくなってしまったと思っておりましたが、その後、思わぬ展開になりました。棚橋祐治先生のお誘いで明治大学法科大学院（現、専門職大学院法務研究科）に就職することになった2009年4月、中山先生も明治大学の特任教授になられました。中山先生を所長とする明治大学知的財産法政策研究所がスタートし、ここでの活動に私も加えていただけるという幸運に恵まれました。

　中山先生との距離が近くなって、先生の新しい側面が見えるようになりました。その1つは、一流の雑談力です。こう言ってはなんですが、中山先生は「雑学」のポケットが深く、つまらない話にも正面から対応し、それにつながる話題を提供し、コミュニケーションを盛り上げてくれるのです。「権威者」のイメージをよい意味で裏切ってくれる、とても話しかけやすい先生です。聴く力も一流です。

　振り返って、中山先生と同じ時代に特許の仕事に携わることができ、私は幸せでした。もし中山先生のご功績がなければ、特許法は審査官と弁理士のための手続法で終わっていたかもしれません。中山先生は、わが国の知的財産法および政策の発展に大きな影響を与えてくださいました。また多くの優秀な門下生を育て、さらなる発展のための人的基盤を築いてくださいました。

　中山先生は、産業の発達のためには、経済が主で、法律は従でなくてはならないとおっしゃっていました。法律に過度な期待をするのではなく、法律を道具としてどう使うかという活用戦略が重要で

あるとのメッセージと私は受け止めました。また法律を改正する際には、一般法・隣接法との関係にも留意しながら、学界・法曹界も含めた幅広い関係者による徹底した討論が必要であるということも身をもって示してくださいました。このことは私にとっては最大の財産です。中山先生、ありがとうございました。今後ともお元気にお過ごしください。

上野 達弘（早稲田大学法学学術院教授）

　このたび中山信弘先生が喜寿をお迎えになるとのことで、心からのお祝いを申し上げると共に、感謝の気持ちを込めて、先生との思い出について一筆したためさせていただくことにしました。

　私は、1994年に京都大学大学院に進学して著作権法の研究を始めましたが、当時の京都大学には、私の指導教員であった辻正美先生や北川善太郎先生が著作権法研究に関わっておられたものの、知的財産法を専門とする教員はいませんでした。そのため、私は東京で行われる著作権法学会などに出かけても、知り合いはまったくいませんでした。いわば学界の"孤児"だったと言えます。

　2001年に私が成城大学法学部に赴任した後、著作権法学会だったか、工業所有権法学会だったか、何かの学会の懇親会だったかと思いますが、当時東京大学教授であった中山信弘先生とお話しさせていただく機会がありました。その際、中山先生が「自分の若い弟子たちと一緒に勉強会をやっているので、よかったらいらっしゃい」と声をかけて下さったのです。

　この「勉強会」は、私の記憶では、東大法学部4号館の「記念室」と呼ばれる小部屋で行われていたもので、当時東大の大学院生や助手だった中山シューレの皆さんが4、5人集まっておられました。真夏も大汗をかきながら、朝から時には夕方近くまで熱く議論していたように思います。

私は１人だけ部外者であったにもかかわらず、皆さんとても温かく迎えて下さいました。島並良さん（現・神戸大学教授）、横山久芳さん（現・学習院大学教授）、小島立さん（現・九州大学教授）、武生昌士さん（現・法政大学教授）、金子敏哉さん（現・明治大学教授）、渕麻依子さん（現・神奈川大学准教授）など、現在学界で活躍されている皆さんと今も親交が深いのは、あの時の家族的なお付き合いがあったからに他なりません。このような機会がなかったら、後に島並さんと横山さんと一緒に『著作権法入門』や『特許法入門』を共著することも、おそらくなかったでしょう。そして、お互いを「さん」付けで呼び合える同業者を持つことは、この世界で非常に貴重なことでもあります。

　この「勉強会」では、中山シューレのお弟子さんたちも、そして私も、中山先生という権威に臆することなく粘り強くディスカッションを続け、先生も実に分け隔てなく対等に応接されました。言うまでもなく、中山先生は、知的財産法を１つの分野として確立され、いわゆるインセンティヴ論を基軸とする新しい体系論を構築され、その後の田村善之先生（現・東京大学教授）にも決定的な影響を与えました。「勉強会」に参加している中山シューレのお弟子さんたちも、その出発点においてこうした中山先生のスキームに、どこか基底的な影響を受けているように私には見えました。

　ところが、私自身は、著作権法における伝統的通説に対する批判を展開してきたつもりである一方、だからといってインセンティヴ論のような新しい政策的思考に十分なじめず、むしろオーソドックスな考え方を再構成するようなアプローチを指向していました（そ

れは、今も「旅の途中」〔©田村善之先生〕なのですが）。しかし、そのように立場が異なる私を、中山先生はあえて議論に招き入れようとして下さったのです。

このように中山先生は、極めて寛容なオープンマインドに満ちておられ、むしろ異見と直接議論しようとされました。どんなに突拍子もない見解であっても、けっして頭から決めつけたり、排除したりすることなく、「なるほどそうきましたか」といって、相手の立場で思考してみる柔軟さと懐の深さを持っておられたように思います。

不思議なことに、このように立場を異にする者同士が直接対面して議論すると、誰もが相手の立場をよりよく理解することができるようになり、それまで自己の中で自明だった考えが相対化され、お互いに思考が磨かれるという現象が起きるように思います。その結果、それまで想像もできなかった新たなアイディアが生まれ、選択肢が開けることも少なくありません。このように、学問や学者のあり方として、オープンディスカッションが無限の可能性を有していることを教えて下さった中山先生は、私にとって研究上の「育ての親」のお一人と言えます。

私自身はもともと人好きな性格ですし、どちらかというと物事に執着がないタイプの人間ではあるのですが、常にオープンであり続けることは誰にとっても容易でないものと思います。これから年を重ねても、中山先生に教わったオープンマインドを失うことなく、自由でオープンなディスカッションと直接の対面コミュニケーションの可能性を常に信じられる人間でありたいと思っています。

···· 中山信弘先生に出会いご指導を受けたこと ····

飯村　敏明（弁護士・元知的財産高等裁判所長）

　中山先生にお目にかかる機会を得たのは、私が大学に入学した昭和 43（1968）年まもなくのころである。当時、山本桂一先生が、新入の学生を対象として実施されていた基礎的な法律のゼミ（知的財産法ではなく法律一般）に参加させていただいたことがご縁で、中山先生から、様々な観点から懇切丁寧なご指導と貴重なアドバイスを受けたことに始まる。

　当時は、大学紛争が日に日に過激さを増した時期であった。無期限ストライキの決議、過激派による安田講堂の占拠、機動隊による過激派強制退去など、今では想像すらできないような異例の事態が次々に発生し、その様子もテレビを通じて放映されていた。大学内の治安の悪さは想像を絶するものがあり、大学構内で講義等を実施することに危険が伴うことから、長期間休講が続くこととなったが、ゼミの中には、構内ばかりでなく構外の安全な施設を利用して、継続して実施するものもあった。

　山本桂一先生のゼミでは、発表担当の学生が、裁判例などの中から重要と思われる事案を選択して報告し、様々な角度から、自由な意見交換をする方法で進められることが多かった。一般分野の法が対象であって、知的財産法に関連する判例が取り上げられたわけではない。しかし、先生のご指導は、紛争原因について、詳細かつ的確な分析をした上で、紛争解決の選択肢について、全く新しい解決手法も念頭に置いて、柔軟な法解釈が許容されることを前提として、論点を整理し、結論を導くことが少なくなかった。裁判所の示した判断の中に新規な法律解釈や特異な解決手法などが含まれていると、

積極的な評価をされ、また、学生が、従来とは異なる法解釈や結論を導く手法を発表すると、賛意を示されて、褒められることが少なくなかった。

　私自身は、法学部の講義を受ける前でもあり、山本先生のそのようなご指導やご見解が、一般的なものなのか、先生の専門分野である知的財産法における結論の導き方と関連するのか、また、個別具体的な紛争における解決のためのアイデアとして賛意を示されたのか、全く判断できなかったが、極めて興味深く感じ、鮮明な記憶として残っている。

　その後、大学紛争が収束し、大学の改革等が進み、「知的財産法」が重要な講義科目の１つとしてカリキュラムに組み込まれ、山本先生が「知的財産法」の講座を担当された。しかし、その後まもなく、山本先生は健康を害され、中山先生が知的財産法を受け継がれ担当された。当時のわが国の立ち位置や時代背景などを考えると、中山先生は、知的財産権法の骨格を創りあげ、発展させるに当たって、多大な貢献をされたと言って差し支えない。

　中山先生は、知的財産法の各分野において体系的なご著書を発表されているが、その「はしがき」には、先生のご研究の姿勢が詳細かつ率直に示されている。

　著作権法に関しては、次のようなお考えが述べられている。

　『著作権法〔初版〕』（2007 年８月〔「はしがき」の日付、以下同じ〕）では、序章の冒頭において「著作権法の憂鬱」との表題を付した上で、「はしがき」からは想起できないほど、重要な課題が未解決のまま残されている実情について、丁寧な説明と見解が記されている。

　インターネットの活用等による個人レベルの情報発信等の活発化

に伴って生じる著作権侵害の激増について触れ、その解決処理を省くことはもはや許されない状況にあることを説明され、他方著作権処理を行うことの弊害をも考慮すると、その解決には、極めて困難を伴う点を指摘され、社会の実情に沿ったあるべき姿を追求することが必要不可欠である点を詳細に説明された上で、著作権法の「あるべき姿」を極めようとされている。

『著作権法〔第2版〕』（2014年9月）では、デジタル技術、ネット環境が急速に進展する中で、世界各国における「著作権保護を強化すべき」とする状況と、他方ウィキペディア等による「著作物の自由利用が促進されている実情」やクリエイティヴ・コモンズのような運動に言及された上で、著作権法がその制度の前提としている「創作へのインセンティヴ」は必ずしも「独占的な利用の保護と利潤」によってのみ実現されるものでない等、極めて重要な論点について指摘されている。

『著作権法〔第3版〕』（2020年6月）では、平成30年著作権法改正におけるデジタルの分野における実質的なフェアユース的な制度の導入について高く評価され、フェアユース的なシステムの実現を含めた議論が必要であると述べられている。

また、『特許法〔初版〕』（2010年3月、それ以前の書名は『工業所有権法（上）』）の「はしがき」では、当時のプロ・パテントの動きに対して、重要な視点から警告を発しておられる。新たな権利を創設したり、権利の幅を広げたりする際には細心の注意が必要であること、制度設計は常に社会一般の利益との調和の下にされるべきであることを強調されている。プロ・パテントの名の下に、単に権利を強くするだけでは十分でなく、権利者と社会とのバランスを考慮することが必要であると述べられ、プロ・パテントの掛け声に押されて、

独占の弊害に関する問題が十分に議論されていない点について鋭く指摘されている。

『特許法〔第2版〕』（2012年5月）の「はしがき」では、特許制度がイノヴェーションの発展に寄与しているのか、阻害しているのかという根源的な検討課題を提示されている。特許出願および特許付与件数が激増している当時の状況を踏まえ、特許制度はイノヴェーションに貢献するという制度の前提についても、再検討をする必要性のあることを強く訴え、特許制度とあるべき競争政策の調和、発展に向けての課題を指摘されている。

『特許法〔第3版〕』（2015年10月）の「はしがき」では、特許法は、契約、独占禁止法事件、租税事件等と関連して問題になることも多い点、特許制度を取り巻く状況について、他の分野の様々な問題、環境問題、人権問題、生命倫理問題等と関連することが増えている状況に照らし、立法や法律解釈の上で他の分野の理解が必要不可欠であると述べられている。

『特許法〔第4版〕』（2019年5月）の「はしがき」では、AI、ビッグデータ、IoT等の技術の発展に伴う変化とそれらに関連する紛争について、貴重な指摘をされている。

このように、知的財産法のご著書では、「はしがき」を含めて、先生のご研究の姿勢が率直に語られ、将来の紛争とその解決の在り方等について詳しく触れられており、紛争解決における実務の在り方などに対しても、強い影響を与えたといえる。そのようなことを念頭に置いて、ご著書を読み直すと、また新たな発見をすることが多い。

技術を巡る国際環境が大きく変化している今日、引き続きあるべき方向をご教示いただければと願っています。

····· 中山ゼミの思い出 ·····

内藤 篤（弁護士）

　何を今さら当然のことを、という声も聞こえてきそうだが、師との出会いは大事である。若いということはバカと同義だから、若い時にはそういう大事なことがなかなか分からない。バカなことでは人後に落ちないから、かくいう私も、いい年になるまでは、それが分からなかった。だが今はもちろん分かるのである。

　東大に入って何が財産だったかといえば、生涯の師に出会えたことである。私にとっては、中山信弘先生、石黒一憲先生、蓮實重彦先生が生涯の師である。バカではあったが、たぶん本質的な鼻は利いたのだろう。この先生は面白そうだと思ったからゼミに食いついたのだ。中山ゼミは2回参加しただろうか。石黒ゼミはたぶん3回、蓮實ゼミには本郷から駒場にモグリゼミ生として2年ほど通った。この順番に「ノーマル度」が下がるというか、「ニッチ性」が上がるというか。ともかくも「ゼミに入りびたる」というのが、今から思えば私のスタイルだったようだ。

　中山ゼミにも石黒ゼミにも、今は亡き相澤英孝先生が悪代官ないし辣腕マネージャー然と居座っておられて、いたいけなゼミ生を底意地の悪い質問などでいたぶるのであった。ゼミに入りびたろうとする私などは格好の獲物、大好物であったろう。相澤悪代官という人は、もちろん、決して声を荒げたりする類のそれではなく、そう、たとえていえば俳優の成田三樹夫が演じるインテリヤクザのごとく、にこやかな笑みを絶やすことなく、こちらの急所を突いてくるもので、純朴なる法学生であった私などは、四苦八苦したものである。

相澤先生は、しかし（という逆接が適当かはさておき）、面倒見のよ
さは抜群で、中山ゼミや石黒ゼミのOB会の仕切り役として余人
をもって代えがたい人であったことは、これらゼミのOB生であ
れば周知のところである。ある時までは、相澤先生に加えて、岩倉
正和君と私の3人が、中山ゼミOB会の幹事役をつとめていて、
自分で言うのも気がひけるが、何ともアクの強い幹事団ではあった。

　一橋大学の教授となられて、国際企業戦略研究科を担当された際
には、そこでエンタテインメント法の授業をするよう、相澤先生の
ご下命を受けた。悪代官に、ようやっと認めてもらえたのかと思い、
なんだか嬉しかったものだ。おそらく相澤先生も、中山先生や石黒
先生を生涯の師と思っていたのだろう。なんだかんだ言って、私と
気質においては相似性があったのだろうと、今となっては思うのだ。
こういえば、ご本人は草葉の陰でイヤな顔をされるだろうか、案外
ニヤニヤするのだろうか。

　成田三樹夫も早逝だったが、相澤先生も早逝だった。憎まれっ子
のようでいて、気配りの人だったのが災いしたのかもしれない。

　私は中山ゼミの第一期生だった。弁護士としての一歩を踏み出そ
うという時に、西村眞田法律事務所（現西村あさひ法律事務所）の門
戸を叩いたのは、石黒ゼミの影響とともに、TMI総合法律事務所
との分裂前の同事務所が有していたエンタテインメントプラクティ
スの存在が大きい。私が関心をもっていたのは、知財といっても特
許系ではなくエンタメ系だったからだ。当時、西村眞田に同期で入
所したのは、やはり中山ゼミ出身の清水浩幸君と私の2人だけで
（隔世の感があるが、当時の大手事務所への就職人数なんて、そんなもの
だったのだ）、そのせいなのかどうかは定かでないが、その後何年に

もわたり、西村眞田は新人弁護士の供給源を広く中山ゼミの出身者に求めることとなる。ただ、結果としては彼らの大部分は知財プラクティスというよりはコーポレートプラクティスに従事することとなるのだが。中山先生は東大を退官されて、西村あさひの顧問に就任されたが、その端緒に多少とも関わることができたことは密かな自慢である。

　中学高校時代の友人の家業が築地の仲卸であった縁で、年末に大量のお正月用の食材をいただいていた時期があり、大学を卒業して何年も経ってはいたが、それを３先生にお裾分けとしてお届けするのが当時の私の年末の習わしだった。それこそ12月の29日とか30日の話で、私の親父の運転する車で、築地に行ってモノを受け取り、その足で都内の３先生の家をまわるのだ。おそらく受け取る側としては、年の瀬のあわただしい時期の、半ば以上は迷惑でもあったろうそんな訪問も、こちらにしてみれば、年に一度の師の顔を見る儀式として、楽しみにしていたものなのである。ことに中山先生は病気を抱えておられたから、「今年も無事に先生のお元気な顔を見て年が暮れる」感は、重要であった。

　中山ゼミOB会は、おおむね年に１回は開かれてきたものだが、このところしばらくは開催が見送られている。その原因のひとつとしては、最大の推進役だった相澤先生を失ってしまったことが大きいのだろうとは思う。とはいいながら、先生の不在をいつまでも言い訳にはできない。中山ゼミ一期生としての責任を痛感する次第であり、現下のコロナ禍などの問題はありつつも、今後の再開に向けて、積極的に関わるつもりだ。

中山ゼミ OB 会でのスピーチで相澤先生がよく口にされていた
ことは、弁護士や法務部員となった OB 生らに向けて、鑑定意見
書作成依頼などの雑件で、くれぐれも中山先生の手を煩わせないで
ほしい、ということだった。ただでさえ講義、研究、審議会等の公
務で忙しく、人工透析も受けられていたので、先生の体調を心配し
ての発言である。相澤先生特有の、人当たりのいい調子でそんな中
締めのスピーチをしておられた姿が、ありありと目に浮かぶ。だが、
当時はそれを耳にするたびに、いや自分などはこれまで一度もそん
なことはしたことはないから問題はないだろうと思っていたものだ
ったが、そんな高をくくっているうちに、1 件 2 件と、中山先生に
鑑定意見書の作成を乞うはめとなり、なるほど、自分にとっては 1
件や 2 件の話でも、OB 生全体が、いや全部とはいわないがその相
当数が、この調子で意見書を依頼したら、先生にとってはとてつも
ないことになってしまうと反省したものだった。反省はしたが、だ
からといって、依頼をひっこめはしないわけだが。そこは、一宿一
飯の義理と諦めて（どっちの義理なんだ？）、先生、今後ともどうか、
お付き合いください。

第 **3** 部
知的財産法学の
これまでとこれから

小島：第1部の回顧録では、中山信弘先生にこれまでの人生を振り返っていただきました。私が申し上げるまでもなく、中山先生は、東京大学法学部の無体財産権法（知的財産法）の初代の講座担当者として、わが国における知的財産法学の確立に大きな寄与を果たされてきました。中山先生のご努力などが実を結び、知的財産法が現代のICT時代、そして近未来に到来が予想される「超スマート社会」（日本では"Society 5.0"ともいわれます）を担う重要な法律の1つとして認知されるに至っていることは言うまでもありません。

　第3部は、「知的財産法学のこれまでとこれから」と題して、中山先生と田村善之先生にご対談いただきます。中山先生が知的財産法にどのように向き合ってこられたのかということや、今後の知的財産法学のあるべき方向性などについて、貴重なご意見をいただけるものと思います。どうぞよろしくお願い致します。

1. 　中山法学の真髄

小島：はじめに、「中山法学の真髄」と題して、やや抽象的な学問的手法について、田村先生からいくつかご質問いただこうと思います。

（1）開かれた学問的手法について

田村：中山先生の学風の特徴として、学問的な手法が閉じていないというか、外に開かれているというところがあるように感じています。

　たとえば、先生はご自身を振り返って、助教授時代は知的財産法

に合致した方法論を編み出すのに苦心していたとおっしゃっています。そして、当時出された論文の多くが、通常実施権の法的性質、無効審判の請求人適格、公知技術の抗弁などの民法や行政法に関連する問題を扱っているということは、特に方法論が定まっているわけでもなく、学問的な蓄積も少ないなかで、歴史があり相対的に体系も定まっている伝統的な法学の手法を1つの切り口として道を拓いていこうとしていたのではなかったかと推察します。

しかし、そうした手法は、ときとして、民法はこうなっていますから、行政法はこうなっていますからという論調の権威主義的な議論となり、民法や行政法の理論が念頭においていない、知的財産法という領域の特殊性を押しつぶしてしまうような論文となることが、世代を問わず、いまでもしばしばみかけるように思います。ところが、先生のご論文は、初期のものからしてそのような権威主義を押しつけるのではなく、むしろ、そちらではそのようになっており、それはもちろん参考になりますが、知的財産の世界ではこうした特殊事情がありますから、このように解釈してみませんかという形で方法論が一貫しているように思うのですが、いかがでしょうか。

このように中山先生の学風の特徴を捉えてよいとすると、あるいはこれは先生が最初に法学に関心を持つきっかけとなった田中英夫先生の『実定法学入門』（東京大学出版会、1965年）の影響などもおありでしょうか。

中山：基本的には、民法や行政法に精通していないということが幸いしたのかもしれませんね。本当のところは、知的財産法の扱う対象は、特に民法の物権法の扱う対象とは質的に異なっており、民法とは異なった法的構成が必要であろうと考え、それは知的財産法が

従来の民法等から独立した法体系が必要であることを意味します。ローマ法以来、情報を保護対象とした法体系はありませんでした。そこで一般法である民法の枠内で情報の保護を図ろうとすることは、最も容易に考えつくことであろうと思います。

　しかしそれでは情報である知的財産の保護としては、実体にそぐわないことが生じてきます。以前は、著作権は物権であるので、必然的に差止請求権が必要となる、という議論もありました。しかし差止請求権を認めるのは、現状において差止請求権がないと知的財産権の実効性がないから認められている便宜的なものであり、技術等の発展により、利用の対価の徴収がうまく行きさえすれば、差止請求権はなくとも済むと思います。

　人権の保護等の普遍的な問題は別として、少なくともビジネス・ローにおいては、大雑把に言ってしまえば、経済社会が支障なくうまく回ってゆけばよいのであり、民法等の原理に縛られる理由はなく、また縛られることは妥当ではない、と考えるに至りました。またこのことは、知的財産法が諸法として一緒くたにされていたところから、独立した学問体系にしたいという私の悲願にも沿ったものです。要するに実態に即した法を目指していましたが、それが、外に開かれた学問と見えるのかもしれません。

　もちろん、特許権や著作権侵害の損害賠償は不法行為による損害賠償ですから、基本的には民法の規定によることになりますが、それでもその枠内で、あるいはその枠を少し飛び出して、何とか知的財産保護としての妥当性を確保しようともがいてきました。損害賠

償法については、田村さんのほうがお詳しいので、より沢山苦労されたことと思います。

　このような考えの基礎には、私自身、理論から結論を導く演繹法よりは、帰納法になじむ体質だったことにもよると思いますが、私が最初に真面目に受けた授業が田中英夫先生の法学入門であったことも幸いしていると思います。初学者にとっては、まず「人」とは、とか「物」とは、という概念から教えられても面白くなく、法学嫌いになる人が多いと思います。それに対して、田中先生の講義はまず事実（判例）から入り、その後に理論がついてくる、という帰納法的な思考方法で、私にはストンと胸に落ちるものがありました。アメリカ法的な思考方法と言ってしまえばそれまでですが、法学の右も左も分からない私には大きな影響を与えてくれました。

小島：中山先生が「民法や行政法に精通していない」とおっしゃられるのはまったくのご謙遜で、私は学部生の頃から、職務発明において契約や勤務規則等が果たすべき役割、特許無効審判の請求人適格や特許審決取消訴訟の審理範囲などの議論を拝見して、中山先生は民法や行政法に非常に通じておられると常に感じていました。知的財産法の議論において、ここでは民法や行政法の基本原則を維持するけれども、ここでは知的財産法の観点から修正を図るべきだということをどうやって見分けておられるのだろうか、とずっと思っていましたが、やはり民法の助手として研究者の道に入られ、民法についても一定のトレーニングを受けられたことが、その眼力を養うことにつながったのかな、とも感じています。

田村：私も、田中英夫先生から直接ご講義をいただいたというわけではありませんが、大学1年生のときに、田中先生が著した『実定法学入門』を教材とした授業がありました関係で、かなり早い時期に田中先生のお考えに触れる機会があり、3倍賠償の制度なども知りました。「法の実現のための私人の役割」という田中先生のお考えには、法は単に訴訟に出てくる人と人との関係だけではなく、政策目的の実現のための手段だという考え方が色濃く出ていました。そうした考え方が当たり前のように刷り込まれていましたので、中山先生の発想もすっと入ってきたのだと、いま理解することができました。

（2）概念法学よりは政策論

田村：中山先生の学風の特徴としては、他にも先に述べたことにも関わりますが、先生の学問は比較的初期の頃から、たとえば、助教授時代の多機能型間接侵害に関する一眼レフレックスカメラ事件（東京地判昭和56年2月25日無体裁集13巻1号139頁）の評釈（「特許法101条の間接侵害の成否—東京地判昭和56・2・25」ジュリスト820号97-98頁、1984年）で、この事件で間接侵害を認めても、特許発明の実施につながるプリセット絞レバーをつぶせば済むのだからそれで構わないではないかなどと議論されていたことに象徴されるように、議論の実益や落としどころを大切にすることが多かったように思います。それが、とりわけプログラムの法的保護の問題を論じる『ソフトウェアの法的保護』（有斐閣、1986年）その他の一連のご業績を経て、知的財産法の各所であるべき政策論を示す中山知的財産法学に結実していったように感じられます。

このようにかなり早い時期から、議論の実益というものに焦点を当てることができたのは、なぜでしょうか。これには田中英夫先生の『実定法学入門』の影響とともに、従前の概念法学から訣別し、議論の実益を重視する発想を説かれた加藤一郎先生や星野英一先生などの利益衡(考)量論の影響というものがおありではないかと推察しますが、いかがでしょうか。

中山：私が助手になった頃には、概念法学は批判の対象となっており、「あの人は概念法学者だ」というのは、ある意味で法学が分かっていない、という意味合いも含んでいました。研究会などでも、もうすでに概念を振り回す学者はほとんどいない時代でした。その意味でも、私が概念法学に染まらない時代的雰囲気はすでにありましたし、当然に当時流行した利益衡量論の影響も強く受けました。

　特にビジネス・ローにおいては、常に具体的妥当性、つまり落としどころはどこか、という点が最も重要であると考えました。学者がいかに立派な理屈をこね回しても、現実の社会からかけ離れていたのでは意味がないと考えてきました。もっとも、短いスパンでは受け入れられないような学説でも、長いスパンで考えれば意味のある学説もありうるので、そこは注意をする必要があろうかと思います。

　法解釈においては、実定法を無視することはできませんので、法文のギリギリのところはどこか、ということを常に念頭に置き、それ以上は法改正の問題である、ということになります。法解釈は、多方面で利用されますが、主として裁判官に向けた解釈論ですので、

裁判官に見向きもされないような解釈をしても致し方ありません。そこで、そのギリギリのところでストライクの球を投げるのは難しいことですが、それを目標にしてきました。しかし裁判所が取り得るギリギリの線といっても難しく、たとえば侵害事件において裁判所は特許の無効を判断できるか、という明治時代以来の問題において、「公知技術の抗弁」の論文（「特許侵害訴訟と公知技術」法学協会雑誌98巻9号1115頁、1981年）では、裁判所が取り得るであろうと思えるギリギリの解釈論を展開し、具体的妥当性を図ったつもりでしたが、キルビー判決（東京高判平成9年9月10日知的裁集29巻3号819頁）で牧野利秋裁判長は、あっさり無効の抗弁を認めてしまいました。それは特許に無効理由があれば権利濫用になるという法理ですが、これは実質的には裁判所が無効の判断をしているに等しく、従来の判例では認められなかったであろう新判決でした。私も、無効の抗弁はとても裁判所は認めないであろうと考え、裁判所が認めるギリギリの線を考えたのですが、裁判所の方が進んでいました。それで、今では裁判所には受け入れられなくとも、学者たる者は、将来を見据えて、長いスパンで物事を考えるべきであるということを学びました。

小島：中山先生の解釈論を拝見していると、本当に落としどころが見事で、結論の妥当性について外しておられる箇所を見つけることが非常に難しいといつも感じています。私を含めて中山先生に続く研究者は、その妥当な結論に至る過程や論理をより「見える化」したり、精緻化したりする努力が求められていると考えています。

2. 中山知的財産法学の特徴

小島：次に、より具体的に、知的財産法に関する中山先生の学風について、田村先生からいくつかご質問いただこうと思います。

（1）自然権よりはインセンティヴ論

田村：中山先生の知的財産法の最も大きな特徴としては、知的創作物の創作者に対しては当然に権利を与える自然権的な発想を採用せず、むしろ知的財産権は産業や文化の発展という目的を達成するために必要な限度で与えるにすぎないという、その意味で道具主義的な考え方をとっておられるということを挙げることができるように思います。

そして、いまでもそうですが、とりわけ当時はフリー・ライド＝悪ということを前提とするような議論が多かったなか、敢然と、フリー・ライドで世の中は豊かになるのであって、むしろフリー・ライドが原則であり、知的財産権のほうが例外的に必要があるから認められるにすぎないのだという考え方を提唱されておられます。先生の論調が極めて説得的であったために、私も最初に知的財産法学を先生から教わりましたので、どっぷりとこの考え方に浸かっております。それは他の大半の門下の方にも共通しており、中山シューレの１つの特徴となっているように思います。

他方、先生の最初のご論文である『発明者権の研究』（東京大学出版会、1987年）では、発明者が権利を有することは歴史の必然のようにおっしゃっておられ、先生も当初は自然権的な発想でおられた

ようにも見受けられます。中山先生が道具主義的に知的財産権を捉えるようになったのはいつ頃からでしょうか。それになにかきっかけがありましたでしょうか。

中山：私の助手論文『発明者権の研究』は、学部の時代には知的財産法の勉強をしたことはなく、助手になっても知的財産法の何たるかを全く理解しないままに書いたもので、世の中から抹消したいくらいの論文で、あまり参考にはなりませんし、追及しないで下さい。

次第に知的財産の世界が分かるようになるにつれ、模倣は当然で、模倣なくしては個人も社会も国家も発展しないと考えるようになりました。ニュートンが、「私がより遠くを見ることができるとすれば、それは巨人たちの肩の上に乗っているからだ」(If I have seen further it is by standing on the sholders（原文ママ）of Giants)、と言っています。もっとも、ニュートンは著作等についての争いが絶えなかったようで、この「巨人の肩の上」という有名な発言は、フックという学者からニュートンに対して「アイディアの盗用」というクレームの手紙に対する返事の中に書かれていたようで、フック先生は巨人で、私はその肩に乗って遠くを見ているにすぎません、という弁明なのでしょう。それにしてもニュートンほどの大学者でも、模倣により発展したということでしょう。人類にとって模倣は必然であり、これを止めるなどということはできません。

そう考えると模倣自体は悪ではなく、特に模倣を禁止しなければ、産業や文化の発展が望めないという分野に限り、模倣御法度の制度を構築すべきだと考えています。模倣一般の禁止ということは、一

種の規制ということになりますが、規制が強すぎると産業や文化の発展を妨げ、また弱すぎると創作へのインセンティヴが欠けることになり、その隘路を見つけ出すのは大変な作業になります。しかもその隘路は時代によって変化するものだと思います。たとえばプログラムの出現によって、著作権法の進む道は変わってくるはずです。それが落としどころであり、その意味で、知的財産権は、天賦人権ではなく、道具主義的な考えだといえます。

　ただ、私は基本的にはインセンティヴ論者ですが、それを論文として著すためには、海外の文献、特にアメリカの文献を渉猟する必要があります。それだけの余裕と体力がありませんでしたので、インセンティヴ論に特化した論文はありませんが、体系書をはじめ、多くの論文では、インセンティヴ論に基づいて書かれています。

小島：中山先生がインセンティヴ論を提唱され、田村先生がそれを一歩進める形で発展させられたことが、わが国の知的財産法学にとっての大きな財産であることは明らかだろうと思います。

　それを受けて、私自身を含めてということになりますが、中山先生や田村先生に続く世代の研究者は、「インセンティヴ（誘因)」という言葉の意味をさらに詰めていく必要があるのではないかと感じています。知的財産法がその関係するアクターに何らかのインセンティヴを与えているのであれば、創作行為と媒介行為の一方または両方に対して、どのような形で誘因を与えているのかといったことや、知的財産法がインセンティヴを付与しなくても創作や媒介が比較的スムーズに行われている領域では、その関係者はどのようなメカニズムで社会秩序を維持しているのだろうかといったことについ

て、さらに解明が進められるべきであるように思います。中山先生や田村先生のご業績を踏まえて、これらの課題について、私も引き続き考えていきたいです。

（2）「知的所有権」ではなくて「知的財産権」

田村：ところで、中山先生の数ある功績のなかでもとりわけ一般的な、日本語に対しても大きな影響を与えたものに、「知的財産権」という言葉を流行らせたということがあるのではないかと思います。以前は、おそらくドイツ語に倣った「無体財産権」といわれていた学問領域が、まさに日立対 IBM 事件の時代からアメリカで使われることが多い intellectual property の翻訳である「知的所有権」という言葉が世間で流行りそうでした。そのときに、中山先生が知的財産特殊性に鑑みれば、差止請求権に限らず報酬請求権など様々な選択肢がありうるのだから、どうしても排他的な権利を思い浮かべがちな知的「所有権」という言葉ではなく、知的「財産権」と呼んだほうがよいとおっしゃられました。それが中山先生が設立に尽力された「知的財産研究所」といういわば公的な機関の名称となった辺りから、一挙に世の中の趨勢は「知的財産権」ということで落ち着き、今に至っています。もちろん、「知的財産権」という翻訳は以前から存在していたでしょうから、先生が創られたとはいえないでしょうが、ここまで皆さんが普通に「知的財産権」と言うようになった、「知的所有権」と言うと、むしろなにそれ？ というような状況になったのは、中山先生の力に預かるところが大きいように思います。

　このような先生の提言に対しては、「所有権」という概念は歴史

的にはもっと緩やかに考えてよいのだから、あえて「財産権」と呼ぶ必要はないなどという反論もなされていましたが、先生はあくまでもそのような伝統とは無関係に、「所有権」という言葉がいま人々の議論に無意識的に与えてしまう影響を憂慮して、「財産権」という言葉を推奨されたわけです。

　ところで、1987年に出版され、中山先生も共著者となっている本に『知的所有権——企業戦略の新しい武器』というものがあり、検索してみますと、その頃までは先生も講演録等で「知的所有権」という言葉を容認しておられたようにも見えるのですが、1988年のジュリスト919号では「知的財産権の潮流」という連載企画の初回を飾る「知的財産権の概念」という論文を著されています。この間の辺りで、なにかきっかけのようなものがありましたでしょうか。

中山：所詮は言葉の問題であるから、定義さえしっかりしていれば、どの言葉を用いようと問題はないはずですが、私の若い頃は、特許権は所有権の一種なのだからこうでなければならない、という論調も結構ありました。甚だしきは、ある審議会で、不正競争防止法は知的所有権の一種であるから、差止請求権を認めないのはおかしい、という発言が実務家からあり、その時、「所有権」という言葉を使っていたのでは、どうしても民法の所有権に引きずられてしまう、あるいはもっと正確にいえば、「所有権」という言葉に幻惑されてしまう、と考えました。もっとも、所有権という言葉は一義的ではなく、法制史の先生から、所有権という概念は、英語の Property とも、ドイツ語の Eigentum とも異なった概念であると伺いましたが、先にも述べましたように、定義の問題であるものの、田村さんがおっしゃるとおり、人々の議論に「所有権」というメタファが

与える影響を考慮したためです。それ以降、講演や論文等で知的財産という言葉を普及させるべく努力しました。田村さんから挙げていただいた「知的財産研究所」もその一環ですが、最終的には2002（平成14）年の「知的財産基本法」の成立により、官庁でも「知的財産」という用語が使われるようになり、私の目論見は一応完成したといえるのではないでしょうか。その言葉の意義については、田村さんのおっしゃる通りです。

小島：私自身は、中山先生が回顧録の中で、「最近ではビッグデータのように、人の頭脳の創作、つまり知的活動の成果でないものも知的財産の範疇に入るようになり、私もこの知的財産法への改名に努力した1人ですが、あるいは無体のほうが実態にあっているかもしれません」とおっしゃっている部分を非常に興味深く拝読しました。

　そのご発言を踏まえますと、知的財産法の研究者は、より広く情報法について学ぶことが必要であるといえるでしょうし、現在の知的財産法のパラダイムに取り込めるものとそうでないものを腑分けするとともに、そういった様々な「無体」の要素についての適切な法的規律を考えていくべきであるということになりそうです。これからの知的財産法研究者には、より広い視野とこれまで以上の高い研究能力が求められるという意味で、身の引き締まる思いがします。

田村：最近では、認知言語学などの知見を借りて、議論に与える言葉の影響というものに着目する法学方法論などが提唱されはじめており、私もいくつか試みているところですが、中山先生の「知的財産権」論は、まさに人々の議論に「所有権」というメタファが与え

る影響を考慮したもので、その先駆けとなったように思います。

（3）創作法と標識法

田村：中山先生は、ご自身の研究を振り返って、特許法や著作権法と比べて、商標法や不正競争防止法の研究のほうにはなかなか時間を割けなかったとおっしゃっておられます。私は先生が体系書をお書きになりそうにないところを埋めようと思いまして、不正競争防止法、商標法という順に体系書を著していきました。これら不正競争防止法や商標法を知的財産法のなかにどのように位置づけるのかということに関する私のいまの体系観は、先生は意識されていないかもしれませんが、実は先生との会話がきっかけとなっています。

　いまとなってはその時期も場所も明確ではないのですが、おそらく 1990 年代の半ば、なんとなく暗く多人数の集まった飲み物がでる場所で、ソファでくつろいでおられる先生のとなりでお話ししたという画像を思い浮かべることができます。懇親会の二次会かなにかだったのかもしれません。私がそこで、創作法と標識法は截然と区別するほかないのでしょうかと申し上げたところ、先生が「そのこと自体が大いに問題である」と一言おっしゃられました。

　このことは、あれ以来、中山先生はおろか、他のどなたにもお話ししたことがないのですが、先生ご自身もやはり創作法、標識法の二分論には物足りなさを覚えておられたということでしょうか。他方、行為規制か物権かという切り口だと、他の知的財産法との関係は見えてきますが、同じ目的を追求していると思われる商標法と不正競争防止法の周知・著名表示の保護が切り離されてしまうほか、創作の要素がやや低い、中間的な営業秘密の保護などの位置づけが

本当に創作法でよいのかという問題に突き当たるようにも思います。実は、あの席上でそのことをお話しした方がよかったのですが、多分、多人数の懇親会のなかで先生をそのような話題で独占することもできず、いまに至るまで聞きそびれてしまいました。もしよろしければ、あのとき、創作法と標識法を二分したままでよいのかということ自体が問題であるとおっしゃった、その真意についてお聞かせいただけますでしょうか。

中山：申し訳ないことに、その会話を覚えておりませんが、次のようなことがいえるのではないでしょうか。

　これは『工業所有権法（上）』（現在は『特許法』に改名）に、知的財産法の分類は一定の視座からみた分類にすぎず、他の視座からみればまた異なった分類もありうる、と書いてあります。創作法と標識法との二分類が物足りないというよりは、その分類だけで知的財産の世界全てが説明できるのか、という疑問がありました。それは権利付与法と行為規整法という分類にもいえることであろうと思います。私の助手の頃は、不正競争防止法はほとんど機能しておらず、所管官庁すらはっきりしないという状況で、パリ条約の最低限の要請を満たすにすぎないものでした。マークの保護の規定が若干入っていたので、一応知的財産法の一部かな、という程度の認識でしたし、現在のような種苗法（1998（平成10）年に旧種苗法を全面改正したもの）もありませんでした。したがって知的財産法といえば、特許法・実用新案法・意匠法・商標法、それに著作権法くらいしか視野にはなく、不正競争防止法を本格的に研究する学者はほとんどなく、弁護士の小野昌延先生が本を出しておられたような時代でした。そ

の時代においては、対象の違いで知的財産法を、創作法と標識法に分類するという方法もある程度納得できたかもしれません。しかし今日では、不正競争防止法に種々のものが入り込み、2018（平成30）年には限定提供データ保護まで不正競争防止法に含まれるようになりました。田村さんがおっしゃるとおり、今日における知的財産法とは、市場に存在するインセンティヴを支援するタイプの法と考えた方が実情に合っているかもしれませんね。

小島：いわゆる「創作法」と「標識法」の区別や両者の関係などについては、私もまだ悩んでいるのが正直なところです。「名は体を表す」という言葉がありますが、商標や商品等表示に相当する部分が「名」であり、「人が作り出したもの」に当たる部分が「体」ではないかと直感的には感じつつも、記号論等の観点から見た場合に、「名」と「体」を截然と区別することが難しい場合もあるだろうと考えています。私が不勉強のために歯切れの悪いことしか申し上げられませんが、いわゆる「創作法」と「標識法」がどのように役割分担しつつ協働すべきなのかということについては、さらに検討していきたいと思います。

田村：実は中山先生との会話をきっかけに私もいろいろと考え、結局、創作法と標識法の二分論を最初に掲げるのではなく、標識法というものも信用という市場に存在するインセンティヴを支援するタイプの法律である点で、市場先行の利益や秘密管理という、やはり市場に存在するインセンティヴを支援する他の知的財産法と変わらないという体系を想起して、そちらを前面に押し出すことにしております。この試みが成功しているかどうかは皆さんの評価に委ねる

ほかありませんが、ともあれ実はこうしたことを思いついたきっかけが中山先生にあったということは、ここでお知らせしておかなければと思った次第です。先生はそのようなクレジットはかえってご迷惑かもしれませんが。

3. 知的財産法学の将来

小島：最後に、知的財産法学の将来に関わることについて、田村先生からいくつかご質問いただこうと思います。

（1）人材育成

田村：中山先生のご功績は、これまでにも多数挙げてきましたもののほかに、極めて多数の学者を世に輩出したということを挙げなければならないと思います。しかも、助手(助教)に採用したり博士課程に入学したりしたお弟子さんは、おそらく漏れなく全員が、現在、大学の教員として活躍されているのではないかと思います。これはもう大変なことで、私が弟子になった頃はむしろ積極的に誘わないと知的財産法の研究者は増えないというお考えからか、いろいろとご活動をされていたように思います。その反面、その後、お弟子さんの数が順調に増えていくなかで、逆に、私の乏しい経験に照らしても、弟子にとるということは、3年とか5年程度のスパンでどこか大学の就職口を見つけてあげなければならないというプレッシャーがあるなかで、外からはなかなか窺い知れない様々なご苦労がおありになったのではと推察いたします。差し支えない範囲で結構ですので、その辺りのお話と、そしてこれは知的財産法に限りません

が、ロースクール設立以降、一般的に国内の研究者の養成は、みなさんなかなか苦労しているところです。ここまで、あれだけの数のお弟子さんを量産し、世に出してこられた先生からアドバイスがございましたらぜひお願いいたします。

中山：弟子の養成には大変気を使いました。東大の学生は概ね優秀なので、放牧しておけば仲間と切磋琢磨して、自分で勉強してくれます。田村さんがおっしゃるように、最も苦労したのが弟子の就職先です。こればかりは若い研究者に自ら職を探してこい、と言っても無理なので、私の若手養成の最大の責務であると思っていました。

　若手研究者の就職先は一朝一夕に見つかるものではありません。特に昔は知的財産法の講座を持っている大学などはほとんどなく、商法等で空き講座（今は講座という言葉はあまり使われていないようですが、以前は講座に定員が割り振られていました）のある大学を探して、知的財産法は将来必ず重要になる学問分野である、と売り込む必要がありました。しかも今のように公募などはなく、専ら私の人脈で就職先を探さざるをえませんでした。あるときは、私がまだ若い頃に大変面倒をみていた他の専攻の助手が、某大学の中枢メンバーとなっていたので、彼にお願いをして人事を進めていただいたこともあり、情けは人の為ならず、ということを痛感しました。

　私の人事に関する大原則は「無理をしない」ということであり、無理をした人事は必ず禍根を残すと考えていましたので、なおさら苦労は尽きませんでした。学会の懇親会の場はもとより、あらゆる場所で売り込みに努めました。他人にお願いをするということは、

ある意味では債務を背負い込むということも意味するので、大変でした。

　その当時は、論文は未完成でも、将来ものになると思えば押し込んだものです。学部卒業後、3年あるいは5年で大論文が書けなくとも、将来ものになる玉はいくらでも例があり、必ずしも助手論文、あるいは博士論文だけで人生を決めてしまうことには懐疑的でした。また大学も1つの社会ですから、人とうまくやって行けないような人材でも困ります。学者の前に1人の社会人として活躍できなければ困ります。某有名教授は、「人事とは一に人格二に人格、三四がなくて五に学力」と言っておりましたが、確かに学部という狭い社会に社会性の欠けた人がいると周囲に大変な迷惑をかけてしまいます。

　しかし今では公募が多く、博士またはそれに匹敵する学力を求める大学も多くなり、公表した論文を要求する大学も多くなりましたので、何としても博士論文または助教（助手）論文を完成させるように指導することが必要でしょうね。

　ロースクール時代になって以降、私は、人事は行っておりませんので、ごく最近の就職事情はよく分かりませんが、昔と違って空き講座も少ないでしょうから、就職させるのも困難になっていると思います。また、そもそもロースクールから助教や博士課程に進む人をリクルートすることも、難しくなっているように思えます。司法研修所を卒業する頃は弁護士の世界も現実に見えてきますし、大手法律事務所の初任給が国立大学教授の最終賃金に近いという現実社

会も分かってきますので、法曹と大学の人材の奪い合いということも起きるでしょう。

小島：私自身も、助手時代の業績はほぼ皆無というお恥ずかしい限りの状況でしたので、そのような中で現在の勤務校に就職できたことは、中山先生のご尽力以外の何物でもありません。

　ここ最近、私自身が勤務校において、学際的な教育研究や業績評価等に関わることが増えてきていますが、他の学問分野の中には、英語による査読付き論文、学会報告、ポスターセッション等を含めて、修士課程や博士課程の早い時期から研究業績を積み重ねている学生やポスドクの研究者が少なからず存在していることに気づかされます。今後、法学の若手研究者が、アカデミックポストに加えて、様々な奨学金や競争的資金等を獲得したいと考える場合には、法学の中だけではなく、他の学問分野の優秀な若手研究者と競争しなくてはならなくなる可能性も十分に考えられます。法学の若手研究者にも、英語等の外国語によるものを含めて、小さいながらも研究業績を積み重ねていくことが、これからさらに求められていくのではないかとも感じています。

（2）知的財産法学の将来像

田村：最後になりますが、これからの知的財産法学に期待されること、そのために留意しなければならないことは何になりますでしょうか。中山先生はご自身を振り返るなかで、多数の指導教員に恵まれたこと、他の分野の先生方さらには実務家との交わり、そしてご留学などを極めて積極的に評価されております。そういたしますと、

やはり学際的な研究、実務に根ざした研究、国際的な研究が推進されていくべきであるということになりますでしょうか。先生のお考えをお聞かせいただければと思います。

中山：将来のことを見通すことは大変難しいことで、もしそれが分かれば学者などは辞めて相場師になり、大儲けできるでしょう。あのケインズですら、1929年の大恐慌までは予測できず、投資は散々な結果だといわれております（もっとも、その後は順調に儲けたようです）。

したがいまして、将来の知的財産法の世界がどうなっているのか、予測は困難で、知的財産法が今世紀末まで存在するのかどうかも分かりません。しかし知的財産法は形を変えるかも知れませんが、情報を規整する法は残ると思います。そのためには、これからの学者は、狭義の知的財産法だけではなく、学際的な研究も必要となるでしょうし、国際的な交流も必要となるでしょうし、実務家との交流も必要となるでしょう。

また知的財産法研究の方法論も変化するでしょう。どう変わるかは分かりませんが、単なる解釈論だけという学者は私で終わりでしょう。これからは種々の方法論を試す学者が出てきてほしいと思います。もちろん1人の学者が全ての方法を踏破することは不可能なので、いろいろなタイプの学者が生まれることを期待しております。

今後の社会はグローバル化することは間違いなく、国際的に活躍する知的財産法学者も大いに現れてほしいものです。私が病気のた

めに国際的な活動をしてこなかったことにも責任がありますが、今後の若い学者の中には、国際的に著名となる学者も現れてほしいものです。法解釈学はドメスティックな学問ですが、基礎理論なら日本の学者も負けないと思いますので、活躍を期待しています。

小島：田村先生が冒頭で、中山先生の学問的な手法は閉じておらず、外に開かれているというご指摘をなさっておられましたが、まさにそのとおりだろうと感じています。中山先生ご自身がそのような柔軟な研究姿勢を貫いてこられたからこそ、私が文化政策に足を延ばしたり、実験的な要素を含む研究を行ったりすることを、いつも応援して下さったのだろうと感謝しています。田村先生も、北海道大学ご在職時に、21 世紀 COE プログラム「新世代知的財産法政策学の国際拠点形成」、および、グローバル COE プログラム「多元分散型統御を目指す新世代法政策学」を見事に切り盛りされつつ、様々な隣接法分野や隣接諸科学の成果を取り入れて、よりスケールの大きい研究を展開されており、私が目指すべき目標となっております。

　知的財産法は今後、他の領域との関係がいっそう深くなっていくでしょうし、中山先生もご指摘のように、優秀な実務家の先生方がさらに増えていくことは確実であると思われます。そうしますと、ただ単に解釈論や比較法を行うだけでは、研究者としての役割を果たし得なくなっていくかもしれないという危機感も抱いています。私も、中山先生や田村先生のご業績からの問いかけを真摯に受け止めて、現代社会において知的財産法の果たすべき役割や、知的財産法の研究者として何をなすべきなのかということを、今後も考え続けていきたいと思います。

この度は、中山先生と田村先生のおかげで、とても実り多い対談になったと感じております。両先生に心から御礼申し上げます。

あとがき

　中山信弘先生が喜寿を迎えられることを、中山先生にご指導いただいてきた者の一人として、心からお慶び申し上げます。

　中山先生の回顧録の出版に向けた動きがスタートしたのは、コロナ禍が本格化して数カ月が経った 2020 年 7 月のことでした。その頃に私が中山先生から頂戴したメールの最後には、「コロナが収束したら、また食事でもしましょう」と書かれていました。それを読んだ私は、「コロナ禍はそう簡単には収まらないだろう。透析を続けておられる中山先生に私がお会いし、病気をうつすようなことがあったら取り返しがつかないことになる。中山先生と一緒に食事をさせていただけるのはいつになるのだろうか…」と半ば諦めにも似た気持ちを抱いたことを覚えています。

　しかし、その直後に、中山先生のオーラルヒストリーを作ることはできないだろうかという思いがふつふつと湧き上がってきました。中山先生も 75 歳を超えられ、体調は「低空飛行」であるとしばしばおっしゃいます。中山先生のお考えや思いを記録するならば今ではないか、コロナ禍で中山先生に直接お会いすることは難しいけれども、遠隔会議システムを使うことが一般化している状況をうまく使えば、中山先生や中山門下の先生方と一緒にオーラルヒストリーを作ることができるのではないか、と考えるに至りました。

　中山先生の喜寿記念については、2015 年の古稀記念の際から、門下生の間で話題に挙がっていました。しかし、中山門下の「大番頭」であった相澤英孝先生が 2019 年 5 月に亡くなられたことなどもあり、その話は残念ながら具体化していませんでした。

このタイミングで中山先生のオーラルヒストリーを作り始めれば、中山先生の喜寿に間に合うのではないかと考えた私は、年齢の近い武生昌士先生と金子敏哉先生に中山先生のオーラルヒストリーを編むことをご相談したところ、両先生はすぐに賛同して下さいました。それを受けて中山先生にオーラルヒストリーを作ることをご相談したところ、中山先生の第一声は「えっ！」と驚かれたご様子でしたが、幸いにもご快諾いただくことができました。中山先生の喜寿記念のことを気にかけておられた島並良先生に加えて、中山門下の要である小泉直樹先生と田村善之先生からもその趣旨にご賛同いただき、喜寿記念の企画として中山先生のオーラルヒストリーを記録する動きが本格化し始めました。

　「言い出しっぺ」である私としては、中山先生の喜寿記念の企画を進めるにあたり、東京大学において中山先生のもとで助手・院生として、あるいは、いわゆる「内地留学」等の形で学ばれた先生方に、「中山門下」として幅広くご参加いただきたいと考えました。また、中山先生と縁の深い研究者や実務家の先生方にもエッセイを寄稿していただきたいと考えました。出版については、中山先生が著された代表的な体系書である『特許法』に加えて、還暦記念と古稀記念の論文集を出版して下さった弘文堂にお引き受けいただくとともに、中山先生のご著書の編集に携わってこられた弘文堂編集部の清水千香さんが編集の任にあたって下さることになりました。皆様方のお力添えなくしては、本書の企画を進めることはできませんでした。

　本書の企画がスタートしてからしばらくして、私たちがオーラルヒストリーの大まかな項目案をお示ししたところ、中山先生は、インタビューを行う前に原稿をあらかじめ準備したいと言われました。

私が中山研究室にいた頃に、中山先生がすべての授業や講演等に臨まれる際に、原稿を事前に入念に準備しておられた姿が改めて思い出されました。

中山先生は原稿を準備される過程で、「自分のことでも忘れていることが多く、必死に昔のことを思い出しながら文章を作成している。文章にすると色々なことを思い出すし、話も秩序立ってくる。文章を見直すたびに、そういえばこんなこともあった、あんなこともあったと思い出すことも多々ある」という趣旨のことをおっしゃりながら、わずか2〜3カ月という驚異的な速さで、この回顧録に収められた内容を執筆されました。読者の方々には、中山先生の集中力と熱量を感じ取っていただけたのではないかと思います。

中山先生の準備された原稿の完成度が極めて高いため、その雰囲気を残したほうが良いのではないかという判断から、本書はオーラルヒストリーの形ではなく、中山先生が書き下ろされた「自叙伝」に相当する部分に加えて、中山門下の先生方からお寄せいただいた質問に中山先生に答えていただくQ＆Aを付す形で、「回顧録」として編集することになりました。

本書の企画の「言い出しっぺ」として「あとがき」を書かせていただくにあたり、私にはどうしても触れておきたいことがありました。それは、私を含めた「中山門下」が、この回顧録を中山先生にお願いして一緒に作ることの意味についてです。この課題について私が思いを巡らすようになった背景には、以下の2つの出来事がありました。

第一の出来事は、私がある研究者の方との会話の中で、中山先生のことを「師匠」と呼んだ際のことです。その研究者の方は、私が「師匠」という言葉を使うことや、「門下」「シューレ」といった存

在に対する懐疑を口にされました。確かに、「師弟関係」は常に麗しいものではなく、種々の「ハラスメント」の温床になったり、弟子が「師匠」を無条件に礼賛したり、弟子が「師匠」の権威を笠に着るような振る舞いを行ったりすることもあるかもしれません。私自身が、そのような不遜な振る舞いをしてきたこともあったに違いありません。

とりわけ、中山先生は、東京大学法学部における無体財産権法（知的財産法）講座の初代の担当者であり、わが国における知的財産法の「パイオニア」「権威」としての揺るぎない評価を受けてこられました。そのような背景事情に鑑みれば、私が中山先生を「師匠」と呼ぶことについて、状況によってはある種の「胡散臭さ」がつきまとう可能性は否めないと思われます。私はこのやり取り以来、「師弟関係」とはいかにあるべきなのだろうか、「師弟関係」に肯定的な側面はないのだろうかといったことについて、折に触れて自問自答してきました。

そうしている中で、私は、中谷宇吉郎（1900年〜1962年）が、「師」である寺田寅彦（1878年〜1935年）を回想している書物に出会いました（中谷宇吉郎『寺田寅彦—わが師の追想』（講談社学術文庫、2014年）。原本は1947年刊行）。同書の中には、学生であった中谷宇吉郎に対して寺田寅彦が「ねえ君、不思議だと思いませんか」と語りかける一節が登場します（同書60頁）。この発言のほかにも、同書を読むと、寺田寅彦が、中谷宇吉郎をはじめとする門下生に対して、独立した研究者として接していた姿を随所に見て取ることができます。中谷宇吉郎は、上記の寺田寅彦の発言について、「このような一言が、今でも生き生きと自分の頭に深い印象を残している。そして自然現象の不思議には、自分自身の眼で驚異しなければなら

ぬという先生の訓えを肉付けていてくれるのである」（同書60頁）と述べています。この記述を読んだ私は、寺田寅彦の知的廉直さは、中谷宇吉郎をはじめとする門下生に受け継がれていったのではないかと想像しました。

　この書物を読みながら、私は、中谷宇吉郎が語る寺田寅彦に中山先生のことを重ね合わせずにはいられませんでした。中山先生は、常に私たち門下生を独立した研究者であると認めて下さり、仮に中山先生の考えと相容れない意見を私たちが主張したとしても、それを頭ごなしに否定されることは一度もありませんでした。また、中山先生は、私たちが研究に打ち込める環境を整備すべく、私たちに雑用を言いつけることは皆無でした。さらに、中山先生は、門下生の研究に過剰な介入を行うことは、「プチ中山」を作ることになってしまうという思いから、私たちに最大限の研究の自由を与える方針をとられました。

　私自身が研究者の駆け出しであった頃を振り返ると、そのあまりに未熟な振る舞いに対して、中山先生が苦言を呈そうとされたことは何度もあったに違いありません。しかし、中山先生は、常人には考えられない辛抱強さで、私を見守って下さいました。それはあたかも、寺田寅彦がある研究者に「君、若い連中を教育するには、無限に気を長く持たなければいかんよ」（同書58頁）と説いていたことと重なります。お恥ずかしいことに、すでに「中堅」の年齢に差し掛かった私が、中山先生のような粘り強さをもちながら教育研究にあたることができている自信はありません。

　「師弟関係」に肯定的な側面があるのではないかという点を私なりに実感できたのは、中山先生がおっしゃった言葉が、苦しい状況にある私の導きの糸となり、私の背中を押してくれた経験によりま

す。回顧録の中には、中山先生が知的財産戦略会議でご苦労された経験を語られている部分があります。当時アメリカに留学していた私が2003年秋に一時帰国した際に、中山先生はまさにその渦中におられました。中山先生は私との会話の中で、「小島君、学者はぶれてはいけない」とおっしゃいました。私がアメリカに戻ってからほどなくして、私は、中山先生が知的財産戦略会議の会合において「重大な決意」で知られる発言をなさったことを知りました。それ以来、私は折に触れて中山先生から頂戴した「ぶれてはいけない」という一言を反芻してきましたが、それからほぼ15年後の2019年初めに、私がいわゆる「ダウンロード違法化の対象範囲の見直し」の問題に身を投じることになった際に、中山先生のこの一言は私に決定的な影響を与えました。中山先生のこの一言がなければ、もしかしたら私は自らの信念を最後まで貫き通すことはできなかったかもしれません。

　第二の出来事は、今から10年以上前になりますが、ある研究者の方から、「中山門下は、まだ中山先生の掌から抜け出せていない」というご指摘を受けたことです。それから10年以上が経過した現在において、その研究者の方が当時と同じ考えを抱いておられるかどうかは分かりません。しかし、私自身を省みると、私はまだ中山先生の掌の中にあると認めざるを得ません。

　研究者に課せられた責務の1つは、「師」「師匠」を乗り越えることであるといわれます。しかし、これは「言うは易く行うは難し」です。「師匠」の業績をいわば「レガシー」としつつも、それを批判的に検証し、一歩でも前に進めていく姿勢がなければ、弟子は「師匠」に無条件に追随する者になりかねません。しかし、それは、「プチ中山」を作ることを避けようと心を砕かれた中山先生が最も

望まれないことのはずです。

　そうであれば、中山先生の回顧録を中山門下として一緒に作らせていただくことを通じて、私を含めた中山先生の門下生は、中山先生が築いてこられた業績を継承しつつも、その中から改善すべき点を見つけ出し、それらを少しでも埋めつつ、次世代につなげていく責務を負っていることを、この機会に再認識すべきだろうと思います。そのような努力を積み重ねていくことこそが、中山先生から頂戴した学恩に報いるということなのではないかと私自身は考えています。

　先に挙げた2つの出来事は、私自身が研究者としてどのように振る舞うべきか、どのように成長していくべきなのかということを再認識する契機となりましたし、私自身は今回の中山先生の回顧録を編むにあたり、その教訓を忘れることなく作業にあたろうとずっと考えてきました。

　本書を読まれている皆様も、中山先生のことをただ単に「偉い先生」として礼賛するのではなく、中山先生の生き様から、読者の方々が日々の学びや仕事に向き合う際の手がかりになる事柄を1つでも多く見つけていただきたいと心から願っています。

　長くなりますが、もう1つ記しておかなくてはいけないことがあります。中山先生の古稀記念論文集の「はしがき」で相澤英孝先生が書かれたことの繰り返しになりますが、中山先生の奥様への感謝です。中山先生は、35歳から40年以上にわたって、週3回の透析を余儀なくされ、腎臓移植もご経験されました。私のような凡人には、その辛さがいかばかりであったかを想像することはできません。そのような状況にもかかわらず、中山先生が超人的な業績を残されてきたのは、奥様のサポートあってのことであると確信しています。

中山先生は「照れ屋」であり、ご著書を含めて、人前で奥様のことをお褒めになられることはあまりありません。しかし、私たちは、中山先生が奥様に人一倍感謝しておられることを知っています。中山先生が喜寿を迎えられるに至ったのは奥様のおかげであり、この場をお借りして心から御礼申し上げる次第です。

　前述のとおり、本書は数多くの方々のお力添えなくしては成立しませんでした。

　まず御礼申し上げるべきは中山先生です。通常の喜寿記念では、記念論文集の形で門下生が論文を執筆して献呈すべきところですが、本書で最も「汗をかいて」下さったのは、ほかならぬ中山先生です。ご体調が優れない中で、短期間のうちに充実した自叙伝を書き下ろして下さるとともに、私たち門下生からの質問にも丁寧なご回答を寄せられ、さらに田村善之先生との対談にもご参加下さったことに心から感謝申し上げます。

　中山門下の先生方にも、中山先生への質問事項をお寄せ下さったことをはじめ、多くのお力添えをいただきました。中山門下の先生方から頂戴したご質問に中山先生がご回答を準備され、それを踏まえて2021年8月に遠隔会議システムを使って座談会を行えたことも良い思い出です。当初は2時間程度の座談会を予定していたところ、中山先生が私たちともっと話したいとおっしゃり、座談会は最終的に4時間半にも及びました。中山門下の要である小泉直樹先生には「はしがき」をご執筆いただき、田村善之先生には中山先生との対談に臨んでいただきました。両先生に深く感謝申し上げます。心残りなのは、2019年に亡くなられた相澤英孝先生に本書の企画にご参加いただけなかったことです。相澤先生が生きておられ

れば、中山先生の喜寿記念にも細やかなご配慮をして下さったであろうと思うと、本当に残念でなりません。

　エッセイをお寄せいただいた先生方にも心から感謝申し上げます。頂戴したエッセイを拝読し、中山先生が知的財産法のみならず、いかに幅広い分野の研究者や実務家の先生方から敬愛されているのかということを痛いほどに感じました。エッセイを寄稿して下さった先生方には、お忙しいなかでご執筆いただいたことに深く御礼申し上げます。

　最後に、出版を取り巻く状況が厳しいにもかかわらず、本書の出版をお引き受けいただいた弘文堂の鯉渕友南社長と、編集作業にあたって下さった清水千香さんに衷心から御礼申し上げます。清水さんには、私の作業が遅れがちになる中で絶妙な舵取りをしていただき、そのおかげで、本書は無事に中山先生の喜寿に間に合う形で出版できそうです。清水さんの様々なご配慮なしには、本書の成立はあり得ませんでした。改めて感謝申し上げます。

　中山先生が今後もますますお元気で、私たちを叱咤激励しながら指導して下さるとともに、本書の「はしがき」で小泉先生が書いておられるように、本書が少しでも多くの読者のもとに届き、読む方々を勇気づけることを心から願っております。

　　2022 年 1 月

　　　　　　　　　　　　中山先生の弟子の一人として

　　　　　　　　　　　　小島　立

索　引

◆ 判決等 ◆

著者紹介

中山　信弘（なかやま・のぶひろ）

1945 年　浜松にて出生
1969 年　東京大学法学部卒業
　　　　東京大学法学部助手，同助教授，同教授，明治大学研究・知財戦
　　　　略機構特任教授を経て
現　在　東京大学名誉教授，弁護士
主　著　『ソフトウェアの法的保護』（有斐閣・1986，新版・1988）
　　　　『発明者権の研究』（東京大学出版会・1987）
　　　　『特許法』（弘文堂・2010，第 4 版・2019，旧書名は『工業所有権
　　　　　法（上）特許法』初版・1993，第 2 版増補版・2000）
　　　　『マルチメディアと著作権』（岩波新書・1996）
　　　　『著作権法』（有斐閣・2007，第 3 版・2020）
　　　　『新・注解特許法　上・中・下』（共編著，青林書院・2011，第 2 版・
　　　　　2017）

ある知財法学者の軌跡——知的財産法学にいざなわれて

2022（令和 4）年 4 月 30 日　初版 1 刷発行

著　者　中　山　信　弘
発行者　鯉　渕　友　南
発行所　株式会社　弘　文　堂　　101-0062　東京都千代田区神田駿河台 1 の 7
　　　　　　　　　　　　　　　　TEL 03(3294)4801　　振替 00120-6-53909
　　　　　　　　　　　　　　　　https://www.koubundou.co.jp

装　幀　青　山　修　作
印　刷　三　陽　社
製　本　牧製本印刷

ISBN 978-4-335-35908-8